贵州加快培育和发展
战略性新兴产业的对策研究

蔡绍洪　王作功　李守伟　沈田华　等　著

贵州省"十三五"规划前期研究重大课题：
贵州省"十三五"加快培育和发展战略性新兴产业研究

科学出版社
北　京

内 容 简 介

本书在贵州产业发展现状的基础上，分析战略性新兴产业的内涵特征、发展背景和支撑理论；在国内外新兴产业发展态势研究的基础上，首先从全局视角分析贵州战略性新兴产业发展的主要成绩、特点和问题；其次提出其目标要求、重点方向和组织形式；再次然后分别就贵州七大战略性新兴产业分析其各自的发展现状和存在的问题，提出其各自的发展思路、发展重点和区域布局；最后就如何加快培育和发展贵州战略性新兴产业提出主要对策和具体措施。因此，本书的研究具有重要的理论意义和极强的实践价值。

本书除了能为产业经济和区域经济教师、研究生及相关研究人员提供借鉴之外，也适合高新技术企业、政府部门及对新兴产业发展感兴趣的各类读者阅读参考。

图书在版编目（CIP）数据

贵州加快培育和发展战略性新兴产业的对策研究 /蔡绍洪等著，—北京：科学出版社，2015

ISBN 978-7-03-046150-6

I. ①贵… II. ①蔡… III.①新兴产业–企业发展战略–研究–贵州省

IV. ①F127.73

中国版本图书馆 CIP 数据核字（2015）第 256559 号

责任编辑：陈 亮 / 责任校对：李雪雪
责任印制：徐晓晨 / 封面设计：无极书装

科 学 出 版 社 出版

北京东黄城根北街 16 号
邮政编码：100717
http://www.sciencep.com

北京京华虎彩印刷有限公司 印刷
科学出版社发行 各地新华书店经销

*

2016 年 1 月第 一 版 开本：720×1000 B5
2016 年 1 月第一次印刷 印张：13 3/4
字数：277000
定价：**82.00** 元
（如有印装质量问题，我社负责调换）

前　言

2008 年全球经济危机爆发后，全球主要经济体对产业创新和发展战略性新兴产业的重要性和迫切性有了更加清晰的认识。美国把新能源和信息技术（information technology，IT）等新兴产业作为抢占全球竞争制高点的战略重点。德国则推出了以智能制造为核心的工业 4.0 计划，旨在进一步提升德国在制造领域的传统优势。实践证明，美国和德国在新兴产业的战略布局，不仅提升了它们在全球经济体系中的核心竞争力，同时也引领全球经济走出了危机，还极大地改变了全球经济战略格局。

为了应对全球经济危机，我国政府除了在 2009 年推出"4 万亿元"的刺激政策外，还同时做出了发展战略性新兴产业的重大决策。温家宝同志在 2009 年 9 月 21 日~22 日连续召开了三次战略性新兴产业发展座谈会。2010 年 9 月 8 日，国务院常务会议审议并通过了《国务院关于加快培育和发展战略性新兴产业的决定》，确定节能环保、新一代信息技术、生物、高端装备制造、新能源、新材料和新能源汽车七个产业为战略性新兴产业。2012 年 7 月 9 日，国务院发布了《"十二五"国家战略性新兴产业发展规划》。2013 年 3 月 7 日，国家发展和改革委员会（简称国家发改委）公布了《战略性新兴产业重点产品和服务指导目录》。如果说"4 万亿元"的刺激政策引起了比较大的争议，而发展战略性新兴产业的决策则得到了各界的一致好评。在我国经济发展进入新常态的背景下，发展战略性新兴产业更是转变经济发展方式、调整和优化经济结构的重要支撑。

近年来，贵州省委、省政府高度重视战略性新兴产业的发展。2011 年 9 月 27 日，省政府出台了《贵州省人民政府关于加快培育和发展战略性新兴产业的若干意见》，随后又出台了《贵州省"十二五"战略性新兴产业发展专项规划》、《贵州省"十二五"新兴产业发展规划》及有关专项规划。"十二五"期间，贵州经济发展呈现了速度较快、质量较好的良好态势，这也得益于其对发展战略性新兴产业的高度重视。在"十三五"期间，贵州发展战略性新兴产业面临难得的机遇和严峻的挑战。一方面，贵州战略性新兴产业发展已经打下了较好的基础，特别是在以大数据为引领的电子信息技术产业和以大健康为统领的医药、养老养生产业方面已经取得了明显成效。另一方面，贵州发展战略性新兴产业还面临产业规模较小、核心技术较少、高端人才不多、资金投入不足等问题。因此，在"十三五"乃至更长时期，如何走出一条具有贵州特色、既有别于东部又不同于西部其他省份的战略性新兴产业发展之路，是需要贵州各界共同研究的重大战略课题。

本书以科学发展观、四个全面战略布局为指导，综合运用产业经济、区域经济、绿色增长极和跨越式发展等理论和方法，围绕贵州战略性新兴产业发展这一主题，科学评价贵州战略性新兴产业发展过程中取得的成就，深度剖析其面临的问题和挑战，并在系统总结国内外发展趋势和经验的基础上，致力于探求发展的路径，就贵州省战略性新兴产业发展提供理论指导和决策参考。

本书的主要研究内容如下：第一，科学分析贵州产业发展的背景和现状，包括自然条件及生态状况、资源禀赋、发展成效等。第二，系统梳理战略性新兴产业的理论体系，并针对经济新常态提出经济危机是产业创新战略机遇期的观点，针对贵州"守住发展和生态两条底线"的总体要求提出循环产业集群与绿色增长极理论。第三，全面分析国内外战略性新兴产业的发展态势，并概括其对贵州的启示，即要基于自身要素禀赋优势科学选择产业方向、要基于资金投入进行产业集聚、要基于技术创新体系提升产业竞争力、要基于人力资源体系优化加大人才吸引力度。第四，在认真评估贵州战略性新兴产业发展取得的成效、自身的特点和存在的问题的基础上，从战略上提出贵州战略性新兴产业发展的总体思路、发展目标、基本原则、发展方向、战略重点、组织形式、空间布局和基本载体。第五，针对七大战略性新兴产业，分别提出以大数据为引领发展电子信息产业、以大健康为统领发展医药养生产业、以高新技术为导向发展新材料产业、以智能制造为引领发展高端装备制造业、以绿色生态为导向发展节能环保产业、以可再生能源为主导发展新能源产业、以先进技术为引导培育新能源汽车产业的发展路径。第六，针对贵州实际，提出加快培育贵州省新兴产业的发展对策。

本书的主要研究方法有：①文献研究法。一方面我们参考了国内外的大量理论文献，另一方面我们也对国内外在战略性新兴产业成功实践方面的文献进行了梳理，在此基础上开展贵州战略性新兴产业发展的理论探索，并将其用于决策参考。②调查研究法。在研究过程中，我们不仅请教了贵州发展和改革委员会、工业和信息化委员会、省统计局的领导和专家，同时还实地调研了贵阳市、贵安新区、遵义市、安顺市、毕节市等地的大量企业，举行了多次座谈，取得了大量第一手资料，这对于本书的完成至关重要。③逻辑推理法。在文献梳理和实地调研的基础上，我们对贵州战略性新兴产业发展过程中的各种情况、各种数据进行分析和研究，科学总结成绩，冷静分析问题，在此基础上提出贵州发展战略性新兴产业的战略。

　　本书的主要观点是：①在全球正在兴起新一轮产业革命和产业创新的趋势下，在经济新常态的背景下，贵州发展战略性新兴产业是"守住发展和生态两条底线"总要求、实现跨越发展和同步小康的重要抓手。②贵州战略性新兴产业发展的基础虽然还不够牢固，但却在资源禀赋、生态环境、产业结构、产业创新、政策体系等方面具有自己的后发优势和比较优势。③贵州在战略性新兴产业发展中，必须以新兴业态和产业创新为核心，以打造循环产业集群和绿色增长极为抓手，走出一条有别于东部、不同于西部其他省份的发展路径。④贵州发展战略性新兴产业的主要对策是，充分发挥政府的引导和推动作用，鼓励和调动各类社会资本参与、培育和营造良好的生态环境，等等。

　　目前，关于战略性新兴产业的研究方兴未艾，但系统研究贵州如何发展战略性新兴产业的文献还比较少。本书是在贵州省"十三五"规划前期研究重大课题"贵州省'十三五'加快培育和发展战略性新兴产业研究"的基础上完成的，也是第一部系统研究贵州战略性新兴产业的著作。相信本书的出版对贵州发展战略性新兴产业的发展具有重要的参考价值和积极的指导意义。

作者

2015 年 9 月

目 录

第1章 贵州产业发展背景及现状

贵州省既是我国经济发展较为落后的地区，又是我国生态环境较为脆弱的地区；既是产业结构较为单一的地区，又是我国战略性新兴产业发展基础较为薄弱的地区。在战略性新兴产业蓬勃发展的新历史时期，贵州面临着跨越式快速发展与可持续绿色发展的双重艰巨任务，如何发展战略性新兴产业以达到产业生态效益和环境生态效益的有机统一，实现更好、更快的发展，是人们亟须解决的重大问题。

1.1 贵州的自然条件及生态状况

贵州具有独特的区位环境、亚热带湿润性季风气候、喀斯特山区环境等自然条件和生态状况，这些既是贵州发展特色农业、生态旅游的优势条件，也是影响贵州产业布局的不利因素。只有深入了解贵州的自然条件和生态状况，才能更好地规划贵州战略性新兴产业的发展布局。

1.1.1 贵州所处的区位环境

贵州简称"黔"或"贵"，是一个风景秀丽、景色宜人、气候温暖、空气湿润、资源禀赋丰富、民族众多的内陆山区省。东与湖南、南与广西、西与云南、北与四川和重庆等省（自治区、直辖市）相连，在西南地区处于承东启西、连接南北的重要地位，是西南地区南下出海的重要通道和陆上交通枢纽。贵州自然资源富饶，资源种类多、分布广、藏量大、价值高，特别是能源、矿产、生物、旅游资源优势突出，在全国占有重要地位。

贵州近边、近海、近江，是西南地区连接华南地区的重要枢纽，并且处于西南南下出海的必经之路。黔桂、贵昆、川黔、湘黔线在这里交汇，号称西南的"铁十字架"。其主要交通对贵州的飞速发展影响巨大，近几年主要建设情况见表1-1。

表 1-1　贵州主要交通建设情况

贵州主要交通	建设情况
铁路建设	（1）株六复线、内昆、水柏线、渝怀线、隆黄线和黔桂铁路已经正常运营 （2）2015 年，沪昆高铁贵阳至长沙、贵阳枢纽龙里至白云联络线、林织铁路、织纳铁路和织毕铁路五条铁路建成通车；贵南高铁、六盘水至安顺城际铁路、隆黄铁路叙永至毕节段、湖林支线改线工程四条铁路将于 2015 年开工建设 （3）到 2020 年前贵州铁路建设总投资将达 4 000 亿元，预计全省铁路里程将达到 4 400 千米以上，其中高速铁路接近 2 000 千米。"十二五"期间投资 3 000 亿元左右，贵州新增铁路 3 000 千米
公路建设	（1）贵州已于 2007 年实现县县通油路、乡乡通公路 （2）2013 年 7 月，贵州省政府在全省实施"美丽乡村小康路"行动计划，截至 2014 年年底，全省普通国省干线及农村公路共完成投资 101.3 亿元，77 个在建项目累计完成路基 467 千米，路面 122 千米，同村沥青（水泥）路已开工项目有 2 076 个 （3）2015 年，贵州建成高速公路 1 113 千米，通车里程突破 5 000 千米，形成 15 个高速公路出省通道，实现县县通高速公路目标
水路建设	（1）贵州地处中国长江、珠江流域上游，有 26 条河流，3 715 千米通航里程 （2）2015 年，建成乌江渡—龚滩、三板溪库区航运工程，新增四级航道 431 千米，水路运输客运量、旅客周转量、货运量、货物周转量，同比分别增长 10%、14.1%、17.3%、20.9%
航空建设	（1）贵州已有贵阳龙洞堡、遵义新舟、铜仁凤凰、兴义、黎平、荔波、安顺、毕节、黄平、六盘水十个通航机场，仁怀、黔北、威宁、罗甸四个支线机场正在建设，这将形成 "一干九支"的格局 （2）2014 年 11 月 28 日，六盘水月照机场正式通航，宣告贵州"一干十三支"机场布局建设取得重大成果

1.1.2　贵州的地理气候条件

贵州属于中国西部高原山地，高原、山原、山地约占全省总面积的 87%，素有"八山一水一分田"之说，平均海拔在 1 100 米左右，境内地势西高东低，自中部向北、东、南三面倾斜。全省地貌可概括分为高原山地、丘陵和盆地三种基本类型，其中 92.5%的面积为山地和丘陵。境内山脉众多，层峦叠嶂，绵延纵横，山高谷深。

北部有大娄山，自西向东北斜贯北境，川黔要隘娄山关高 1 444 米；中南部苗岭横亘，主峰雷公山高 2 178 米；东北境有武陵山，由湘蜿蜒入黔，主峰梵净山高 2 572 米；西部高耸乌蒙山，属此山脉的赫章县珠市乡韭菜坪海拔 2 900.6 米，为贵州境内最高点。而黔东南州的黎平县地坪乡水口河出省界处，海拔为 147.8 米，为境内最低点。贵州岩溶地貌发育非常典型。喀斯特（出露）面积为 109 084 平方千米，占全省土地总面积的 61.9 %，境内岩溶分布范围广泛，形态类型齐全，地域分布明显，构成一种特殊的岩溶生态系统。

贵州属亚热带湿润季风气候，温暖湿润。气温变化小，冬暖夏凉，气候宜人。四季分明，平均气温在 15℃ 左右，由于纬度较低，许多地区冬无严寒，夏无酷夏，最冷的 1 月，平均温度为 3~8℃，而最热的 7 月，平均温度也为 18~26℃。贵州由于受季风影响，冷暖气流交汇频繁，受大气环流及地形等影响，贵州气候呈多样性，"一山分四季，十里不同天"。贵州降水较多，雨季明显，阴天多，日照少，年降水量为 1 100~1 300 毫米，但降水季节分配不均，80%的雨水都集中在 5~10 月。贵州平均每天只有三四小时能见到阳光，是全国全年阴天日数最多的省份，所以贵州有"天无三日晴"之说。另外，贵州气候不稳定，灾害性天气种类较多，干旱、秋风、凌冻、冰雹等频度大，对农业生产危害严重。

贵州"天无三日晴，地无三里平"的气候、地貌，造成了贵州复杂多样的气候和生态条件，有利于贵州发展立体农业，促进贵州农业的整体综合开发，推动贵州特色农业的形成和发展。

1.1.3　贵州的自然生态状况

贵州地处云贵高原，具有特殊的自然生态环境。贵州的自然生态状况具有如下的特点。

1. 喀斯特石质荒漠化趋势严重

近几年来，西部大开发战略的实施，促进了贵州公路、铁路等基础设施建设的发展。然而，随着人口密度的增加、人为活动强度的增强，喀斯特石质荒漠化速率大为增加，造成了更多土地的退化。

2. 人类文明建设对生态系统的破坏加剧

矿产资源的大规模开发，大批开发项目的建设，造成森林等植被面积的不断减少，对农业生态环境也将产生很大影响。这不仅加剧了人口和粮食之间的矛盾，还使得人均耕地占有量低的问题更加突出。这一系列的恶性循环，最终不仅会引发一系列环境地质灾害和农牧业产品的产量、质量下降，还有可能破坏生态系统的食物链结构，危害人类的身体健康。

3. "城市化"进程加速，城市环境质量下降

随着国家和政府对"工业化、城市化"的倡导和推进，一些大规模项目如雨后春笋般不断形成和建成，一些原有的小城镇将迅速扩大，新的工矿区、城镇将大量出现。"城市化"进程一方面会提高人们的生活质量，但是另一方面过快的"城市化"会大大加重城市生命支持系统的压力，造成土地、粮食、森林、水资源等生态环境要素的破坏及缺失，产生诸多"城市化"后遗症，使城市环境质量最终严重影响人们的身心健康。

4. 生物多样性减少和自然保护区、风景名胜区的受损

随着西部大开发战略的实施，人为活动的频繁，以及对森林、草地、野生动植物资源的开发利用，自然环境正在一步步地受损，生物多样性也遭到破坏甚至濒临灭绝。贵州拥有丰富、优美的自然风景，但是一些开发项目的实施，已经对自然保护区和风景名胜区等地的环境造成影响，而且对旅游资源也是一种很大的浪费和伤害。

1.2　贵州产业发展的资源禀赋

贵州所具有的丰富的能源资源、矿产资源、生物资源和生态资源，是贵州产业发展的基础。只有充分了解贵州的资源禀赋，才能有的放矢地发展贵州战略性新兴产业。

1.2.1　贵州的能源资源

贵州是以煤炭资源、水能资源为基本能源资源，以火电、水电互济为主的能源格局。

在煤炭资源方面，贵州的煤炭资源丰富，素以"西南煤海"著称，资源分布广泛，主要划分为 9 个煤田，煤炭资源总量约为 2 419 亿吨，排全国第五位，主要煤种有炼焦煤、无烟煤等，这些煤种集中分布在六盘水、毕节、黔西南和遵义四个市（州、地）。全省含煤面积为 7.5 万平方千米，占全省总面积的 42.58%，87 个县（市、区）中就有 74 个产煤，煤炭资源具有储量大、品种全、埋藏浅、分布集中、含硫量低、组合好等特点。全省的煤炭资源远景储量达到 2 410 亿吨，已勘查探明的储量为 535 亿吨，保有储量达 529 亿吨，比江南其他各省市区储量总和（453.26 亿吨）还要多 70 多亿吨。2014 年，贵州省新增煤炭资源量约为 150 亿吨，其中贵州盘县保田整装勘查区共勘察获得煤炭资源量 54.8 亿吨，新增煤炭资源量 48.18 亿吨。

在水能资源方面，贵州省的水能资源丰富，具有分布均、造价低、发力高、区位优的特点。贵州水资源主要集中在乌江、南盘江、北盘江、清水江、赤水河这四江一河上，水位落差集中，开发条件优越，理论蕴藏量达 1 874.5 万千瓦，占全省蕴藏量的 80%，居全国第六位，按单位面积占有量计，每平方千米达 106 千瓦，是全国平均水平的 1.5 倍，居全国第三位。

1.2.2　贵州的矿产资源

贵州的矿产资源十分丰富，资源种类繁多、分布广泛、储量丰富、开采历史悠久，是著名的矿产资源大省（表 1-2），主要矿产资源储量及其潜在经济价值人均占有量高，不仅高于全国平均水平，更高于邻近省（自治区、直辖市）的占有水平。

表 1-2　贵州省在全国排名前十的矿产资源储量表

矿产名称	单位	基础储量	资源储量总数	全国排名
重晶石	亿吨		1.23	1
汞矿	吨	11 029	30 707	1
铝土矿	亿吨	1.368 92	3.954 71	2
稀土	吨		1 446 037	2
磷矿	亿吨	5.119 63	25.612 76	2
镁矿	亿吨	0.150 49	0.321 31	3
锰矿	亿吨	0.253 35	0.718 13	3
锑矿	吨	37 151	245 094	4
煤矿	亿吨	151.349 09	530.852 95	5

资料来源：全球金属网，www.ometal.com

贵州的矿产资源具有分布相对集中、交通方便、开采条件优良等优点。其产出地质条件优越，相对集中于少数地区，易选易炼，大多埋藏浅，具有一定露天开采条件，而且大多分布在交通便利的铁路沿线和水资源丰富的乌江干流附近，良好的外部条件也为矿产资源的开采创造了一定的条件。例如，磷基本分布在贵阳附近的开阳、瓮福一带，交通方便，矿床埋藏浅，工程地质水文地质条件简单，可以露采，也易于坑采。铝土矿主要分布在黔中和黔北、交通方便，有的可以露天开采。

到 2015 年为止，全省已发现矿产 110 多种，其中探明储量的有 76 种，多种矿产的保有储量排在全国前列。汞、重晶石、化肥用砂岩、冶金用砂岩、饰面用辉绿石、砖瓦用砂岩等矿产储量最多。尤其是被誉为贵州高原"七仙女"的汞、铝、磷、煤、锰、锑、金，是贵州主要的优势矿产资源，在全国占有重要地位。

1.2.3　贵州的生物资源

贵州省生物种类繁多，拥有具有明显的亚热带性质、种类繁多、区系成分复杂的植被资源和 1 000 余种野生动物资源。

贵州的植被资源可分为药用植物、经济植物和珍稀植物等几大类。药用植物（如天麻、杜仲、桔梗、天冬、龙胆草、黔党参、何首乌、灵芝等）占全国中草药品种的 80%，许多中药材素有"地道中药材"之称，畅销国内外。经济植物有以纤维、鞣料、芳香油为主的工业用植物，如杉木、松木、泡桐、青冈等，约有 600 种；以维生素、蛋白质、淀粉、油脂植物为主的食用植物，有栗类、青冈子类、胡桃、刺梨、食用菌等 200 余种。珍稀植物中一级保护植物有银杉、珙桐、秃杉、桫椤 4 种，占全国同类植物总数的 50%。

贵州省有野生动物资源 1 000 余种，其中黔金丝猴、黑叶猴、华南虎、云豹、豹、白颧、黑鹤、黑颈鹤、中华秋沙鸭、金雕、白肩雕、白尾海雕、白头鹤、蟒这 14 种动物被列为国家一级保护动物，占全国同类动物总数的 13%；国家二级保护动物有 69 种，主要有穿山甲、黑熊、水獭、大灵猫、小灵猫、林麝、红腹雨雉、白冠长尾雉、红腹锦鸡等，占全国同类动物总数的 25.7%。

1.2.4　贵州的生态资源

贵州地处亚热带山区，属亚热带湿润的季风气候，冬无严寒，夏无酷暑，雨量充沛，这样的环境有利于生物的繁衍和扩散。因此，贵州动植物资源十分丰富，珍稀动植物种类繁多，自然保护区、国家公园类型多样。

贵州绝大部分地区属于喀斯特特性，碳酸盐类可溶性岩石出露面积约占土地总面积的 73%左右。贵州的这种喀斯特地貌成就了在此基础上发育起来的喀斯特植被，其景观独具特色，造就了贵州多样的生态资源类型，概括起来，可分为以下三种类型。

1）森林生态系统

贵州的森林覆盖范围较广，拥有多个自然保护区或森林公园，如黔东北梵净山自然保护区原始森林、荔波茂兰喀斯特森林、习水中亚热带常绿阔叶林、册亨和望谟南亚热带沟谷季雨林、赤水竹海国家森林公园、安顺九龙山、施秉云台山、贵阳黔灵山、贵阳森林公园、长坡岭森林公园等。

2）珍稀动植物生态资源

贵州的珍稀动植物资源也非常丰富，如梵净山黔金丝猴、珙桐等珍稀动植物、赤水金沙沟桫椤、威宁草海黑颈鹤、妥打白冠长尾雉、道真仙女洞、水城野钟和沿河麻阳河的黑叶猴、剑河的鹅掌楸、贵阳的青岩油杉林等，这些珍稀动植物资源分布在多处珍稀动植物保护区内。

3）地质标准层型剖面和生物化石生态资源

贵州的喀斯特地貌形成了地质标准层型剖面，拥有大量的生物化石等生态资源，如长顺县睦化泥盆系-石炭系界线层型剖面、独山-惠水石炭系地层标准层型剖面和兴义顶效胡氏贵州龙化石产地等。

1.3　贵州产业发展的历史背景及现状

贵州是我国实施西部大开发战略的重要地区之一。当前，经济危机日益蔓延并在不断深化，正确认识贵州自身特色及经济发展所具有的优、劣势，研究其各产业发展的历史沿革和现状，发掘贵州各产业的潜能，对于缓解经济危机，减少危机造成的损失，调整产业结构，为贵州经济长期、健康、平稳和可持续发展奠定坚实的基础，有着重要的意义。

1.3.1　西部大开发前贵州产业的发展情况

西部大开发是我国政府实施的一项政策，目的是"把东部沿海地区的剩余经济发展能力，用以提高西部地区的经济和社会发展水平、巩固国防"。1999 年 6 月 17 日，江泽民主席指出要不失时机地实施西部大开发战略。2000 年 1 月，国务院成立了西部地区开发领导小组，由国务院总理朱镕基担任组长，副总理温家宝担任副组长。经过全国人民代表大会审议通过之后，国务院西部开发办于 2000 年 3 月正式开始运作。

西部大开发之前，贵州的农业、工业和第三产业的发展情况具有如下特点。

1. 贵州省农业发展状况

在政府的高度重视之下，贵州农业保持着稳定发展的趋势，不仅满足了贵州省人民生活的需要，还对贵州经济的发展起到了一定的促进作用，托起了贵州建设小康社会的重任。近几年，贵州的农业生产得到较快的发展（表 1-3）。

表 1-3　1973~2013 年贵州省农业发展基本情况

年份	1973	1983	1993	2003	2013
农业总产值/亿元	23.94	52.66	201.4	446.7	
农业总产值占国内生产总值（GDP）的比重/%	55.02	43.21	32.66	21.91	
粮食播种面积/万亩	3 882	3 456	4 046	4 531	4 677.60
粮食总产量/万吨	598.95	703.00	869.50	1 104.30	1 029.99
粮食单位面积产量/千克	156	204	215	2 44	263
肉类总产量/万吨	13.47	38.58	84.73	156.99	196.85

注：1 亩 ≈ 666.7 平方米

资料来源：《贵州统计年鉴》

2. 贵州省产业结构发展状况

在复杂严峻的经济形势之下，贵州省委、省政府一向高度重视工业发展，出台了一系列加快工业发展的政策措施，使得贵州工业持续快速增长，促进了贵州的工业化进程。1992 年贵州三次产业结构由"一、二、三"调整为"二、一、三"；1992 年工业增加值首次超过农业，贵州由此进入半工业化社会；1998 年产业结构发生历史性变化，三次产业结构演进为"二、三、一"格局（表 1-4）。

表 1-4　1978~2005 年贵州省产业结构

年份	第一产业产值/亿元	第二产业产值/亿元	第三产业产值/亿元	三次产业占 GDP比重/%	产业结构
1978	19.42	18.73	8.47	41.6 : 40.2 : 18.2	一、二、三
1991	115.71	101.54	78.65	39.1 : 34.3 : 26.6	
1992	121.18	122.08	96.65	35.7 : 35.9 : 28.4	二、一、三
1997	271.96	288.99	244.84	33.7 : 35.9 : 30.4	
1998	265.04	319.40	273.95	30.9 : 37.2 : 31.9	二、三、一
2005	368.94	821.16	815.32	18.4 : 40.9 : 40.7	

资料来源：王峰，杨凤兰.大力推进贵州三次产业　加快提速协调发展.当代贵州，2012（20）：40-45

贵州产业结构继续保持良好的发展势头。2006~2011 年贵州省三次产业贡献率

（表1-5）来看，工业产业对经济的贡献保持在35%左右，占据第二产业的半壁江山，可以说，贵州工业发展保持着顶住压力、保持动力、稳中有进、稳中向好的态势向前发展。

表1-5 2006~2011年贵州省三次产业贡献率 单位：%

指标	2006年	2007年	2008年	2009年	2010年	2011年
地区生产总值	100.0	100.0	100.0	100.0	100.0	100.0
第一产业	6.6	3.8	9.2	5.5	5.0	1.1
第二产业	42.8	36.6	29.2	41.8	51.1	46.8
工业	37.9	33.7	27.0	30.8	41.6	39.2
第三产业	50.6	59.6	61.6	52.7	43.9	52.1

资料来源：《贵州统计年鉴》

1.3.2 西部大开发后贵州产业的发展成效

自从国家实施西部大开发战略后，贵州的三大产业有了明显的进步。在西部大开发的初期，贵州产业结构不断优化，更加趋于合理。可以从三次产业总产值来看贵州省产业结构的变化趋势，具体如表1-6所示。

表1-6 贵州省生产总值统计表

年份	总量/亿元	第一产业		第二产业		第三产业	
		绝对值/亿元	比例/%	绝对值/亿元	比例/%	绝对值/亿元	比例/%
2001	1 084.9	274.17	25.27	419.74	38.69	390.200 1	36.04
2002	1 185.04	280.83	23.70	474.68	40.06	429.53	36.25
2003	1 344.31	294.53	21.91	571.91	42.54	477.87	35.55
三年增加	259.41	20.36	-3.36	152.17	3.85	86.88	-0.49
年平均增加额	129.705	10.18		76.085		43.44	

资料来源：《贵州统计年鉴》

从以上数据可以看出，贵州产业结构发生了明显的变化，整个产业结构中第一产业比重下降，第二、三产业比重上升，其变化符合世界范围的产业结构演变规律，国民经济总量增长从之前的主要由第一、二产业带动转为由第二、三产业带动。

2000~2008 年，全省生产总值从 1 029.9 亿元增加到 3 333.40 亿元，年均增长 10.8%；财政总收入从 153 亿元增加到 674.56 亿元，地方财政收入从 85.2 亿元增加到 349.53 亿元，年均分别增加 26.4%和 19.3%；城镇居民人均可支配收入从 5 122 元增加到 11 758 元，农民人均纯收入从 1 374 元增加到 2 797 元，年均分别增长 8.1% 和 5.9%；人口自然增长率从 13.06‰下降到 6.72‰。

结构调整取得积极进展，新型产业格局得到巩固。2008 年，全省三次产业增加值占 GDP 的比重为 16.4：42.3：41.3，与 2000 年的 26.3：38.35：35.7 相比，第一产业比重下降 9.9 百分点，第二、三产业比重分别上升 3.95 和 5.6 百分点，三次产业内部结构也在不断优化，第二产业尤其是工业的增长是贵州经济快速增长的主要动力。第三产业的快速增长，为第一、二产业提供了更多更有效的服务，对促进第一、二产业及全省经济的发展起到了积极的作用。贵州在培育和发展具有当地特色的优势产业方面取得重大进展，加快了工业经济的发展，促进了产业结构的优化升级。

近十年来，贵州省紧紧抓住加快以公路为重点，铁路、水运、航空并举的交通基础设施建设；以"西电东送"为重点的能源建设；以退耕还林还草和天然林保护为重点的生态建设；以解决工程性缺水为重点的水利设施建设；以"两基"攻坚为重点的教育事业发展和新阶段扶贫开发等实施西部大开发战略六个方面的重点和关键环节，积极加快产业结构调整，大力培育具有市场竞争力的特色优势产业，进一步增强了自我发展能力，加强了经济社会发展的薄弱环节，各项经济社会工作取得了明显成效（表 1-7）。

表 1-7　三次产业产值情况　　　　单位：亿元

指标	2006 年	2007 年	2008 年	2009 年	2010 年	2011 年
地区生产总值	2 338.98	2 884.11	3 561.56	3 912.68	4 602.16	5 701.84
第一产业	382.06	446.38	539.19	550.27	625.03	726.22
第二产业	967.54	1 124.79	1 370.03	1 476.62	1 800.06	2 194.33
工业	839.13	978.86	1 195.30	1 252.67	1 516.87	1 829.20
建筑业	128.41	145.93	174.73	223.95	283.19	265.13
第三产业	989.38	1 312.94	1 652.34	1 885.79	2 177.07	2 781.29

资料来源：《贵州统计年鉴》

在经济全球化和自由化的影响下，近几年来贵州第三产业得到了迅速的发展，新兴产业不断涌现。经过不断提升和发展，贵州第三产业内部结构呈现明显变化。2011 年贵州省第三产业增加值达到 2 781.29 亿元，第三产业对经济发展的贡献率早已超过 50%。2011 年（表 1-8），交通运输、邮政仓储业产值达到 590.91 亿元；批发和零售业产值达到 448.77 亿元；住宿和餐饮业产值达到 224.40 亿元；金融业产值达到 297.27 亿元；房地产业产值达到 160.30 亿元。

表 1-8   2006~2011 年贵州省第三产业生产产值   单位：亿元

指标	2006 年	2007 年	2008 年	2009 年	2010 年	2011 年
第三产业	989.38	1 312.94	1 652.34	1 885.79	2 177.07	2 781.29
交通运输、邮政仓储业	192.95	282.04	370.65	399.77	480.32	590.91
批发和零售业	161.70	198.79	248.83	293.53	367.52	448.77
住宿和餐饮业	57.07	90 09	130.41	153.41	180.73	224.40
金融业	89.43	122.25	151.55	194.44	231.51	297.27
房地产业	80.24	93.19	104.81	136.15	139.64	160.30
其他服务业	407.99	526.58	646.09	708.49	777.35	1 059.64

资料来源：《贵州统计年鉴》

1.3.3   贵州战略性新兴产业的发展现状

目前，贵州省战略性新兴产业发展较快，产业基础坚固，产业发展后劲强劲。据不完全统计，2011 年，贵州省战略性新兴产业总产值在 1 000 亿元上，产业规模和布局已经基本形成，并还在呈现不断扩大趋势。从产业结构看，在全省战略性新兴产业中，生物产业发展最为迅猛，占全省战略性新兴产业总产值的 40% 以上；第二是高端装备制造业，占战略性新兴产业总产值的 22% 以上；第三位的是节能环保产业，占战略性新兴产业总产值的 15% 以上。这三大战略性新兴产业总产值已占全省战略性新兴产业的 77% 以上；其他产业（如新材料产业、新能源产业、新一代信息技术产业、新能源汽车产业）还有待进一步发展。

1. 新材料产业发展现状

贵州省新材料产业整体规模很小，但是增长迅速。据统计，2011 年贵州新材料产业总产值为 46.22 亿元，销售收入 45.61 亿元，同比分别增长 29.78%、37.70%，超过全国平均增速约 5 百分点，产品市场占有率超过 10% 的产品有 10 个。新材料产业总产值仅占全省工业总产值的 0.84%，占全国新材料产业总产值的 0.58%，规模很小。可以看出，贵州省新材料产业处于发展的初期阶段。

2. 生物产业发展现状

生物产业是全省国民经济的重要产业和新的经济增长点，根据《贵州省"十二五"生物产业发展专项规划》，2011 年全省生物产业企业约 300 家，产值约 400 亿元，生物产业产值占全省工业总产值 7.2%以上，年均增长率超过 20%。贵州是全国四大地道药材产区之一，发展生物医药产业具有得天独厚的优势。2011 年生物医药产业产值占生物产业总产值 50%以上，贵州必须坚持走特色化、差别化、精准化发展路子，以"大健康医药"为索引来发展生物医药产业。

3. 高端装备制造业发展现状

高端装备制造业为国民产业的发展提供坚实的装备制造基础，贵州发展高端装备制造业有利于促进其他产业的发展。贵州省依托 011 基地、061 基地、083 基地、贵阳国家高新区的企业等，产品集中在航空航天装备、轨道交通、新能源装备、智能装备、高端装备基础件和卫星应用等领域。全省装备制造业规模以上工业总产值从 2007 年的 226 亿元提高到 2014 年的 899 亿元，工业增加值从 58.16 亿元提高到 194.25 亿元。贵州省正积极推进高端装备制造业技术进步、产业结构优化，带动其他产业协同发展，促进贵州经济的持续健康发展。

4. 节能环保产业发展现状

根据《贵州省"十二五"节能环保产业发展规划》，从 2010 年开始，全省出现了一批产值达数千万元的环保企业，企业数量超过 300 家，产业领域不断扩大，技术水平不断提高，产品日趋丰富。除此之外，贵州质监局也十分重视节能环保产业的发展状况，2014 年，质监局重点围绕节能环保、关系民生质量和安全的突出问题进行大规模检查，主要领域集中在小家电、汽车及汽车零配件、建筑安全等。

5. 新能源产业发展现状

贵州省新能源产业初具规模，根据《贵州省生物产业发展专项规划》，2011 年生物能源企业有十多家。同时，贵州省正在积极开展煤层气、风能、太阳能等其他新能源的开发利用。2015 年 5 月，贵州省第一座光伏电站并网发电，标志着继水、火、风之后，太阳能正式成为贵州电力阵营的一员"新兵"，标志着贵州新能源发展再上一个新的台阶。

6. 新一代信息技术产业发展现状

目前，贵州省电子核心基础产业主要集中在中国振华（集团）科技等少数几家股份有限公司。2011 年，全省高端软件与新兴信息服务产业收入达 50.86 亿元。2014年以来，贵州省新一代信息技术产业发展尤其获得国家发改委一系列重点项目和重大政策的大力支持，其批准贵州省新增设两支国家参股战略性新兴产业基金，基金总规模 5 亿元，其中国家参股投资 1 亿元，支持贵州省将推进黔中"大数据应用服务基地"列入长江经济带国家战略等。新一代信息技术发展指日可待。

7. 新能源汽车产业发展现状

贵州省新能源汽车产业处于起步阶段。2014 年，政府实施一系列政策（补贴政策、免车辆购置税、公务车采购、破除地方保护等）推动新能源汽车产业的发展，这一系列利好政策不断落地，新能源汽车即将进入高速发展期。像位于毕节市的兴国集团，其主要生产电动汽车（electric vehicle，EV）和电动摩托车，设计生产能力为年产电动轿车 20 万台、电动摩托车 100 万台、三轮车 6 万台、特种车两万台。年产值近 100 亿元，年上缴税收 6 亿元以上，可创造就业岗位 6 000 个以上。其产品还征服了国外消费者，目前已有部分产品出口到了欧盟。

1.3.4　贵州产业发展面临的困境及破解思路

西部大开发战略实施之后，特别是近年来，贵州产业发展面临着许多困境，亟须寻找和发现破解产业发展困境的有效思路。

1. 贵州产业发展面临的困境

总体来说，贵州产业发展面临着如下困境（图 1-1）。

图 1-1　贵州产业发展面临的困境

1）创新体系不健全

在贵州省的七大战略性新兴产业中，生物产业、高端装备制造业的技术创新体系发展比较迅速，体系已基本建立，新能源产业、新能源汽车产业、新一代信息技术产业、节能环保产业等的技术创新平台还不是很多，亟须政府开展并加强技术创新平台的建设，大力引进创新技术，推动关于创新项目的实施，解决在发展战略性新兴产业道路上的关键共性技术问题。

2）产业龙头企业少

大力引进优质项目、扶植龙头企业，有利于培育产业链核心环节，进而吸引大批的配套企业集聚，促使产业集群的形成。在贵州省七大战略性新兴产业中，普遍存在龙头企业少、规模小的现象，其中高端装备制造业、新材料产业、生物医药产业的个别企业规模相对来说较大。但航空产业缺乏可发挥整机牵引作用的企业，仅有中航工业贵州飞机有限责任公司开展整机研制业务。

3）创新资金不足

发挥中央财政引导资金"四两拨千斤"的作用，能够带动各方资金用于创业投资，促进贵州战略性新兴产业的发展。然而政府用于支持战略性新兴产业发展的资金缺乏。2012 年，贵州省财政预算支出为 2 752.90 亿元，用于与战略性新兴产业有关的科学技术经费仅为 28.23 亿元，真正用在支持战略性新兴产业发展的资金可能更少。

4）创新人才缺乏

2004 年以来，贵州省通过实施"人才强省"战略，人才工作效益明显。2014 年，贵州省又组织开展多次"百千万人才"引进与选拔工作，重点围绕新材料、高端装备制造、节能环保等战略性新兴产业和特色优势产业等领域，引进该省经济社会发展急需的紧缺人才。但贵州省地理位置的缺陷对引进造成了一大障碍，目前战略性新兴产业正面临专业人才、高层次复合型人才和重点领域高层次人才匮乏问题。

2. 贵州产业发展的破解思路

加快贵州产业发展，特别是战略性新兴产业的发展，需要利用有效、有针对性的思路，来破解当前贵州产业发展所面临的困境（图 1-2）。

1）建立战略性新兴产业统计制度和指标体系

积极配合工业和信息化部、国家统计局等国家部（委、局）在"新一代信息技术产业"领域开展的统计试点工作，认清贵州战略性新兴产业发展状况及在全国发展中的地位，并且尽快建立和完善战略性新兴产业统计指标体系和统计制度，找出全省在发展战略性新兴产业发展中出现的问题，制定有利的产业政策和解决措施。

图 1-2　贵州产业发展的破解思路

2）加快构建战略性新兴产业创新体系

实施"战略性新兴产业技术创新工程"，加强技术创新基础能力建设，构建战略性新兴产业技术创新体系。主要围绕全省新材料、生物医药、高端装备制造、电子信息、节能环保、新能源和新能源汽车这七大战略性新兴产业和特色优势产业，以大企业为龙头、以创新平台为支撑，整合省内技术资源，联合省外高校、科研机构、产业链企业，实行产学研合作模式，建立战略性新兴产业（技术）联盟，并且争取国家科技计划和重大项目，突破、掌握关键核心技术，研制一些技术含量高、竞争力强的新产品。

3）大力扶持龙头企业

要扶持龙头企业，可以从以下两个方面着手。一方面，以生物医药、航空航天装备、新材料等产业为重点，选择一批创新能力强、科技含量高、行业影响大、成长速度快的企业，通过人才、资金、项目、兼并重组等措施，打造一批能够全面掌控产业发展方向、有极大辐射带动作用的创新型领军企业。另一方面，采取灵活多样的政策措施，支持中小企业做大、做强、做优，打造一批以高新技术企业、创新型企业、高成长型企业、优势骨干企业为主的创新型领军后备企业。

4）促进科技与金融的融合

在市场化运作机制框架下，探索科技与金融联运发展的新模式，广泛吸引各类社会资本参与科技金融建设。加强各市（州）的科技金融机构建设，构建科技成果转化和产业化的多元化、多渠道投融资体系，扶持处于创业早期和中期阶段的战略性新兴产业企业发展，促进战略性新兴产业加快发展。

5）促进科技成果的产业化

企业要立足于经济社会发展的实际需要，以市场为导向，按照"市场需求—研究开发—推广转化"的模式进行合理研发生产；政府要根据战略性新兴产业项目和企业的不同特点，出台一系列支持技术创新和科技转化的政策，采取直接拨款、后补助、贷款贴息、资本金注入等方式来扶持战略性新兴产业。

第2章 战略性新兴产业的相关理论基础

本章的主要内容及方法涉及多个学科和交叉领域,主要包括科学发展与可持续发展理论、创新发展与竞争优势理论及循环产业集群与绿色生长极理论等学科理论和研究方法。

2.1 战略性新兴产业的内涵和特征

要深刻认识战略性新兴产业的内涵和特征,必须将战略性新兴产业一词划分为战略性产业和新兴产业这两个概念,这样才能更好地理解、把握并且深入剖析战略性新兴产业的概念。

2.1.1 战略性新兴产业的基本内涵

在中国的经济领域中,战略性新兴产业一词目前还属于"新词"和"热词",是因政府政策而产生的词汇,是具有中国特色的经济词汇,2009 年 9 月,温家宝总理在主持召开战略性新兴产业发展座谈会上指出,发展战略性新兴产业是中国立足当前渡过难关、着眼长远上水平的重大战略选择,要以国际视野和战略思维来选择和发展战略性新兴产业。2009 年 10 月温家宝总理在《让科技引领中国可持续发展》讲话中又一次强调:在中国,发展战略性新兴产业是具备一定的比较优势和广阔的发展空间的,中国的战略性新兴产业完全可以有所作为。

战略性产业是一种具有战略意义的产业群体,它不仅引导国民经济的发展,还起到重要的带动、支撑、调整、转型等作用。一个产业技术的进步会影响一个产业的战略选择,从而带动一个地区经济的发展,因此,我们必须对战略性新兴产业技术予以重视。战略性产业是从传统战略产业领域发展而来的,由于市场的发展,其在一部分垄断性战略产业中会逐渐发展成为竞争性战略产业,其中,只有那些符合时代发展需要、代表未来产业发展方向的新兴产业才能成为新的战略性产业,避免被市场淘汰。

新兴产业是相对于传统产业而言的,是指一批具有全新经济形态的产业群。随着新科研成果的出现和信息技术创新的应用,一些具有高附加值、高成长性、高回报率的新部门或行业会随之出现，如以新能源为动力、以新材料为原料、使用智能技术或生物技术的产业，它们代表着新的科技和产业发展方向，具有广阔的潜在市场需求，对未来社会经济的发展具有很大的拉动作用。目前普遍得到认可的新兴产业领域有六个，即新材料产业、制造及工程技术产业、电子和信息技术产业、以遗传工程为核心的生物技术、现代交通运输及航天技术产业、能源和环境技术产业。

学术界对战略性新兴产业的概念界定，基本上有以下几种观点（表2-1）。

表 2-1　学术界对战略性新兴产业的概念界定

主要出发点	观点作者	对战略性新兴产业的概念界定
强调战略性新兴产业的产生条件和作用	狄乾斌和周乐萍（2011）	战略性新兴产业是以市场需求为基础，在科学技术领域有重大突破的前提下产生的一类产业，目前尚处于成长初期，未来发展潜力巨大，具有竞争力、前瞻性及市场性，对经济社会全局和长远发展具有重大引领带动作用
强调战略性新兴产业的发展潜力和社会效益	王昌林和姜江（2010）	那些技术落后、资源消耗大、社会效益小、环境污染严重的产业会逐渐退出市场，而知识经济、循环经济、低碳经济发展会成为潮流，战略性新兴产业就是综合时代发展需要、代表未来科技和产业发展新方向、给社会带来巨大的效益的一类产业
强调战略性新兴产业的战略高度	刘爱雄（2011）	战略性新兴产业是一个对经济和社会发展及国家安全具有全局性的影响和极强的拉动效应、对国家经济的长期战略发展具有支柱性和带动性作用、能够聚集和吸引世界技术资金等生产要素、占据国内外市场制高点、代表未来科技和产业发展新方向的产业
强调战略性新兴产业的发展趋势	宋河发等（2010）	战略性新兴产业是指基于新兴技术，科技含量高，社会效益好，出现时间短且发展速度快，市场前景好，最终会替代传统的战略产业成为主导产业和支柱产业的一类产业

资料来源：作者整理

2.1.2　战略性新兴产业的主要特征

战略性新兴产业关系到产业结构优化升级和国民经济社会未来的发展，因此，具有全局性、战略性、创新性、导向性、关联性、动态性、周期性和风险性等特征（图2-1）。

1. 全局性

全局性是战略性新兴产业最显著的一个特征，可区别于传统的战略性产业。战

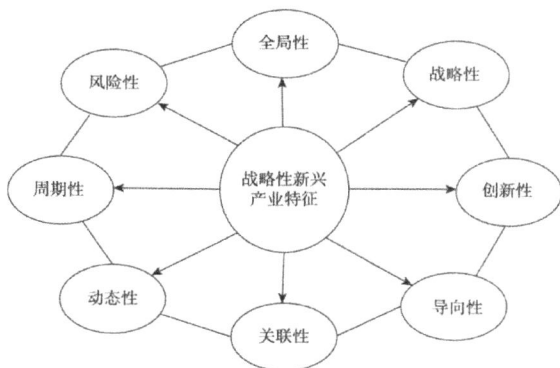

图 2-1　战略性新兴产业的主要特征

略性新兴产业对整体经济的重要作用，不仅在于其自身对经济的直接贡献，更在于对其他产业的辐射带动作用和导向作用；它不仅从量上带动所在国家（或地区）整体经济的增长，更将引领所在国家（或地区）生产模式、消费模式的转变，促进所在国家（或地区）产业结构乃至整体经济结构的转型与升级，带动经济社会的整体进步和综合竞争力的不断提升。

2. 战略性

贵州的战略性新兴产业的战略性主要体现在：它不仅自身有很强的发展优势，并且在市场、产品、技术、就业等方面贡献突出，带动其他产业的跨越式发展，往更大的方面看，它对社会经济的发展作用不可小觑，这直接关系到经济社会发展和国家安全，对带动经济社会进步、解决资源短缺问题、提升区域竞争力和国际竞争力具有重要促进作用。

3. 创新性

创新性是战略性新兴产业发展的一个前提条件，技术创新及其成果应用，产品创新、工艺创新的形成，加上创新平台的建设和创新机制的落实，都给战略性新兴产业的有效发展创造了很好的条件。更突出的是，需求领域的巨大变革、制度领域的重大创新，更有可能创造出一种全新的产业、行业和部门，推动战略性新兴产业不断向前发展。

4. 导向性

导向性是指战略性新兴产业的指示和引导作用，它是政府的政策、资本流向、科技研发、市场需求、产业调整的一种集中反映，不仅代表现阶段新兴技术的研究开发方向，在一定程度上更能反映未来产业的发展方向和阶段，使产业向高级化、集约化方向发展,所以,各国各地区都在大力投入各种资源来优先发展战略性新兴产业,引导资金投放、人才集聚、消费热点、政策制定等一系列措施来抢占未来经济增长战略制高点。

5. 关联性

战略性新兴产业的关联性是指其在区域经济发展中地位比较高,在纵向产业链上能够对产业链上、下游起到一定的带动作用,而且能够对横向产业(如技术关联性产业)有一定的示范作用,带动其他产业共同创造市场需求、提高社会消费水平、创造就业机会、增强产业集中度等,从而给整个区域经济的发展带来很大的贡献,可以起到经济极点的作用,具有很大的辐射带动效应。

6. 动态性

动态性是指战略性新兴产业的发展并不是一成不变的,它必须根据市场及社会、经济、政治、环境、资源等的发展状况来进行适当的调整,同时,根据不同时期、不同地区传统第一、二、三产业发展情况,利用当地有利资源和形势,有针对性地进行产业结构调整、产业布局规划,发展当地有特色的战略性新兴产业。

7. 周期性

战略性新兴产业相对于其他产业来说,其生命周期更长、更久,具有长期的可持续性。一方面,战略性新兴产业的孕育需要更长期的技术积累和要素集聚;另一方面,战略性新兴产业孕育成熟后能够在一个较长的历史时期发挥支柱作用。

8. 风险性

战略性新兴产业发展没有现成的经验可循,存在技术、市场、体制、机制等方面的不确定性,加之配套政策体系尚未完善,以及新、旧体制的摩擦,容易产生技术、产业、市场、财务、管理等方面的风险。

技术风险是战略性新兴产业面临的最大的、普遍的风险,是指在发展过程中会遇到的技术落后、生产流程不协调等问题,科技是一切生产力的核心,如果不能认识和把握产业发展的核心技术,那么就不可能形成产业核心竞争力。

产业风险的产生是因为战略性新兴产业的产业链比较长,这也是其关联性引发的,战略性新兴产业可能会遇到其他产业的竞争和受到产业链上、下游产业的影响,所以,进行联动开发,形成产业链和产业集群的战略性新兴产业会更具有竞争性。

市场风险是指每个战略性新兴产业生命周期不一样,产业成长和衰退是突发性的,必须以市场为导向,迅速抢占市场先机,如果不能很好地抓住先机,又不能后发制人,那么它很可能衰退下去。

财务风险是几乎大部分新兴企业和创新企业都会遇到的风险，资金不足、资金链断裂、融资渠道不畅是产业继续发展的一大阻碍。

管理风险是指企业组织内部职能部门之间的不配合、不协调、相互间缺乏有效的沟通机制、领导层决策与意见的不统一等，直接导致的资源分散和管理低效等一系列问题。

2.1.3　战略性新兴产业的影响因素

战略性新兴产业具有知识技术密集、自然资源消耗少、综合效益高等特征，其发展壮大是多种因素作用的结果，主要包括六个方面（图 2-2）。

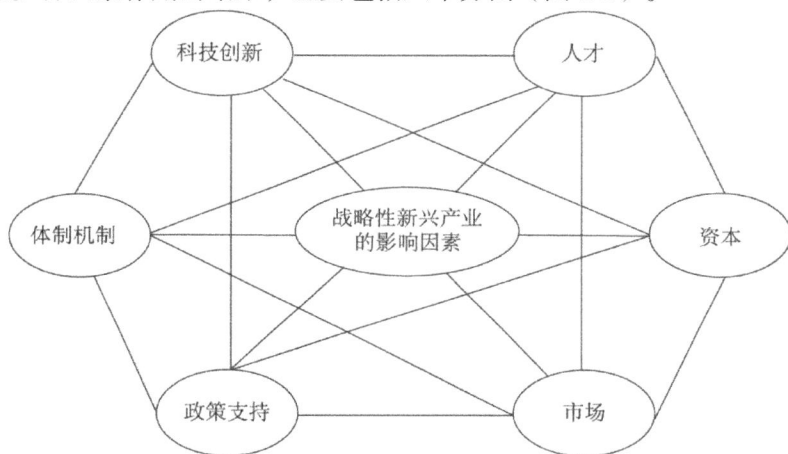

图 2-2　战略性新兴产业的影响因素

1. 科技创新

科技创新是战略性新兴产业发展的主要推动力，谁掌握了先进的科学技术，谁就掌握了发展战略性新兴产业的主动权；脱离了科技创新的支撑，新兴产业的发展就会成为空中楼阁。科学技术是第一生产力，纵观人类产业革命和战略性新兴产业的发展历史，每一次产业革命、产业创新都是由重大的技术创新主导的。科技上的重大突破和创新，能够改造传统产业，推动产品升级，全面提高产业自主创新能力，进一步推动经济结构的重大调整，促进经济发展不断向前推进，使经济提升到更高的水平。

2. 人才

战略性新兴产业属于知识密集型产业，人才是发展战略性新兴产业的关键，是新兴产业不断向前发展的源泉和动力。无论在技术研发、产品制造还是技术推广和创新方面，都需要大量的高素质、高技能人才。贵州在大力发展新兴产业的新背景下，更应重视战略性新兴产业人才：强化基础管理，完善人才培养机制；围绕战略性新兴产业布局，优化人才层次结构；加大政策扶持，创新人才引进机制，吸引国际国内人才来致力于贵州战略性新兴产业的发展。

3. 资本

培育和发展战略性新兴产业，具有高风险性，尤其在初期，需要持续性投入大量的资金。资金是产业发展的血液。首先，政府资金支持是实现技术创新转化为生产力的重要动力，包括直接的财政投入、税收减免、资本市场、金融市场的支持等。其次，良好的投融资环境、多方参与的风险分散机制为战略性新兴产业的发展减少了障碍，使其能够保持持续、快速、稳定的发展。再次，财政政策和金融政策（如财政贴息、风险补贴、信用担保、商业银行的支持等）的融合会进一步拓宽企业的融资渠道。最后，科学合理的税收制度会进一步推动战略新兴产业的发展。

4. 市场

消费者市场是战略性新兴产业产生的催化剂，消费者消费心理、消费行为、消费习惯等的变化，引发了新的消费结构和消费需求，因此需要一定的技术、产品、服务的进步甚至是管理模式的创新去满足这一市场需求的变化，新的产业就是在这一条件下产生的，而战略性新兴产业要进一步发展壮大，仍然需要市场发挥其优化配置资源的作用。

5. 政策支持

在战略性新兴产业发展初期，政府的政策支持是培育和发展战略性新兴产业的重要条件。政府的政策支持，一方面是财政补贴等方式，通过加大对技术创新等的投入，推动战略性新兴产业的技术进步。另一方面是积极培育市场，这就要求政府用"看得见的手"积极主动调节、规范、约束"看不见的手"。

2008年的金融危机对中国的影响相对欧美国家来说不强，但是这次危机也使中国经济增长的弊端暴露无遗。经济结构失衡、增长方式粗放、资源危机、环境危机加剧，使得中国进行产业转型、升级比欧美国家紧迫。因此需要政府进行积极干预，大力发战略性新兴产业，在新一轮技术创新中抢占先机。

6. 体制机制

战略性新兴产业是市场发展的一个新生事物，需要体制机制的创新来完善其发展，主要内容包括以下四个部分：一是建立以市场配置资源为主的管理体制；二是建立合理的所有制结构体制；三是营造非公有经济发展的良好环境；四是转变政府职能，把政府经济管理职能转到主要为各类市场主体服务和建立健全与市场经济相适应的体制、政策、法律环境上。特别是对于后发地区和发展条件不完善地区，良好的体制机制有利于战略性新兴产业的发展，有利于营造有竞争力的投资、创业和发展环境。

2.2　战略性新兴产业的形成及发展背景

在经济增长过程中，由于科技的进步和人类需求的不断变化，新兴产业逐步替代传统的产业，战略性新兴产业也正是在这种环境背景下应运而生的，其形成是一个漫长的过程，催生动力要素包括科技革命和科技进步的推动、经济危机与结构转型的倒逼和新常态与可持续发展的需求。

2.2.1　科技革命和科技进步的推动

科学技术是经济社会发展的原动力，也是产业更替的驱动力。当前，新一轮科技革命与产业革命加快推进，而每一次产业革命的诞生与发展都是一次科技的革命，并伴随形成战略性新兴产业。

科技变革周期由萌发阶段、成长阶段、协同阶段和成熟阶段四个阶段构成（表 2-2）。

表 2-2　科技变革周期阶段特征及未来发展趋势

阶段	阶段特征	未来发展趋势
萌发阶段	旧的技术经济范式日渐衰败，新的技术发明逐步实现产业化	新技术、新产品、新产业呈迅速增长趋势
成长阶段	新兴产业的生产率大大提升，可观的利润率诱导各种金融资本强力介入	新兴产业蓬勃发展
协同阶段	技术增长趋缓，政府通过设立专门机构，积极扶持新兴产业的发展，经济增长率和就业率随之上升，科技革命在生产和社会结构中充分展开	高速增长得以继续
成熟阶段	核心技术的创新潜力逐步耗尽，技术革命的动力逐渐衰弱，曾经作为增长引擎的产业市场开始饱和，技术创新的收益递减，利润率下降，产业趋于成熟	经济增长出现停滞，甚至会走向萧条

由表 2-2 可以看出，战略性新兴产业得以持续不断地发展的一大主要因素是科技的强大推动力量，而且只有科技不断地进步和发展，当前的战略性新兴产业才不会被新一轮的新兴产业替代，所以说，没有科学技术的进步和突破性发展，战略性新兴产业就会如同"无源之水"。

科技革命是以重大科学发现为支撑，以重要技术和产品发明为标志，具有全局性、根本性特征，能够引起经济社会生产力飞跃发展的重要技术变革。尽管科学、技术、产业、经济、社会的发展变迁仍然不断赋予科技革命新的内涵，使其表现出一些新的特征，但值得注意的是，不同发展阶段的科技革命、科技进步的核心特征仍然有一些共性的表现，包括：① 必然是以科学知识的积累和重要的科学发现为支撑；② 必然是根本性的变革，是"质"的飞跃，事关解决生产力发展的重大需求；③ 必然具有相当规模和可持续的影响力，即有广泛的关联性和全局性，对产业组织和结构、能源供给方式、全球经济政治分工体系等会产生深刻、持续的影响。

19 世纪 70 年代初至 20 世纪 30 年代末，由于纺纱机、蒸汽机、工具机等技术的出现，纺织、机械、冶金，造船等产业才能在一定的技术基础上快速发展；1870~1940 年出现的电力技术成为电气、钢铁等产业的核心技术；20 世纪 40 年代末，随着电子计算机、空间技术、材料科学技术、原子能、生物工程及应用、海洋科学技术、信息技术、能源科学技术等的发展，电子信息、生物工程、新材料、航空航天、海洋科技等产业成为世界产业发展的焦点；如今，以信息技术、生物技术、能源技术和纳米技术为代表的科技日新月异，一场新的科技革命正悄然来袭，这为战略性新兴产业的出现提供了必要的技术条件。而伴随物联网技术的突破，据估计到 2020 年，全球物与物的互联业务将比人与人的通信业务大 30 倍，物联网将成为下一个万亿级的通信业务。

从以上产业发展的历程来看，一次新的产业变革都是以一场新的科技革命的产生为前提的，传统产业与战略性新兴产业并没有本质性的区分，其关键的差异在于技术的进步水平，传统产业的转型升级很大程度上依赖于技术的转型升级，因此，贵州必须把科技进步和创新始终作为加快战略性新兴产业发展的根本支撑，掌握核心技术，加大人力资源储备和引进，为战略性新兴产业发展创造条件。

2.2.2 经济危机与结构转型的倒逼

经济危机催生科技和产业革命，孕育着战略性新兴产业，反过来又成为走出经济危机的至关重要因素。经济危机是社会生产、分配、消费之间矛盾日益尖锐的产物。历史上，产业的发展也遵循着"适者生存"的法则，在严重经济危机面前，一些传统产业相继倒闭，而一些新兴产业特别是一些满足当时历史发展潮流、具有广泛影响和强带动作用的战略性新兴产业应运而生。

回顾世界产业革命和产业创新的历史，其充分说明经济危机时期是产业创新的战略机遇期。1857 年世界经济危机后，电力和电气产业成为带动世界经济发展的战略性新兴产业。1929 年世界经济危机和第二次世界大战后，电子、航空航天和核能等战略性新兴产业带动了战后世界经济的发展。20 世纪 80 年代，美国为克服经济危机，及时启动了"信息高速公路计划"，计算机、无线通信、计算机网络、软件成为战略性新兴产业，催生了信息化社会。

培育发展战略性新兴产业历来是发达经济体应对危机，谋求（或重塑）经济战略地位的重要手段。2008 年以来的金融危机使世界经济遭受重创。为应对经济危机，世界各国纷纷出台一系列经济复苏计划，其中一个重要方面就是加大对高科技行业的投资力度，培育和发展战略性新兴产业。

在金融危机之后，美国政府大力投入研究开发（占当年 GDP 的 3%），将新能源、环保产业、医疗保健和航天航空领域作为政策的重点并大力扶持，试图以新的创新和突破带动相关产业的发展，以领先的技术和强势发展的产业来促进经济回暖。欧盟也注重低碳环保产业，力图通过低碳产业的发展缓解资源和环境压力，推动经济持续、健康、绿色发展。日本将新型汽车、低碳环保、新能源、医疗健康、文化旅游业、海洋开发、太阳能发电等产业作为联动产业来发展，培育新的经济增长点；英国启动了"绿色振兴计划"，批量生产电动车、混合燃料车，并加大对生物制药等新兴产业的投入，以推动经济尽快从衰退中复苏。

而在我国，金融危机同样带来了巨大危害，传统产业遭受重创，国际竞争形势日益严峻，许多中小企业由于资金困难而倒闭，就业和增长压力剧增，依靠传统产业无法实现经济复苏和增长，基于此，党中央、国务院认为不能完全局限在传统产业的提升改造上，还必须培育新的产业，形成新的增长点。

由以上可以看出，危机既是挑战，更是机遇，其本身就孕育着走出危机的重要新生因素，传统产业的技术含量和产业附加值相对较低，难以应对经济危机，而战略性新兴产业能够适应经济科技变革，市场空间巨大，对于拉动经济增长、扩大就业具有重大作用。经济危机必须依靠战略性新兴产业才能摆脱，同时经济危机也为战略性新兴产业发展提供了动力。

2.2.3　新常态与可持续发展的需求

新常态是指经过一段不正常状态后重新恢复正常状态。人类社会就是从常态到非常态再到新常态的否定之否定中发展的，它不同于以往的相对稳定的状态，而是一种趋势性、不可逆的发展状态。

2008 年爆发的全球经济危机，使世界经济步入"大调整"与"大过渡"的时期。这种发展极不稳定的环境造就了经济发展的新现象和新规律，中国经济进入增速阶段性回落的新常态时期。

中国 GDP 增速从 2012 年起开始回落，2012 年、2013 年、2014 年上半年增速分别为 7.7%、7.7%、7.4%，告别过去 30 多年平均 10%左右的高速增长，中国经济发生了经济增长阶段的根本性转换：从高速增长转为中高速增长，经济结构优化升级，从要素驱动、投资驱动转向创新驱动。总结实践经验，中国经济增长速度回落的主导因素不是传统的总需求不足，而是潜在增速的回落，不是传统的周期性波动，而是结构性的趋势下滑。中国经济呈现出新常态，所以说，发展经济必须回归经济的本义；所谓经济，就是价值的创造、转化与实现；人类经济活动就是创造、转化、实现价值，满足人类物质文化生活需要的活动。

2014 年 5 月习近平总书记在河南考察时指出："我国发展仍处于重要战略机遇期，我们要增强信心，从当前我国经济发展的阶段性特征出发，适应新常态，保持战略上的平常心态。"在 2014 年 7 月底的党外人士座谈会上，习总书记再一次提出，要正确认识我国经济发展的阶段性特征，进一步增强信心，适应新常态。

步入新常态下的我国经济，再靠以往大规模投资制造业和房地产业及外部需求，无法继续维持健康增长。为适应和应对新常态，应学习和贯彻落实习近平总书记的指示，即"要充分利用国际金融危机形成的倒逼机制，积极推进产能过剩行业调整，坚决遏制产能过剩和重复建设。要把使市场在资源配置中起决定性作用和更好发挥政府作用有机结合起来，坚持通过市场竞争实现优胜劣汰。同时，要推动战略性新兴产业发展，支持服务业新型业态和新型产业发展，加快传统产业优化升级，扎实推进产业结构转型"。

经济新常态给我国战略性新兴产业的发展带来了难得的历史机遇，只有以实现重大技术突破和产业发展为需求，积极发展战略性新兴产业，才能对经济社会全局和长远发展起到重要带领和支撑作用，从而使我国经济在新常态条件下保持较快增长。

从 20 世纪 90 年代中期我国提出转变经济发展方式以来，实施效果并不理想，究其原因，一个重要的方面就是在全球产业链条分工中，我国一直处于附加值较低的低端水平，长期依靠较低的劳动力成本、较高的自然资源消耗、较高的生态环境代价保持自己在国际市场上的竞争力。在固有的国际产业分工体系中，我国依靠传统的技术路线进行产业结构调整和经济发展方式的转变就显得十分困难。

但在战略性新兴产业领域，技术创新和技术革命、产业创新和产业革命都处于探索、起步和孕育阶段，欠发达国家和发达国家的差距并不十分明显，在某些环节、某些领域我们还具有比较竞争优势。因此，通过培育和发展具有比较竞争优势的战略性新兴产业，我国有望形成新的主导产业和支柱产业，这样在国际产业分工体系中，我们就可以进入高附加值环节，利用战略性新兴产业的关联辐射效应带动传统产业升级，从而破解使我国经济发展方式发生转变的难题。

2.3　战略性新兴产业发展的支撑理论

战略性新兴产业的发展是在一定的环境中推出并成长起来的，由于可持续发展、创新发展、绿色增长极理论适应当今社会资源短缺、发展不平衡等现状，本节提出了科学发展与可持续发展理论、创新发展与竞争优势理论和循环产业集群与绿色增长极理论。

2.3.1　科学发展与可持续发展理论

科学发展观的第一要义是发展，就是坚持以经济建设为中心，坚持全面、协调、可持续发展，坚持以人为本，这是科学发展观的基本要求。国家根据我国面临科技发展的实际情况和产业发展状况，提出发展新材料、新能源、节能与新能源汽车、高端装备制造业、生物、节能环保和新一代信息技术等战略性新兴产业，从而体现我国在经济发展道路上遵循的社会全面协调、可持续发展原则。从科学发展来看，培育发展战略性新兴产业符合科技革命发展的必然规律，是科技进步和产业发展需求的必然结果。

可持续发展理论要求在注重经济发展的同时，也要注重生态合理性和社会活动的公平性，杜绝浪费资源和破坏生态现象，战略性新兴产业作为我国当前社会发展突出的一种新型发展模式，更应该符合社会发展要求，统筹局部和整体的发展，均衡效果和效益的比重，突出经济、生态和社会这三种效益均衡发展，达到和谐统一的效果。

首先，战略性新兴产业的可持续发展应与经济系统的可持续发展相一致，经济的发展是一切发展的最终目标，而经济的可持续发展才是人类社会发展的最优目标。在获取资源的同时，注意合理开发与环境保护相协调，确保产业发展和人类生产生活能有一种稳定、和谐的环境；在生产过程中，也要注重提高资源使用效率，减少在生产过程中资源无效使用和不经济环节，优化资源配置，缓解日益增长的人口与不断减少的资源之间的矛盾；战略性新兴产业的可持续发展离不开技术创新的推动，通过开发新能源、新材料等，能够达到发展经济和保护环境的效果，以产业发展的创新优化带动经济的可持续发展，最终提高人类生活的质量。

其次，战略性新兴产业可持续发展应与生态系统相互协调、共同发展，不能为了片面追求经济的发展而打破生态平衡。关注人与自然相处的生态环境是人类在生产发展过程中一直都必须重视的问题,生产过程中要遵循节能和减排兼顾的清洁生产原则,用最少的资源消耗获得最大的产出,同时还要注意在减少废弃物排放时,合理回收可再次利用的废弃物,这样不仅能减少污染物,还能减少对自然资源的开采利用。总之,基于自然资源和环境承载能力的限制及自然资源的不可再生性,战略性新兴产业必须满足可持续发展要求,在促进经济发展的同时,将资源的有效利用与生态环境的合理保护有机地结合起来,促进自然、经济、社会三者之间的全面、协调、有序发展。

最后,战略性新兴产业可持续发展应将社会进步和人类生活质量的提高和改善、实现社会和经济结构改变的经济发展作为最终目标,人类生活的质量的评判标准不应该仅仅反映在一个个数字上,如 GDP 或人均 GDP,而应该反映在人类的实际生活中。追求经济的又好又快发展,首先要突出"好"的质量,再追求"快"的速度,以"经济发展"逐步取代"经济增长"。因此,突出"好"这一诉求,就要通过制度、管理和技术多方位的创新,突破原有的传统产业投入、产出方式,展现战略性新兴产业在实现经济增长方式方面的优越性,实现经济、社会、环境的全面、协调、统一发展,进而全面提高生活水平。

2.3.2　创新发展与竞争优势理论

人们最早将创新运用在经济发展过程中,技术创新与经济的结合能够促进经济的超越式发展。1912 年,美国哈佛大学教授熊彼特(J. A. Schumpeter)在其《经济发展理论》一书中提出了影响深远的创新理论,将创新定义为"建立一种新的生产函数",把一种从来没有的关于生产要素和生产条件的"新组合"引进生产体系中去,其包括以下五种情况:引入一种新产品;采用一种新的生产方法或工艺流程;开辟一个新的市场;掠取或控制原材料或半制成品的一种新的供应来源;建立新的企业组织形式(熊彼特,1991)。战略性新兴产业就是一种以技术创新为前提,以可持续发展为原则,克服资源限制与环境约束的限制,打破传统的生产方式和生产模式,突出新的生产方法与工艺,生产出与经济社会相适应的新产品,开辟新的市场,切实转变经济发展方式的产业。因此,培育发展战略性新兴产业本身就是对创新理论的实践与运用。

1990 年,哈佛商学院著名战略管理学家迈克尔·波特(Michael Porter)在《国家竞争优势》(The Competitive Advantage of Nations)一书中提出了国家竞争优势理论(图 2-3)(Porter,1990)。钻石模型是一个动态的系统,只有在四个基本要素都积极参与整合成一个整体的情况下,才能创造出有利于企业发展的环境,进而促进企业投资和创新,最终形成产业国家竞争优势。首先,集群优势使得集群内的企

业能采取低成本策略；其次，集群企业能形成产业链对抗群外企业；最后，集群的
环境有利于催生新企业的诞生。

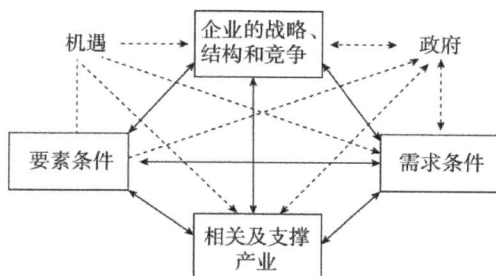

图 2-3　Porter 的国家竞争力分析模型（钻石模型）

战略性新兴产业也是在针对各地区地理资源优势的情况下诞生的，地理集中
优势明显，充分整合现有人、财、物等资源，培育了一批具有较强区域性特征的
企业。同时，培育发展战略性新兴产业有助于挖掘和发挥发展欠发达地区的后发
优势，竞争优势理论的一个潜在前提就是产业发展的"二次创业"，即任何一个
区域都可以通过整合新兴技术和特色资源，形成若干战略性主导产业，进而实现
地区产业发展的"二次创业"。

2.3.3　循环产业集群与绿色增长极理论

循环产业集群理论是由贵州财经大学蔡绍洪教授在研究生态脆弱地区绿色增
长极的构建问题时提出的。作为一个新型的产业生态系统，循环产业集群是指基于
循环经济理念和产业生态学原理而构建营造的，按照循环经济模式运行的产业集
群，它以资源循环利用最大化和环境负面影响最小化为原则，以资源和信息共享为
基础，以网络协同和集群创新为手段，以追求高的经济效率和好的生态效益为目的，
以物质能量的多层次循环和阶梯式利用为特征来组织生产经营活动。它不仅具有产
业集群具有的地理集中性、产业关联性、构成多元性、结构网络性、社会根植性、
资源共享性、企业竞争性、竞合博弈性、专业协作性、优势互补性、创新集群性、
生产灵活性、产业效率性、竞争协同性等一般性基本特征，还具有一般循环经济所
具有的资源循环与高效利用、低碳生产与绿色经济、清洁生产与生态保护等方面的
资源节约和环境友好的特征，可以实现资源环境效益和产业经济效益的有机统一。
经济"新常态"下，战略性新兴产业作为"调结构、促转型"的重要支撑，不仅需要
解决经济增长的问题，还需要解决资源环境过度利用的问题，从而实现经济社会的
可持续发展。在这个意义上，循环产业集群理论为战略性新兴产业提供了发展的方
向和目标。

增长极的概念和理论是由法国经济学家佩鲁（Francois Perroux）提出的，其核心思想是：在经济增长中，具有某些推进性先导部门、创新能力的企业、行业或者有不断扩大趋势的工业综合体，在一些地区或大城市聚集，形成一种资本集中、技术集中、具有规模经济效益的增长极，不仅自身能够迅速增长，而且能通过乘数效应对邻近地区产生辐射作用、推动其他部门或者产业增长，并且整个聚集区域具有扩散–回流效益，达到互利共赢的局面（曾坤生，1994）。战略性新兴产业是知识密集型产业，具有物质资源消耗少、成长潜力大、综合效益好的优势，对经济社会发展具有引领作用，不仅自身发展迅速，也能辐射带动整个产业体系的发展，极大地拉动地区尤其是欠发达地区经济的跨越式发展。

随着经济社会的快速发展，资源环境压力的日渐增大，低碳绿色经济的概念逐渐被提出并被广泛应用，这已成为不可逆转的全球发展趋势，并且在生态脆弱地区表现得更为突出。如何解决经济发展和环境保护之间的不协调，成了亟待解决的重大难题，贵州财经大学蔡绍洪教授在《循环产业集群：西部地区生态化发展的新型产业组织模式》一书中创新性地提出了绿色增长极的概念，绿色增长极除了具有传统增长极的经济"增长"功能外，还具有经济"绿色"功能，它以低碳经济、绿色经济、循环经济、生态经济为主体，不以高能耗、高物耗、高排放、高污染为代价，追求在不超出环境容量和不影响环境功能前提下的最大经济增长，可有效兼顾经济效益和生态效益（蔡绍洪，2010）。在低碳绿色发展的背景下，战略性新兴产业不可避免地在完成带动区域经济的快速发展历史使命的基础上，再肩负起绿色低碳发展的重任，绿色增长极可以为战略性新兴产业的发展模式提供良好的理论支撑。

第3章 国内外战略性新兴产业的发展态势研究

战略性新兴产业是以重大技术突破和重大发展需求为基础，具有知识技术密集、物质资源消耗少、成长潜力大、综合效益好等特点的产业，对经济社会全局和长远发展具有重大引领和带动作用。近年来，国内外都积极重视和发展战略性新兴产业，因地制宜地制定产业发展政策，有力地促进了战略性新兴产业的发展。同时，这些发展经验对贵州发展战略性新兴产业有着重要的启示作用。

3.1 全球战略性新兴产业发展态势

新兴产业的产生和发展不是空穴来风，历史表明，每当重大经济危机之后，代表新技术和满足新需求的新兴产业便会顺势而起，并以其独特的生命力和增长方式从经济危机中脱颖而出，并且还能对其他产业产生带动作用。2008年的金融危机后，无论发达国家和发展中国家都开始重视对战略性新兴产业的投资，加速新兴产业领域的技术创新和产业结构调整，种种迹象表明，新一轮的战略性新兴产业革命即将呈现。

3.1.1 全球战略性新兴产业发展的总体态势

全球各国都非常重视战略性新兴产业的发展，不断加大资金投入、加快新技术开发、加快人才培养。目前，全球战略性新兴产业正呈现出如下的发展态势。

1. 信息网络技术正在并将继续深刻改变人类的生产和生活方式

通信技术实现了人与人、人与物、物与物之间随时随地的沟通和物理世界的便捷管理，极大改变了人们生活习惯、生产方式、社会管理等，使人们可以"坐家中知晓天下事"，可以更直观地感受世界的变化。在工业生产中，可以将信息通信技术和网络的集成化，应用在研发设计、生产制造、流程管理、营销服务等各环节，通过网络化和智能化的进程，实现生产资源和市场资源的优化配置，推动精益生产、精准管理、绿色制造和节能减排。

国际电信联盟（International Telecommunication Union，ITU）2015年的全球宽带报告显示，截止到2014年年底，全球已接入网络的人数已达到29亿人，占全球人口的 40%。以目前的增长速度，到 2017 年，上网人数将会达到全球人口的 50%。到 2014 年年底，全球范围内的手机用户将超过 69 亿户，其中 3/4 的用户来自发展中国家，一半以上的用户来自亚太地区。图 3-1 显示的 2010~2019 年（预计）移动设备用户数量，也表明了通信技术给人们生活带来的巨大方便。

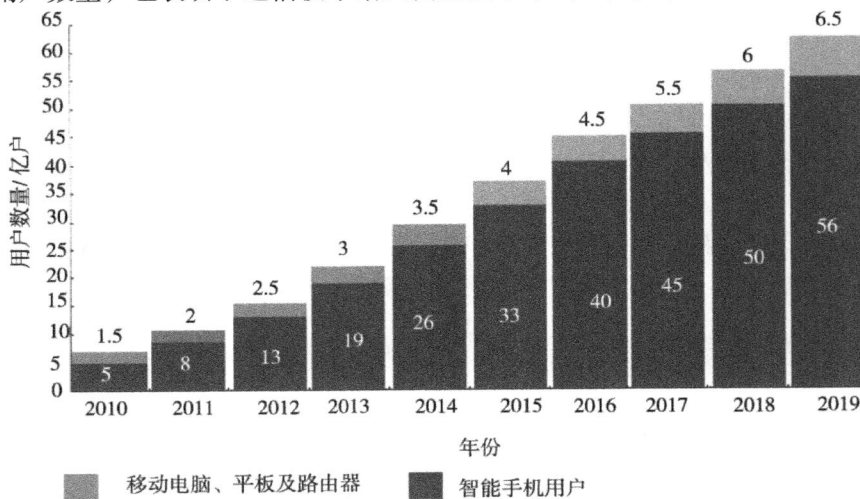

图 3-1　2010~2019 年（预计）移动设备用户数量
资料来源：爱立信移动研究报告

2. 生物技术将在医药、农业、能源等领域引发系列变革

生物技术在功能基因组、蛋白质组、干细胞、生物芯片、转基因生物育种、动植物生物反应器等领域的应用已取得重大突破，进入规模生产阶段。2008 年，全球生物技术药物销售额超过 1 000 亿美元；诊断试剂产业年增长率保持在 15%~20% 的水平；2009 年全球医疗器械市场销售额约为 3 360 亿美元，而 2008 年仅为 3 000 亿美元；2007 年，全球转基因农作物种植国家增至 23 个，转基因农作物种植面积新增了 230 万公顷，增幅为 12%；2008 年，转基因农作物种植国增至 25 个，种植面积增长 9.4%。

近年来，生物技术产业资本市场的投融资规模越来越大，只有 2008 年受金融危机的影响才略微下降，从首次公开募股（initial public offerings，IPO）、二级市场、私募、并购、合作到营销，都大放异彩，尤其是 IPO 的井喷行情成为行业最大亮点（图 3-2）。

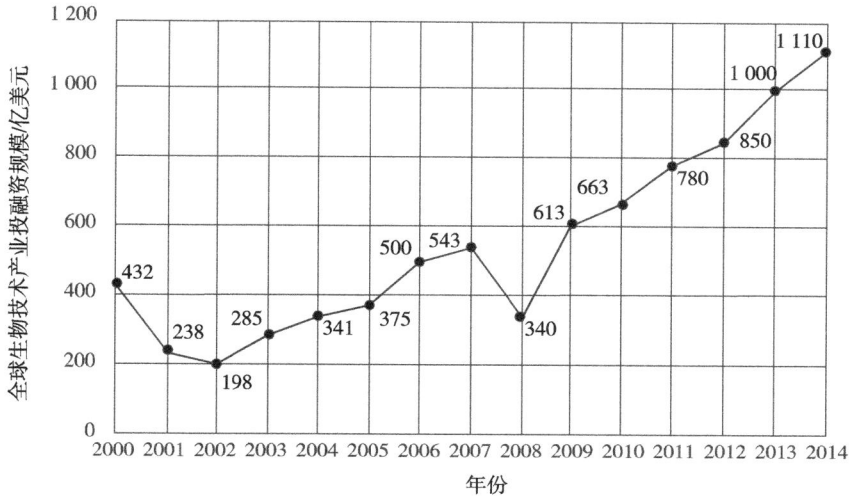

图 3-2　2000~2014 年全球生物技术产业投融资规模

业内专家普遍认为，在未来新科技革命和产业革命中生物技术革命将成为主要研究方向，生物技术将在现有产业各个领域都有涉及及应用，生物产业将以其突破性的发展速度成为继信息产业之后世界经济中又一个具有影响力的主导产业。

3. 新能源将在全球能源消费中占举足轻重的地位

由于现有发展经济资源紧缺的约束，可持续发展和绿色环保理念深入人心，科研人员将更多注意力放到以"低能耗、低污染、低排放"为主题的低碳经济和绿色能源方面。

2014 年全球可再生能源新增容量超过煤炭和天然气新增容量的总和。约 59% 的全球净电力新增装机来自可再生能源。风电、太阳能光伏发电和水电在其中占绝对优势。2014 年，全球风电市场恢复上涨，新增 51 吉瓦（GW），为可再生能源技术中增长最多的技术。在越来越多的地区，风电成为新型发电形式中成本最低的选择，并且新兴市场正在非洲、亚洲和拉丁美洲不断涌现。以中国为代表的亚洲市场，连续七年成为全球最大的市场，总装机容量超过欧洲。2014 年，光伏发电的增长又创纪录，全球新增装机约 40 GW，累计装机约 177 GW。中国、日本和美国占据新增装机排名前三的位置（图 3-3）。

近几年来，新能源已越来越受到人们的重视，太阳能光伏发电、生物质能源、风力发电等产业快速发展，尤其在 2008 年金融危机之后，全球风机装机容量、太阳能光伏总装机容量、太阳能电池总产量增长速度均保持在年均 30% 以上。目前，

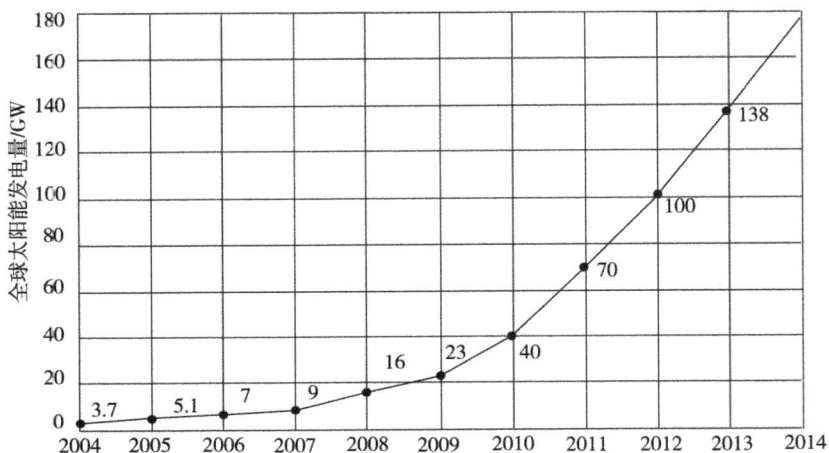

图 3-3　2004~2014 年全球太阳能发电量

以新能源和可再生能源为特征的第四次产业革命已渗入人们生产生活的方方面面，改变着人们的生产生活方式。

4. 新材料技术将为新一轮科技革命和产业革命提供坚实的物质基础

材料产业是其他高新技术产业和新型工业发展的基础，是人类对物质性质认识、研究、应用的更深层次的挑战，如今，战略性新兴产业的发展和传统产业结构的调整都需要新材料产业来提供新的发展增长点。新材料在新一代信息技术、生物高端装备制造、新能源、新能源汽车和节能环保等产业领域都有用武之地（图 3-4）。

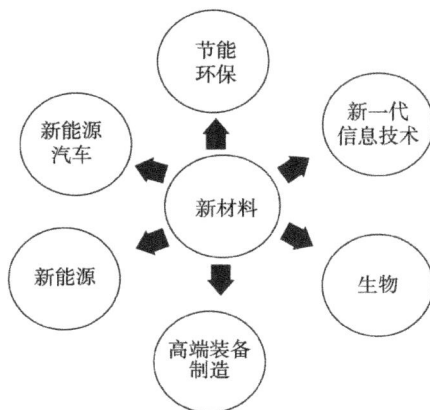

图 3-4　新材料应用领域

近年来，全球新材料产业发展迅速、规模快速扩张，世界新材料产业规模年增长幅度大概保持在 15%。2013 年全球新材料产业规模已经超过 17 000 亿美元。一些重点应用领域，如节能环保、新能源汽车、新材料产业的制备与工艺技术领域等关键技术也加速更新换代。与此同时，新材料产品制造过程也满足"低污染、低消耗"的要求，保持绿色化，产业呈现出专业化、复合化、精细化的特点。

5. 生物技术、信息技术、纳米技术的交叉和融合将引发新一轮科技和产业革命

科技和产业技术的融合会加速人类在某个领域的质的改变，而多学科、多技术领域的高度交叉融合，会让多领域的研究更上一个层次，在质的改变的基础上达到一个量的要求，从而为整个产业革命和人类社会带来更深层次的影响。例如，将新材料技术应用于生物医学工程领域，在微创手术、生命检测、寿命预测等领域的创新，产生了一批新技术，不仅给生物医学提供了更好的技术支持，更拓宽了新材料产业发展的深度和宽度；信息技术与遗传学、生物芯片、智能材料等领域的融合，也将达到一种互利共赢的局面。

3.1.2　发达国家发展的成功经验

2008 年，美国次贷危机引发的金融风暴，导致了全球性的经济衰退与经济危机，如何尽快摆脱经济危机，提升后危机时代的综合竞争力，成为世界各国或地区都必须考虑的问题。一些发达国家和组织在战略性新兴产业方面起步比较早，发展迅速，其中尤以美国、欧盟、日本为首，它们的发展战略值得借鉴。

1. 美国战略性新兴产业的发展

美国作为发达国家的领导者，在战略性新兴产业发展方面，技术水平和研究水平也一直处于领先地位。在金融危机之前，美国政府已开始关注战略性新兴产业，以信息技术研发为中心，加强人才的培养，通过一系列的政府政策给予支持，提供关键性的配套设施，积极营造有利于信息产业发展的整体环境。2008 年金融危机爆发后，为了摆脱经济危机，在以市场自发为主体的各阶段主导产业快速成长的基础上，美国政府在产业成长中也起到了不可或缺的作用，更加重视和积极布局发展战略性新兴产业发展：以新能源产业作为重点，主张依靠科学技术的创新开辟新能源产业的新路径，并与可再生能源、医疗信息化、新一代信息与网络技术、环境保护、航空航天及海洋与大气等领域共同发展，使美国经济向可持续化方向发展。

现阶段，美国政府大力支持战略性新兴产业的发展，推动一场以新能源为核心的主导产业革命，其主要表现在以下几个方面：首先，发展节能技术，开发新的可再生能源，实行输电网络的智能化调度，通过节能减排发展低碳经济。其次，转向

可持续的增长模式，即出口推动型增长和制造业增长，发出了向实体经济回归的信号，即重视国内产业尤其是先进制造业的发展。先进制造业包含了精益生产、准时生产、清洁生产、柔性制造、敏捷制造、计算机集成制造、虚拟制造和绿色制造等众多先进模式。最后，酝酿一场跨产业技术革命。

美国是一个以市场为主体进行主导产业选择与培育的典型国家，是市场主导型产业聚集模式。由于美国的市场机制比较健全，其在国际分工中也一直处于有利的地位，美国各阶段的主导产业的成长过程基本上都依赖市场自发完成。但是政府在主导产业成长过程中依然起到了不可缺少的作用。首先，美国政府通过财政、金融等杠杆对经济进行整体调节，最终由市场选出那些最有发展潜力的、最有活力的产业，政府只起到一个引导的作用。其次，美国一直强调基础研究和极其重视尖端技术，从多方面扶植尖端工业，根本上抓教育、抓人才，然后对研究与发展进行大量投资，通过与大学、企业签订科研与订货合同，找到了一条政、学、企三者相结合发展尖端技术的途径。最后，利用高校的智力资源将企业吸引过来，以大学为中心兴办科技园、工业园，从而使高校的新知识、新成果迅速转化为现实的生产力。著名的硅谷就是围绕斯坦福大学兴建的计算机工业园。

2. 欧盟战略性新兴产业的发展

在当今新一轮战略性新兴产业的发展中，欧盟将低碳产业、智能产业作为新兴产业的发展重点，期望通过发展低碳经济、智能经济，带动欧盟各国的经济向高效能、低排放的方向转型。近年来，欧盟将发展低碳经济作为"新的工业革命"，投入大量科研经费，加大低碳项目研发。积极推进和指导成员国发展低碳产业。与此同时，欧盟制定了一系列标准和规则，如碳排放权、碳交易规则、碳交易竞争和监督机制等，以保障低碳经济的发展。在 2011 年 3 月发布的《欧洲 2020 战略》中，欧盟将发展以知识和创新为基础的智能产业作为今后经济发展的三大重点之一，而智能电网、物联网与云计算产业则是欧盟发展智能产业的重中之重。《欧盟 2020 战略》以信息技术和绿色技术为突破口，把智能经济和绿色经济作为发展重点，提倡智能增长、可持续增长和包容性增长，最终目标是扩大就业、消除贫困、增强竞争力。

欧盟产业政策促进了区域新兴产业的发展，提高了相关产业的国际竞争力。但是，欧盟采用了极具针对性和集中性的产业政策，以及与各成员国具有互补性的产业政策，这样既消耗了大量的财政资源来支持高科技企业，也资助了所谓的"夕阳产业"。此外，欧盟的产业政策集中体现为 2000 年提出的"里斯本战略"，其核心是在全球化和知识经济的背景下克服"逆工业化"的问题，并实现欧洲高技术产业的振兴。但是欧盟过去 10 余年的发展状况表明，"里斯本战略"当初设定的核心目标基本落空，欧盟经济长期缺乏活力的状况并没有得到根本改变。

3. 日本战略性新兴产业的发展

在进入 21 世纪后，日本的主导产业出现了五大潮流：国际分工深化；国内供给高效化；服务化；信息化、网络化；环境协调化。其中，汽车、钢铁等原有主导产业日渐成熟，与信息通信、社会资本设施相关的战略性新兴产业不断兴起。具有代表意义的主导产业第一是光电子产业，第二是信息通信产业，第三是健康和福利产业，第四是环境和新能源产业。同时日本政府把节能和新能源开发、环保、生物工程、海洋开发等产业列为重点产业加以扶持。

金融危机爆发以后，为了迅速恢复经济和调整产业结构，克服资源能源稀缺这一先天性缺陷，日本政府提出"新经济成长战略"、"低碳社会行动计划"和"环境能源基础创新计划"，重点扶持新能源、节能环保、信息通信、海洋开发和生物工程等产业领域，通过引进新技术进行吸收、消化和创新，加大对基础研究的投入，加强自身科技成果转化的能力，达到以战略性新兴产业促进经济发展的目的。

日本的发展主要依靠对引进技术的吸收、消化和创新，这为日本经济发展和科技进步节省了大量经费和时间。在主导产业的发展过程中，政府给予了主导产业大量的优惠性投资、财政补助并制定了减免税等扶持性政策，同时较早采取了官产学研相结合的政策，以优化科技要素，形成从研究到应用的完整体系，缩短新技术研究和应用周期，从而加速了科技成果转化。现在，又出现了跨地区、跨部门横向联合搞开发的形式，以及科技与产业结合的科技城，以多种联合形式全方位推动科技成果转化。随着技术获得的日益困难，日本开始加大对基础研究的投入，加强自身科技成果转化的能力，同时企业界也纷纷调整研究与开发的体制，调整经费分配的比例，更加重视基础研究设备更新。

在战略性新兴产业的发展过程中，日本政府一方面积极采用与新能源有关的设施，给予战略性新兴产业大量的优惠性投资、财政补助以及减免税等扶持性政策，制定特别折旧制度、各种准备金基金以激励新兴产业的发展。另一方面，日本政府较早采取了官产学研相结合的政策，优化科技要素，形成从研究到应用的完整体系，缩短新技术研究和应用周期，从而加速了科技成果转化。

3.1.3　新兴发展中国家的典型例子

中国、俄罗斯、印度、巴西、南非这五个国家，是近年来发展迅速的新兴市场经济国家，被誉为"金砖五国"。下面简要介绍除中国外其他金砖国家近年来战略性新兴产业的发展概况。

1. 俄罗斯战略性新兴产业的发展

发展战略性新兴产业是俄罗斯实现技术跨越，重塑全球竞争优势的重要机遇。近年来，俄罗斯政府十分重视战略性新兴产业的发展，重点支持纳米技术、空间技术、生物技术、海洋开发等战略性新兴产业的发展。

目前，俄罗斯已建成国际上先进的信息共享、分工协作的纳米技术网络，该网络覆盖俄罗斯 7 个联邦大区、22 个城市、40 所高校和 10 家研究院所。空间技术一直是俄罗斯的优势技术，在全球具有显著的领先优势。俄罗斯计划在 2030 年之前进行可控的绕月飞行测试与人类登月活动。同时，俄罗斯计划打造自己的新宇宙飞船，以便将人类送往火星。在生物技术领域，俄罗斯研发基础雄厚，在许多方面达到世界先进水平。目前，俄罗斯从事生物技术研究、开发、生产的研究所和科研生产联合体超过 100 多家，主要分布在莫斯科、圣彼得堡、新西伯利亚等地。近年来，俄罗斯政府进一步加大了对生物技术产业的支持力度，计划在 2020 前投资 1 万多亿卢布，争取让俄罗斯在生物技术领域获得全球领先的技术优势，争取到 2020 年使生物技术产品增加值占俄罗斯 GDP 的比重达到 1%左右。

2. 印度战略性新兴产业的发展

2008 年金融危机以来，为了尽快走出危机，更为了提升产业竞争力，印度政府加大了对新兴产业的支持力度，大力引进外资和留学归国人员，努力将信息技术、制药、空间技术、生物工程、新能源等产业打造成印度的战略性新兴产业。

信息技术产业是印度最成功的战略性新兴产业。印度是亚洲软件产业最发达的国家，是跨国公司软件及其他信息服务外包的首选地，是仅次于美国的全球第二软件大国。制药业是印度具有发展潜力的战略性新兴产业。2008 年，印度制药业销售量达 80 亿美元以上，居全球第四。2011 年有超过 100 家当地及国际公司在印度对新开发药物进行临床实验，制药业与医药劳务外包正成为印度具有潜力的战略性新兴产业。生物工程产业是 2008 年金融危机后印度政府高度支持发展的战略性新兴产业。2010 年，印度在生物工程领域有 800 多家公司、50 多个研发实验室、两万余名专业人员。印度的生物基因资源拥有量位居世界前列，在约占全球 2%的土地面积上，拥有世界上近 7%的野生物种，这些生物资源为印度生物工程产业的发展提供了丰富的自然资源。

3. 巴西战略性新兴产业的发展

近年来，巴西政府将空间技术、海洋工程、可再生能源等产业作为国家重点支持的新兴产业，意图将这些产业培育成为巴西的战略性新兴产业。

巴西虽然不是世界性航天强国，但其近几年在空间技术领域取得的成就在发展中国家中名列前茅，是拉美地区空间技术发展最快的国家。目前，巴西的空间技术不仅用于导弹、航天等国防领域，也逐步应用于巴西本国的农业和热带雨林的监控、自然灾害应对、城市开发等多个民用领域，产业化能力不断提高。对于可再生能源，目前巴西售出的新汽车中有 90%是混合动力汽车（hybrid vehicle，HV），这些汽车都使用柴油和乙醇。在风能方面，2010 年巴西风能装机容量为 920 兆瓦，其中新增装机容量为 320 兆瓦，增幅达 53.3%，在拉美地区属于新增风能装机容量最多的国家。

4. 南非战略性新兴产业的发展

南非是非洲最大经济体，也是近年来增长强劲的金砖国家之一。近年来，南非政府重点支持新能源和新能源汽车、旅游和高端服务业、高新技术业等产业的发展，力图将这些产业打造成南非的战略性新兴产业。

南非拥有独特的自然和人文景观，旅游资源十分丰富。2010 年南非世界杯的成功举办，为南非创下入境外国游客 807 万人次的历史新高，提高了南非的知名度，带动了南非旅游业的发展。在促进旅游业发展的同时，南非积极发展文化产业及其他高端服务业。除此之外，南非政府非常重视新能源业的发展，在太阳能、生物燃料及小型水电厂的建设、运营和维护等方面，给予了税收减免等各种优惠政策。

3.2　国内及周边省市区战略性新兴产业发展态势

在改革开放的三十多年里，中国的高科技产业从无到有发展起来，成为中国成长性最高的一个产业，近年来，战略性新兴产业在我国各省各区域开展起来，各地区根据各自的产业特征和区域优势发展适合自己的新兴产业。

3.2.1　国内战略性新兴产业发展的总体态势

近年来，我国战略性新兴产业发展势头良好，各领域都取得了一定的成就，特点如下。

1. 中国战略性新兴产业进入稳中提质的新阶段

近年来，我国战略性新兴产业发展总体保持稳定并呈现增速阶段，经济产业结构不断调整以适应经济发展的需要。政府和企业都非常重视对对产业创新发展的投入以支持产业转型、升级，各地高新技术产业与新兴行业不断融合、相互促进、共同成长，各产业的抗风险能力和对经济发展的适应能力也相对较强，呈现出一种新常态趋势，逐渐成为支撑工业生产增长的重要力量。

例如，在医药制造产业方面，2014年我国医药制造业主营业务收入为23 325.61亿元，同比增长13.3%。2010~2014年，我国医药制造业主营业务收入整体上升，2012~2014年主营业务收入增长稳定（图3-5）。

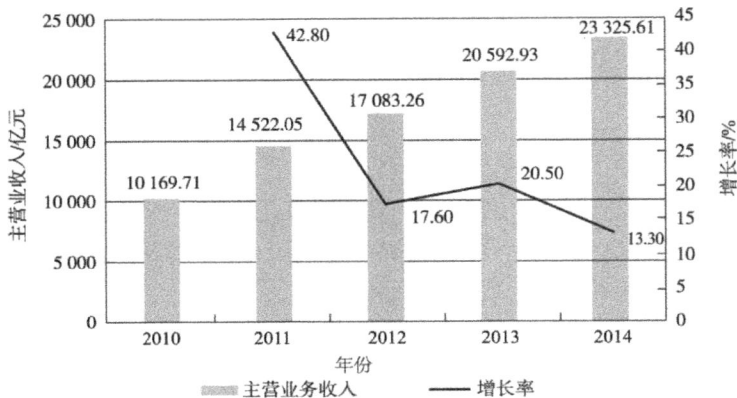

图 3-5 2010~2014 年我国医药制造业主营业务收入情况统计

又如，在新能源产业方面，2007~2010 年我国新增装机容量逐年上升，2011~2012 年有所下滑，2013 年中国（不包括台湾地区），新增装机容量为16 088兆瓦，同比增长 24.14%；累计装机容量 91 412 兆瓦，同比增长 21.36%。新增装机和累计装机两项数据均居世界第一（图 3-6）。

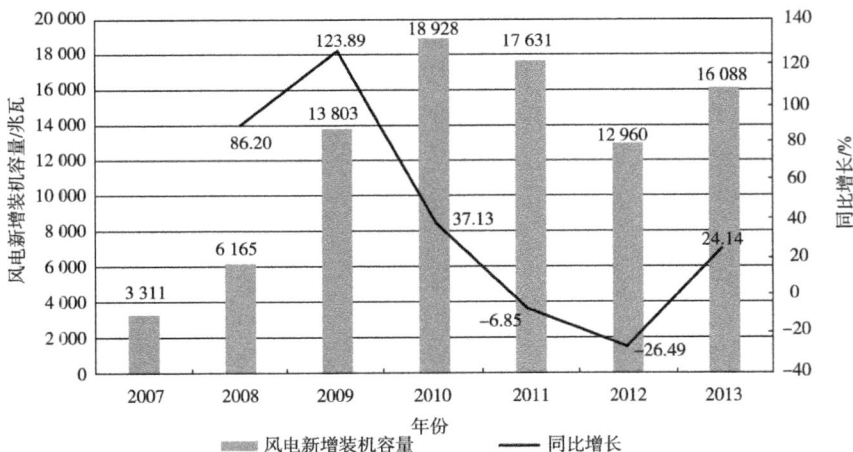

图 3-6 2007~2013 年我国风电新增装机容量

由此可见，中国经济已经进入稳中提质的新阶段，政府的作用已经由以通过政策来大规模经济刺激转为通过改革促进经济稳定持续增长，这说明中国战略性新兴产业发展有了一个新的高度。

2. 战略性新兴产业利好政策频出，创新体系进一步健全

2014 年，国务院及相关部委出台了一批重大产业政策来扶持在集成电路（integrated circuit，IC）、新能源汽车、云计算、物联网、新材料等方面的产业，并在相关地区进行试点工作，推动相关行业建立了标准体系，为战略性新兴产业的发展构建了利好的环境。

2015 年 5 月，国务院公布《中国制造 2025》，提出重点发展新一代信息技术、高档数控机床和机器人、航空航天装备、海洋工程装备及高技术船舶、先进轨道交通装备、节能与新能源汽车、电力装备、新材料、生物医药及高性能医疗器械、农业机械装备十大领域，指明了未来十年大部分战略性新兴产业发展的重点和方向。

在具体领域上，政府也出台了相关利好政策。在新材料行业，工业和信息化部印发了《2015 年原材料工业转型发展工作要点》，鼓励各地为新材料研发及应用探索建立风险补偿机制，通过产学研用来进一步扩大新材料的研发并努力将之转化为实际成果。

3. 战略性新兴产业区域集聚效应进一步凸现，形成较强的区域竞争力

随着战略性新兴产业的发展，相同或相关产业会聚集在一起形成产业链或者产业园区，产业集聚效应对产业的促进和经济的提升作用将更加明显。例如，安徽有六大装备制造业生产基地，分别是合蚌工程机械制造、两淮煤机制造、沿江船舶制造、芜湖节能装备制造、马鞍山冶金装备制造和蚌埠环保设备制造，2015 年六大基地的装备制造业产值占全省装备制造业比重预计达到 45%以上，成为安徽高端装备制造业发展的产业高地。

产业集聚增加了部门产业在技术、研发、生产上的联系和互动，可避免基础设施重复性建设和产业结构雷同现象，强化主导产业，促进新生代产业的诞生；在产业链上，有利于减少产业间的"断链"现象；在区域配套系统上，加大配套体系建设能为产业集聚发展创造良好的环境，提高区域的竞争能力，促进形成互利共赢的局面。

4. "互联网+"成为战略性新兴产业发展的新引擎

2015 年，"互联网+"成为时代发展的一个热词和重要性标志。李克强总理在《2015 年国务院政府工作报告》中首次提出"互联网+"行动计划，推动互联网、云计算、大数据等与现代制造业的结合。首先，"互联网+"的普及依赖于互联网、

与计算、大数据等的发展，以云计算为例，2015 年年初国务院出台了《关于促进云计算创新发展培养信息产业新业态的意见》，明确提出到 2020 年，云计算应用基本普及、服务能力达到国际先进水平。其次，互联网和制造业产业融合的实现，能够促进制造业在生产制造、销售服务、产业流程等方面注入新的活力，取得技术性的突破。

5. 智能制造将异军突起成为新的增长点

伴随着《中国制造 2025》的发布和一系列相关政策的出台，智能制造将在最近一阶段呈现爆发式增长：一是移动智能终端产品发展迅速。2014 年中国智能手机出货量同比增长 25%，占到手机整体出货量的 70%，尤其是 4G 终端的渗透空间还将继续扩大。二是工业机器人及智能装备成为热潮。中国智能制造和机器人产业前景乐观，很多地区已经出现机器人生产的试点并取得良好的效果，这些试点以后可能会在更多地区得到推广。以深圳为例，数据显示，与机器人技术相关的信息、家电、通信等装备制造业的产品规模已达 3 000 多亿元，未来仍将保持高增长态势。智能制造将成为中国制造业下一个增长点。

3.2.2　东部沿海地区发展的成功经验

在国家提出发展战略性新兴产业后，各省市积极行动起来，纷纷编制战略性新兴产业发展规划或推出行动方案，出台各项政策举措，将战略性新兴产业作为转方式、调结构的重要手段，引导当地经济加快步入"创新驱动、内生增长"轨道。

2015 年，各地区战略性新兴产业整体效益乐观，为经济增长带动作用明显加强，特别是东部地区发展态势更为迅猛，对全国战略性新兴产业发展起到了很好的标榜作用。例如，江苏省战略性新兴产业产值占工业比重接近 30%；深圳市一季度战略性新兴产业增加值占其生产总值的比重约为 35%。下面以东部沿海省份福建省和江苏省为例进行说明。

1. 福建省战略性新兴产业的发展

福建省战略性新兴产业发展整体良好，对福建省经济的长远发展具有很大的引领带动作用。第一，随着福建省科学技术的不断发展，研发水平的不断提高，科技转化实力的不断加强，新技术引进步伐的不断加快，很多产业领域都取得了重大突破，像新能源、新材料、生物科技和环保产业，从小到大，从弱到强，成为当地的优势产业。第二，产业集聚效应初显。福建在很多产业都已经形成了各具特色的产业集群，集聚效应和洼地效应已初步形成，为电子信息、生物医药、新材料、新能源等新兴产业带来了很大的发展空间。目前福建已有福州、厦门两个国家级高新技术产业开发区，泉州、漳州、莆田、三明、南平五个省级高新技术产业开发区，以及国家火炬计划的软件产业基地、电子信息产业基地、微波通信产业基地等，成为福建新兴产业集聚的主要平台。第三，研发平台建设取得进展。高新产业是技术密集和知识密集的产业部门，新技术研发平台建设与高端人才培养是新兴产业发展的最重要前提条件。

福建省把战略性新兴产业作为稳定经济增长、调整产业结构的重要支撑点和抓手，全力以赴抓紧、抓好战略性新兴产业的发展。一是抓住"互联网+"、"中国制造 2025"和"工业 4.0"等重大契机寻求突破，集中力量和精力发展重点领域，发展福建省高端制造业。二是通过招商引资积极引进、培育一批科技含量高、创新能力强、发展前景好的新兴龙头企业，来带领这个地区的产业发展。三是加大对财税、金融等的政策扶持力度，简化程序，集中资源重点扶持拥有核心技术、高成长性的新兴产业和企业，走出具有福建特色的战略性新兴产业发展之路。

2. 江苏省战略性新兴产业的发展

江苏省历来十分重视新兴产业的培育和成长。改革开放初期，江苏省各级政府迫于发展经济的压力，采取各种手段和措施发展乡镇企业，取得了一定的成功。尤其是苏南地区，乡镇企业迅速兴起，遍地开花，带动了地方经济的繁荣，被著名学者费孝通总结为"苏南模式"，受到中央肯定，全国掀起了大力发展乡镇企业的热潮。

目前，江苏省初步形成以新能源、新材料、医药及生物技术、环保产业等为主的新兴产业体系。2010 年，六大新兴产业销售收入占工业比重 23%，已突破两万亿元大关。太阳能电池产量、风电设备关键零部件分别占全国市场份额的 60%、50%。这些新兴企业均形成了比较完整的产业链，如 290 多家相互配套的光伏企业，形成了从多晶硅、硅片、电池、组件、集成系统设备到光伏应用产品的产业集群。江苏省发展战略性新兴产业模式主要体现在以下三个方面。

第一，发挥优势，重点突破。集中力量发展新能源、软件和服务外包、物联网、新材料、生物技术和新医药、节能环保产业等核心产品群，以及最具国际竞争力和产业带动力的龙头项目。推进新兴产业向规模化、集聚化、高端化和国际化发展。

第二，出台《江苏省新兴产业倍增计划》。到 2012 年，六大新兴产业实现销售收入 3 万多亿元，年均增速 30%以上，占规模以上工业销售收入比重 30%，新兴产业领域企业研发投入占销售收入比重超过 3%，成为新的支柱产业和主要增长点。

第三，确定六大重点领域。2009 年 12 月，江苏省委、省政府结合本省发展实际，明确提出重点发展新能源和智能电网、新材料、生物技术和新医药、节能环保、软件和服务外包、物联网六大战略性新兴产业，并陆续出台了这六大战略性新兴产业的发展规划纲要。后来，江苏省又提出要大力发展高端装备制造、光电和智能电网三大新兴产业，形成"6+3"的格局。

3.2.3 西部周边地区的发展态势

四川是我国西部地区中战略性新兴产业发展比较成功的代表，对贵州来说有一定的借鉴意义，因此我们重点分析四川战略性新兴产业发展的态势。

2014 年 1~9 月，四川省高技术产业共实现工业总产值 3 749.6 亿元，同比增长 20.5%，增速比 2013 年年底和 2013 年上半年分别下降 1.8 和 1 百分点；出口交货值 1 707.2 亿元，同比增长 23.6%，增速比 2013 年年底下降 12.4 百分点。从产值来看，计算机、通信和其他电子设备制造业，以及医药制造业总产值分别占总量的 70.2%、23.1%，基本与 2013 年上半年持平，仍然占据高技术产业支柱地位。从出口来看，计算机、通信和其他电子设备制造业对高技术产业出口起到了绝对支撑作用，出口交货值高达 1 681 亿元，占出口总量的 98.5%。

2014 年 1~9 月，战略性新兴产业共实现工业总产值 5 906.2 亿元，同比增长 8.9%，比 2013 年年底下降 11.6 百分点。其中，生物医药、高端装备和节能环保三大产业均保持了两位数增速。战略性新兴产业各行业情况如下：高端装备制造业实现总产值 679.4 亿元，同比增长 14.1%，比 2013 年年底上升 5 百分点，但比 2013 年上半年下降 1.3 百分点。新一代信息技术产业实现总产值 1 863.9 亿元，同比增长 7.6%，增速分别比 2013 年年底和 2013 年上半年回落 29.2 百分点和 3.7 百分点。新能源装备产业实现产值 384.9 亿元，同比增长 5.6%，增速比 2013 年和 2013 年上半年均提高 3.7 百分点，基本保持平稳增长状态。生物医药产业实现总产值 851.6 亿元，同比增长 16%，增速在六大战略性新兴产业中最高，虽比 2013 年年底回落 3 百分点，但比 2013 年上半年提高了 2.9 百分点。新材料产业实现总产值 1 736.3 亿元，同比增长 5.7%，增速比 2013 年年底和 2013 年上半年分别回落 5.5 和 1.3 百分点。节能环保装备产业实现产值 390 亿元，同比增长 10.3%，增速比 2013 年年底回落 18.5 百分点，基本与 2013 年上半年持平。

四川省培育和发展战略性新兴产业主要有以下特点：一是完善以企业为主体、以市场为导向、产学研相结合的技术创新体系，同时发挥国家和省市科技重大专项的核心引领作用，结合实施产业发展规划，突破关键核心技术，加强新成果产业化，提升产业核心竞争力。二是区别对待传统产业和战略性新兴产业的发展模式和路径，相对于传统产业，战略性新兴产业没有成熟的市场，但由于技术的先进性，发展空间还是很大的，要以科技突破为不竭动力，注重整合产品链上的各种要素，提高效率争取取得先发优势，掌握产业的核心竞争力。三是在整合资源、提高效率发展战略性新兴产业上，注重产业组织结构上的整合和产业空间结构的整合。以加速产业规模化发展为目标，选择具有引领、带动作用，并能够实现重点产品突破的优势企业，统筹技术开发、工程化、标准制定、市场应用等环节，形成多种形式的产业联盟，促进产业组织结构的整合创新，同时，推进产业集聚发展，依托具有优势的产业集聚区，培育一批创新能力强、创业环境好、特色突出、集聚发展的战略性新兴产业示范基地，促进产业空间的整合。四是依据战略性新兴产业的发展方向、重点技术方向、重点企业、重点地区等有选择地发展和扶持战略性新兴产业。

3.3　国际、国内战略性新兴产业发展对贵州的启示

为了发展经济，培育和扶持本国战略性新兴产业的发展，各国各地区都出台了一系列有利于产业发展的政策。从实践结果来看，无论是在国内还是国外，这些政策都主要集中在发展科技、投入资金和吸引人才等方面。下面是从国际、国内战略性新兴产业发展中总结的一些对贵州发展战略性新兴产业具有借鉴意义的经验和启示。

3.3.1　基于自身要素禀赋优势的科学选择

新兴产业是由新兴的技术决定的，而特定的新兴技术的出现则和一个国家的资源等自身要素的禀赋密切相关。因此，当地资源是一个新兴产业兴起，或者产业领导力更迭背后的最主要决定因素。例如，美国的页岩气资源优势在很大程度上推动了其新能源产业的发展；日本的海洋产业的发展得力于其绵长的海岸线的优势。

在一个国家发展的初期，农业仍然占主导位。这时，气候和土地质量等资源或者禀赋条件，对当地农业的竞争力有非常重要的影响。而随着经济的发展，制造业开始占据主导地位，这时当地劳动力的技能水平则发挥重要作用。这里值得强调的是，对于产业领导力的塑造而言，一些和特定产业相关的当地资源，如丰富的石油储藏、化学工程师的大量供应、政府在特定产业上的研发投入等也至关重要。其中，特定产业的劳动技能对产业领导力在不同国家或者地区之间的转移发挥着非常重要的作用。此外，在注重本国或者本地区的资源优势的同时，还要注重全球的新兴产业发展方向，如信息技术产业、生物产业、新材料产业、节能环保产业等的发展方向。

3.3.2　基于资金投入要素吸引的产业集聚

发展战略性新兴产业需要大规模、长期的资金支持。从战略性的角度来看，战略

性新兴产业大多关乎国计民生，具有全局导向性；从新兴的角度来看，战略性新兴产业出现时间短，需要不断的资金投入来获得技术支持。从产业生命周期理论来看，新兴产业尚处于萌芽阶段，技术研发、产业成果转化、市场推广等都具有一定的风险性，需要长期高额投资。因此，发展战略性新兴产业需要优先考虑资金问题。

从资金投入要素方面来看，政府方面主要通过政府专项基金、财税补贴、债券、信贷等融资体系确保资本要素充裕，并且强化招商引资，积极引导外商资本投入新兴产业，尤其加大对工业园区的招商引资力度，根据"集中资金办大事"的思想，引进一批龙头企业，申请以产业链为纽带的核心环节的支撑项目，形成完整的产业链和初具规模的产业集群，促进产业聚集，提高产业关联度。

战略性新兴产业集聚是指在相对集中的区域，汇聚产业配套完备、创新优势突出、产业结构合理、区域特色明显、规模效益显著的产业群体。2015 年，安徽通过财政注资、引进社会资本等方式，大量投入资本，将省高新技术产业基金规模逐步扩大到 200 亿元以上，对战略性新兴产业基地及重大项目予以支持。充足的资金给战略性新兴产业的发展提供了一定的保障。

3.3.3　基于技术创新体系构建的能力提升

相比于传统产业，战略性新兴产业最大的优势在于有先进的科技作为支撑，因此更能适应新常态环境下经济的发展，核心技术研发能力、技术创新和应用是新兴产业发展主动权的关键。

2015 年，在重庆面积达 1 200 平方千米的国家级开发开放新区里，显示面板、机器人、通用航空、新材料等一批战略性新兴产业发展快速，集聚现象显著。在两江新区原有的汽车、电子、高端装备等产业内，已经有一批企业拥有了自主研发的创新成果。以汽车产业为例，两江新区现已完成以长安汽车为代表的 8 家整车企业、400 万台整车、5 000 亿元产值的产业布局，2014 年实现汽车产量 178 万辆，产值超过 2 000 亿元。这些成就的很大一部分原因是重庆两江新区中有很多科研机构，包括中国科学院重庆绿色智能技术研究院、中国汽车工程研究院及重庆科学技术研究院等，这些机构和研究院为两江新区带来了大量的科研成果。

所以，战略性新兴产业要突破传统产业的局限，以先进的技术为支撑点，构建完善的技术创新系统，就要有意识地加强与发达国家的合作，通过不断的技术引进，实现关键技术的转移运用，不断强化企业的自主创新能力，同时鼓励高校、科研机构及核心企业的协同创新研发，完善全社会的创新驱动机制。

3.3.4　基于人力资源体系优化的人才吸引

人才是新兴产业发展的后备力量,然而目前中国高端人才特有的稀缺性已经成为未来中国战略性新兴产业发展的重要制约因素。因此,中国重视基于人力资源体系的人才吸引策略。战略性新兴产业是技术、知识密集型产业,对技术、人才有着强烈的依赖性。很多国家早就意识到这一点,2013 年美国提供 30 亿美元用于科学、技术、工程和数学的教育。结合其他国家的先进做法,中国应明确战略性人才开发和培养计划,大力支持战略性新兴产业高端人才培养,明确制定针对创新型人才、管理人才和创业型专业人才的鼓励政策,完善动力市场。

第一,通过出台优惠政策来简化人才培养及引进手续,通过创建创业园、创业基地、创业博士后工作站等加大人才载体建设,建立一套适合战略性新兴产业发展的人才培养机制。第二,通过改善人才培养模式来实现人才聚集和人才区域间合作,运用高等教育、职业培训、企业培养、国际交流等途径构建协调的多层次培养体系。第三,在重点学科、重大专项、高新技术等领域加快引进海外高层次人才,并为高端人才提供资金、设备上的支持和良好的发展环境。第四,针对重大专项培养和造就一大批创新型人才,制定发挥人才劳动价值的薪酬制度,使人才的薪酬与企业资产增值和企业长期发展能力相结合。

第4章　贵州战略性新兴产业的发展成效及存在的问题

在"十二五"期间，贵州战略性新兴产业的规模不断扩大、科技投入与产出的能力显著增强、产业发展成效显著。在战略性新兴产业的发展中，集聚效应逐渐显现、产业创新体系逐渐完善、产业承载能力逐渐增强，黔中经济区的领先优势也逐渐显现。但是，贵州战略性新兴产业的发展还存在着规模效应不明显、人才缺乏、政策激励效应不明显等问题，战略性新兴产业的发展环境还需要进一步完善。

4.1　贵州省战略性新兴产业发展的主要成绩

在国发〔2012〕2号文件《国务院关于进一步促进贵州经济社会又好又快发展的若干意见》《贵州省人民政府关于加快培育和发展战略性新兴产业的若干意见》、《贵州省"十二五"战略性新兴产业发展专项规划》及与战略性新兴产业发展相关的专项规划指导下，贵州省战略性新兴产业发展取得了有目共睹的重大进展。"十二五"以来贵州省战略性新兴产业发展的主要成绩表现在以下几个方面。

4.1.1　战略性新兴产业的规模逐步扩大

"十一五"以来，贵州省按照"合作创新，加强转化，重点突破，引领跨越"的发展方针，围绕产业发展重点领域和产业发展重大专项，产业规模逐步扩大，新兴产业初步显现，为贵州发展战略性新兴产业打下了良好的基础。"十二五"以来，《贵州省"十二五"战略性新兴产业发展专项规划》提出：要坚持科学发展，转变经济发展方式，加速发展，加快经济转型，推动各产业领域的发展创新，在保证青山绿水的情况下，不断地提高工业化、城镇化水平，促成产业发展的经济效益、社会效益和生态效益的平衡，实现发展的全面性、协调性、可持续性，实现"在发展中促转变、转变中谋发展"，保证经济社会又好又快、更好更快发展。表4-1显示了"十二五"期间贵州战略性新兴产业发展状况，可以看出，其主要集聚区域为贵阳市、安顺市、遵义市、毕节市等地；新材料产业、新能源产业、新能源汽车产业等突破了原有的技术；以研发、生产、社会化运用等新一代科学技术为载体，初步形成了一整套产业链和完善的产业体系；生物医药产业、高端装备制造业、节能环保产业、信息技术产业等产业集聚现象明显；以相同产业、相似产业或者产业链上、下游产业为基础发展核心区、产业带，进一步扩大了战略性新兴产业的影响范围和规模。

表 4-1　贵州战略性新兴产业发展状况

行业分类	发展现状	主要地区
新材料产业	初步形成"原材料—加工—制造—制品"产业链，大力培育发展以新材料产品开发和生产为主的高新技术企业	贵阳市 安顺市
生物医药产业	形成以中药、民族药为重点的生物医药产业基地，已形成生物制造产业集聚区	贵阳市为核心区，遵义市、安顺市、黔南地区为扩展区，黔东、黔东南、黔北、黔中等地区为支持区
高端装备制造业	顺应贵州省产业转型升级的追求需求，已形成基本的高端装备制造业集聚区，不断完善基础性设施	贵阳市 安顺市 遵义市
节能环保产业	形成节能环保产业集聚区，主要终端用能产品能效达到国内先进水平，产品已实现了基本的节能环保	贵阳市
新一代信息技术产业	已进行了大量的投资与建设，形成了新一代的核心信息技术产业集聚区	贵阳市
新能源产业	建设形成贵阳、遵义两大铝电联营，推动黔东南、六盘水、安顺、铜仁发展铝加工；支持铜仁、黔东南钒的深加工，其现已达到基本的供给要求，并且建立了基本的生产途径	贵阳市 遵义市
新能源汽车产业	初步形成适应电动汽车研发、生产和社会化应用的较为完善的产业体系和社会环境，培育以轻型电动汽车及其配套产业为主的新能源汽车产业	毕节市

从战略性新兴产业产值来看，据不完全统计，2011 年，贵州省战略性新兴产业总产值在 1 000 亿元上，产业发展迅速，产业布局基本形成。从产业结构来看，生物产业、高端装备制造业和节能环保产业作为贵州战略性新兴产业发展的领头羊，其产值占全省战略性新兴产业总产值的 77%以上，分别大约为 40%、22%和

15%；新材料产业、新能源产业、新一代信息技术产业、新能源汽车产业所占比例都较小，产业处于起步期，还需要政府扶持和产业自身努力以谋求发展。从2011~2013 年的发展情况看，2013 年贵州省高新技术产业和战略性新兴产业总产值达到 1 652.72 亿元，占全省生产总值的比重超过 20%，而且主要指标保持了年均30%以上的增速，远高于同期全省工业平均增速。其中新兴产业工业总产值和工业增加值均保持 40%以上的增幅。表 4-2 是 2011~2013 年贵州省新兴产业工业总产值和工业增加值的统计表。战略性新兴产业已经成为推动贵州省工业经济发展和产业转型升级的重要力量。

表 4-2　2011~2013 年贵州省新兴产业工业总产值和工业增加值

主要指标	2011 年	2012 年	2013 年	年均增长/%
工业总产值/亿元	417.18	552.42	850	42.74
工业增加值/亿元	112.51	149.23	240	46.05
主营业务收入/亿元	393.07	487.84	760	39.05

以上对"十一五"和"十二五"贵州战略性新兴产业发展概况及产业发展趋势的阐述，为贵州省"十三五"时期战略性新兴产业发展面临的机遇与挑战做好了铺垫，提出了贵州省"十三五"时期战略性新兴产业发展的总体思路、发展重点、主要目标、产业布局、主要任务，以及重大工程项目和对策措施及建议。

4.1.2　科技投入产出能力显著增强

科技投入方面，"十二五"以来，全省新兴产业科技投入规模和结构发展显著变化，企业的投入主体地位进一步加强，R&D 投入及销售收入的比重逐步提升。

根据统计，2013 年，全省 163 家省级以上企业技术中心 R&D 经费达 72.3 亿元，同比增长 21.1%，占销售收入的比重达到 2.96%，但距"十二五"规划的 R&D投入占销售收入 5%的目标还有较大差距。科技产出方面，2013 年，全省新兴产业专利申请数、专利授权数、新产品开发项目数、新产品销售收入比重等主要指标增长较快。其中，申请专利 2 485 项，同比增长 29%，授权专利 208 项，同比增长 37.7%，基本达到规划确定的年均增长 35%和 30%的目标。完成新产品开发项目数 1 527 个，实现新产品销售产值 424.59 亿元，约占全部工业总产值的 7.33%。

2013 年，为深入推进科技计划管理改革，强化过程管理，贵州省科技厅加强了对科技型中小企业创新基金的实施管理。涉及电子信息、生物医药、光机电一体化、新材料四个领域的 65 项国家级和 15 项省级项目，总体实施情况成效良好，完成合格率为 92.5%。80 家项目承担企业在创新基金项目立项前后主要经济指标增长显著（图 4-1），累计实现销售收入 11.97 亿元，企业净利润 1.21 亿元，上缴税额 0.87 亿元，出口创汇 56 万美元，新增就业 2 279 人，新增知识产权 122 项（其中发明专利 33 项），20 家企业通过质量体系认证，制定企业标准 29 项。在创新基金支持后，企业的自主创新能力和产业化能力得到提高，取得了良好的经济社会效益。

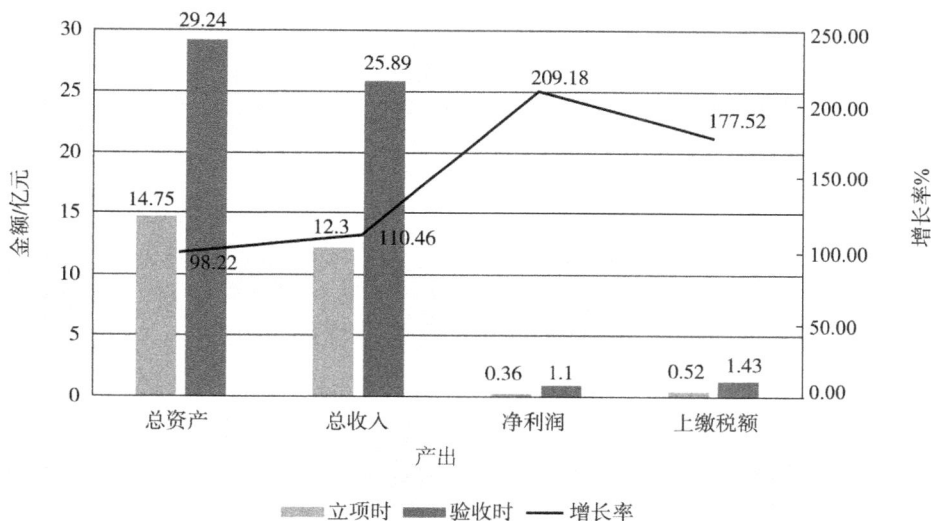

图 4-1　2013 年企业创新基金立项前后主要经济指标

到 2014 年，贵州省在科技投入产出方面主要成就有：科技进程方面，2014 年全省发明专利申请量同比增长 105.7%，增幅居全国第一；发明专利授权同比增长 34.9%，增幅居全国第二，科技促进经济社会发展指数增幅预计全国第一；科技成果产业化加快，贵州首个具有世界领先水平和完全自主知识产权的原创性新药"替芬泰"获临床批件，并正式进入临床研究；战略性新兴产业和创新型企业迅速发展并逐渐成长，遴选了 11 家创新型领军企业和 89 家科技小巨人及成长企业进行重点培育，截至 2014 年年底，贵州共有 14 家科技型企业在新三板挂牌。

2015 年 5 月 17 日，第一支获得国家发改委和财政部新兴产业创投引导基金支持的创业投资基金——贵阳工投生物医药产业创业投资基金正式设立。该基金是贵阳市工业投资（集团）有限公司、贵阳市创业投资有限公司等机构响应国家培育发展战略性新兴产业号召，申报国家发改委新兴产业创投计划而发起筹建的专项产业基金，基金总规模为 2.5 亿元。

贵阳工投生物医药产业创业投资基金主要投资于民族药材、中成药及民族药品、生物制品、天然保健品等生物医药领域，部分资金可投资于其他高科技领域。投资项目要求符合国家产业政策、具有较为广阔的市场前景和较强的核心竞争力，且主要投资于早中期的创新型中小企业，能够促进中小企业健康快速发展，带动地区经济结构调整和产业升级。

贵阳工投生物医药产业创业投资基金的成立，标志着贵州省创业投资领域正式获得国家级投资机构认可，进入"融资来源全国化"新阶段，这对拓宽贵州省生物医药企业融资渠道、缓解中小企业融资难、促进产业结构调整、实现转型升级具有深远意义。

4.1.3　相关的各个行业发展成效显著

新一代信息技术产业重大项目建设取得重大突破，发展潜力巨大。目前，贵阳高新信息产业园已发展成为全省信息产业核心聚集区，入驻企业 60 家，年均创造产值约 15 亿元，贵安电子信息产业园建设加快推进，富士康（贵州）第四代绿色产业园加快建设。新材料产业发展基础夯实，势头强劲。

依托贵阳和遵义两个国家新材料高新技术产业化基地，全省新材料产业快速发展，已成为全国重要的具有区域特色的新材料产业基地。

高端装备制造业发展提速，前景广阔。全省高端装备制造业已初步形成以航空航天装备为重点，以智能制造装备为特色，军民融合发展的产业体系。

生物医药产业规模增大，发展能力增强。节能环保产业发展协调性增强，规模扩大迅速。

在先进环保产业领域，总规划面积为 39.37 平方千米的贵州省环保生态产业园基本完成控制性详细规划，环保生态产业园建设初有成效。新能源及新能源汽车还处于起步阶段，但发展前景良好。

生物质能、风能、核能、太阳能、煤层气（煤矿瓦斯）等领域已取得较大进展，新能源汽车重点建设项目推进顺利。

"十二五"前三年新兴产业分行业工业总产值与工业增加值情况如表 4-3 所示。

表 4-3　　"十二五"前三年新兴产业分行业工业总产值与工业增加值

单位：亿元

行业	2011 年		2012 年		2013 年	
	总产值	增加值	总产值	增加值	总产值	增加值
新一代信息技术	88.7	17.92	118.6	23.96	250	50
高端设备制造	105.36	25.34	126.43	32.74	140	40
新材料	46	9.29	92.88	20.74	170	60
生物技术	152.3	54.68	175.73	63.09	230	70
节能环保	14.12	3.42	25.53	6.18	35	10
新能源	10.7	1.86	13.25	2.52	25	10
合计	417.18	112.51	552.42	149.23	850	240

4.2　贵州省战略性新兴产业发展的主要特点

"十二五"以来，贵州省新兴产业发展取得显著成效，总体保持较快增长，年均增速高于全省工业平均增速和全国平均增速，主要呈现出以下发展特点。

4.2.1　集聚效应逐渐显现

"十二五"以来，随着"5 个 100"工程深入推进，产业园区已经成为贵州省新兴产业的主要投资载体，全省约有 90%以上的新兴产业集中在以贵阳国家级高新技术产业园、贵阳国家级经济技术开发区、贵安新区、安顺市民用航空产业国家高新技术产业基地等产业园区，集聚水平不断提高。

2014 年，贵州省组建企业创新梯队，实现集群发展，启动实施了创新型领军企业和科技型中小企业培育计划。推动企业梯队建设、集群发展，已遴选了 11 家创新型领军企业、89 家小巨人和小巨人成长企业进行重点培育。落实企业研发费用加计抵扣政策，对 65 家企业研发费用加计抵扣共计约 6.82 亿元，对高新技术企业研发费用税前加计抵扣 8 305 万元，共认定了 65 家企业投入研发费用 6.9 亿元，2014 年为企业落实税前加计抵扣研发费用 8 700 余万元。高新技术产业产值 2 209 亿元，同比增长 27%。

科技园区成为科技招商、激活创新动力和推动转型升级的重要平台，2014 年前三季度，全省 4 个高新区（国家级 1 个）招商引资签约项目 185 个，签约资金约 594 亿元，到位资金约 171 亿元；全省 4 个国家级、39 个省级农业科技园区共实现产值 71.4 亿元。全省 4 个国家级、35 个省级农业科技园区与省内外 230 余家科研院所、大专院校开展技术合作，建成 4 万亩技术核心区、16 万亩示范区和 100 万亩辐射区，园区总产值达到 76.7 亿元。

2015 年，贵州省计划加快平台建设，推进产业集聚、集群、集约发展。高质量建设重点发展平台，不断优化布局、提升效益，进一步改善发展条件。一是加快推进"5 个 100 工程"建设，确保完成投资 5 190 亿元，二是加快推进贵安新区建设，三是加快双龙临空经济区建设。

2015 年 4 月，经国家发改委批准，贵州省 2015 年又新增 3 家"国家地方联合创新平台"。至此，贵州省"国家地方联合创新平台"增至 17 家。3 家平台将围绕贵州省新材料产业、生物医药、高端装备制造业等区域特色战略性新兴产业和高技术产业，构建区域特色创新体系，加强产业技术创新能力建设，突破产业关键共性技术，推进重大科技创新成果产业化，提升产业层次和技术水平，促进科技与经济紧密结合，探索创新驱动发展新模式和新途径，加快贵州省创新驱动产业转型、升级、发展。

4.2.2　创新体系建设稳步推进

2013 年，中国电信云计算贵州信息园和富士康（贵州）第四代绿色产业园在贵安新区落户，这对贵州省工业发展尤其是新兴产业发展具有标志性、引领性的意义。截至 2013 年年底，贵州省新兴产业已拥有高新技术企业 122 家（近三年新增 18 家），国家级企业技术中心 12 家（新增 1 家）、国家工程技术研究中心两家，省级企业技术中心 122 家（新增 23 家），省级工程技术研究中心 57 家（新增 7 家），这些研发平台为推动产业自主创新和优化升级提供了技术支撑和保障，其中自主开发的湿法磷酸净化、新型高强度铝合金、反渗透膜、电子级高纯钛、航空发动机、无人机、液压基础件及精密微特电机、锂离子电池正极材料、高速重载机车 EA4T 车轴钢等产品，生产和加工技术处于国内先进水平。

2015 年 6 月，为切实有效建立全省的以企业为主体的技术创新体系，贵州省从高校的科研创新和创新人才的培养出发，出台了《贵州省普通高等学校科技评价改革实施方案》。方案表明：今后，贵州省各高校要坚持成果多元、质量导向，分类评价、贡献导向，科教融合、协同导向，改变只以论著、专利论英雄的成果评价形式，建立多元化成果形式的评价机制，积极探索适于各类创新人才成长的周期性评价体系，简化评估环节，为科研人员创造持续创新的科研环境。同时，立足学校特色、学科特点和人才特质，针对科技活动人员、创新团队、平台基地、科技项目等不同对象，将科技创新成果对经济、社会、公共政策和服务、环境、文化等方面所产生的影响纳入科技评价指标体系，建立涵盖科研诚信、创新质量与贡献、科教结合支撑人才培养、科学传播与普及、机制创新与开放共享等内容的分类评价体系。

贵州省教育厅表示，通过方案的实施，力争到 2015 年年底，遴选建设贵州省高校科技评价改革试点单位 3~5 家；到 2020 年年底，全省高校建立健全导向明确、激励和约束并重的分类评价标准和开放评价方法，逐步形成多元化科技评价新体系构架，加快建成促进贵州战略性新兴产业发展的创新体系。

总而言之，贵州省按照"围绕产业链部署创新链，围绕创新链完善资金链"的思路，整合产学研资源，通过产业链模式、产业联盟模式、产业板块模式和产业集聚模式，大力深化科技体制改革，调整原有的科技计划体系，建立以基础研究、科技支撑、重大专项、成果应用及产业化、科技平台及人才团队建设五大新的计划体系，解决终端产品研发和产业化过程的关键技术，实现产业规模大、发展质量优、配套企业全的集群发展态势。

4.2.3 产业承载能力稳步增强

截至 2013 年年底，贵州全省新兴产业已开工建设重大项目 173 项，累计完成总投资 306.71 亿元，已有 81 个项目建成投产，华科铝材两万吨高强韧铝合金、振华新材料 1 万吨锂离子电池正极材料能力升级、华鲁新材料 18 万吨树脂基复合材料产业基地一期、长征电气 200 套风电机组产业化、湄潭乾开高科一期 66.5 万片液晶触摸屏等重点项目已经投产，富士康第四代产业园、三大运营商大数据产业基地、泰豪微软科技园等重大项目已落地贵安新区，产业承载能力显著增强。

随着战略性新兴产业的发展，贵州省产业承载能力逐渐增强，其主要体现在以下几个方面。

一是重大科技项目、研发机构纷至沓来。京东电商产业园、"黔中声谷"呼叫中心产业基地等标志性项目开工建设。正在建设中的贵州科学城吸引中国科学院昆明植物所等三十余家科研院所和机构计划入驻；与英国巴茨医学院、北京大学、北京理工大学、上海交通大学、金域集团等合作组建了一批重点实验室、研究院和研发机构。

二是高层次创新人才及团队不断组建。在企业和科研院所新布局了 15 家院士工作站，新认定 25 个科技创新人才团队，支持建设博士后工作站 14 个，贵州省 4 名创新人才 2014 年进入国家"万人计划"，引进了一批国内外专家，其中 1 人入选国家"外专千人计划"。支持建设了 25 个科技创新人才团队、15 家院士工作站和 14 个博士后工作站。

三是随着科技服务的不断提升,创新能力也得到增强。2014 年,贵州省大力发展科技服务业,着力提升创新服务能力。以发展研究开发、技术转移、检验认证、创业孵化、知识产权、科技咨询、科学技术普及等专业科技服务和综合科技服务为重点,推进以企业为主体、市场为导向、产学研结合的科技创新和成果转化产业化。

四是由于后补助新政惠及,服务机构服务平台不断完善。贵州省制定了科技服务后补助办法,根据科技服务机构为社会提供的服务效果给予资金补助。新增孵化面积 51.86 万平方米,同比增长 36.43%。目前贵州省国家级生产力中心达到 10 家。

五是大型仪器开放共享迈上新台阶。目前,贵州省大型仪器资源分散、封闭和低效状况初步改善,全省原值 6.6 亿元的 1 257 台大型科学仪器进入大型仪器共享平台,83 台大型科学仪器进入国家开放共享目录,381 台大型科学仪器加入"西南地区大型科学仪器共享网络信息管理系统",共享效果较好的 24 家机构的 366 台入网仪器对外共享率达 40%。

六是研发机构平台的创建提升了服务能力。2014 年,贵州省布局建设了 5 家省级以上产业技术创新战略联盟、16 家省级工程(技术)研究中心和重点(工程)实验室、16 家省级企业技术中心、8 家产学研结合示范基地、19 个省级协同创新中心。设立了科研院所改革专项资金,支持科研院所市场化改革发展,制定了《推进科研院所创新和成果转化的意见(试行)》。

4.2.4　黔中经济区的领先优势凸显

黔中经济区以贵阳-安顺为核心,以遵义、毕节、都匀、凯里等城市为支撑,是西部大开发战略确定的重点经济区。贵安新区是黔中经济区核心地带。目前,多家行业巨头云集贵安新区,富士康第四代绿色产业园、斯特林绿色能源装备产业基地、三大通信运营商数据中心、休斯卫星亚太运营中心、射电天文数据处理中心、贵安大数据产业综合体——e 时代、梅泰诺宽带基础信息网络、北大千方车辆传感网等项目已经落户。2015 年,国发 2 号文件提出"加快建设贵安新区","把贵安新区建设成为内陆开放型经济示范区,形成以航空航天为代表的特色装备制造业基地、重要的资源深加工基地、区域性商贸物流中心和科技创新中心"。预计到 2017 年,贵安大数据产业基地年产值将达到 1 000 亿元以上,2020 年达到 2 000 亿元以上。

2014 年上半年贵阳、遵义两市新兴产业合计实现工业总产值 813.22 亿元,占全省新兴产业工业总产值的 91.68%，其余各市、州虽然各有亮点，但是分布零散，规模较小。同时，贵州省在建的新兴产业重大项目中，贵阳市项目数量、质量和完成投资绝对数依然一枝独秀，约占全部总投资的 33.69%，这部分项目建成投产后，区域发展不平衡现象将进一步加剧。部分地方政府对发展战略性新兴产业的紧迫性和必要性认识还不到位，仍停留在抓传统产业的老路上，导致部分地区在引进重大项目落地的过程中，只盯住一点，忽略了产业链整体技术突破和联动发展，除贵阳市借助贵阳中关村科技园建设已经出台具体政策外，其他市、州少有对新兴产业进行重点部署和工作安排，发展导向明显不足。

作为国家实施新一轮西部大开发布局的"重点经济区"，黔中经济区不仅资源分布相对集中，而且工业发展基础比较好，应该作为全省经济社会发展的"火车头"和"发动机"，要突破地区产业发展瓶颈，充分发挥辐射带动作用，调整全省城乡二元经济结构，努力构建贵州省区域协调发展新格局。"举全省之力把黔中经济区打造成为辐射带动周边地区发展的经济增长极"，这是贵州的发展战略。所以，推动黔中经济区快速健康发展，对贵州具有重要的战略意义。

4.3　贵州省战略性新兴产业存在的主要问题

充分认识到培育和发展战略性新兴产业是推进产业结构升级和经济发展方式的重要推动力量，必须把发展战略性新兴产业放在突出的位置，贵州省战略性新兴产业面临着既要"改造提升传统产业"，又要新增增量的双重压力，任务十分艰三。与全国战略性新兴产业发展现状相比，贵州省战略性新兴产业面临的主要问题如下。

4.3.1　产业总量少导致的规模效应不明显

"十一五"以来，贵州承担国家科技支撑计划项目、国家"973"计划项目、国家"863"计划项目不足二十项。作为战略性新兴产业培育源的中小企业，发展基础薄弱，创新意识、能力及动力不强，企业缺乏核心技术，涉及新兴产业发展重大关键问题的高新技术和创新成果少。

"十二五"以来，贵州省战略性新兴产业发展较快，有了一定的成就，产业初具规模，但由于贵州产业发展基础薄弱，在地理、人才、资源、政策等方面发展动力不足，很多关键领域尚处于空白阶段，对经济的增长和带动作用有限. 与其他省市特别是沿海发达地区相比，还存在很大的差距。企业所涉及的大部分领域只是零散分布，未形成集群优势，在钛及钛合金、锂离子电池材料等领域拥有较强竞争力的产品，在下游的装备制造、化工、医药及冶金等领域也具有一定的研发及加工生产能力和较大的省内市场，但上、下游之间未形成产业链条。从纵向来看，贵州省战略性新兴产业由于规模小、总量少，对基础产业、传统产业的拉动作用有限，未能发挥产业引领的作用。从横向来看，战略性新兴产业各领域间的配套体系还未形成，单打独斗、舍近求远的现象普遍存在。

4.3.2　大多产业处于价值链低端导致的竞争压力大

产业高端化是贵州突破原有产业增长方式，优化产业结构，破解资源环境的约束，加快转变经济发展方式的必然选择。贵州要通过技术的创新、资源的循环、产业的集群、产业链的形成，逐步提升产业价值和产业竞争能力，实现贵州产业向高端化方向发展，为贵州经济持续发展注入强劲动力。在本质上，打破处于价值链低端的产业现象，引领产业向高端化方向发展，演绎新的产业链条，是传统产业与高新技术及新兴产业相互融合再造新产业形态的过程。

尽管贵州省战略性新兴产业已开工建设一批重大项目，但占全省工业项目总投资的比例还很小，重点示范性建设项目数量有限，依靠重大项目、龙头企业拉动产业发展的难度较大。目前，贵州产业类型丰富，从低端产业到高端产业的所有产业都有涉及，但发展水平低下，竞争压力大，问题主要出现在：工业总量小，占比不高；大多产业处于价值链的低端，附加值低，产业链不完整；产业集成度低，园区发展远没有达到规模效应和集聚效应所带来的优势，产业整体发展程度不充分；创新技术后劲不足，高端化的水平低，科技成果转化率低。从产业转移来看，贵州在与周边的四川、重庆、湖南、广西等省（自治区、直辖市）的比较中，承接发达地区产业转移的优势不明显，在产业配套、土地成本、人力成本、交通条件等方面优势不突出，只能依靠国家布局或政策环境吸引外来企业落户，尤其在目前国内风电设备、光伏产业、工程机械、物联网等领域产能相对过剩的局面下，招商引资要避免盲目发展和重复建设现象。

贵州要保持战略性新兴产业的竞争优势，使产业价值链从低端向高端发展，就要注重自身发展优势，发展以新材料、新装备、新技术为基础的新兴产业，从而为其他产业的发展奠定一定的基础，开发一批具有竞争优势的高端产品，如航空航天产品、专用数控机床、专用机械、关键基础件等优势高端产品，形成新的经济增长点，带动整个贵州经济后发赶超。

4.3.3　技术创新人才缺乏导致的创新能力弱

作为战略性新兴产业发展的源泉和动力，贵州省新兴产业的科技自主创新能力还有待提高，在企业科技资源配置的优化程度、科研基础设施设备的先进性、科研环境的方便程度、对科研人员的激励效应、科研人员的创新能力等方面，总体上都要低于全国的平均水平。行业和地区条块分割问题较为突出，科技资源分散、重复，难以形成合力。地县一级财政和社会科技投入严重不足，科技资源分散，工作载体和手段越往基层越弱，制约着先进适用技术的传播、推广和应用。各地普遍对新兴产业认识不足、认知度不高，新兴产业发展相关配套政策不健全，创业风险投资资金数量偏小、总量不足，多元化投资体系远未建立。大多数企业对科技成果的转化、产业化、潜在价值不够重视，对风险大、社会效益好、市场远景广阔的项目和成果关注较少，科研力量弱。

战略性新兴产业要发展，科技创新人才是关键。与传统产业相比，战略性新兴产业发展主要来源动力之一就是技术的创新，一个地区创新能力的大小来源于创新人才的富裕程度，所以说，技术创新是战略性新兴产业发展的不竭动力。

2014 年贵州省委、省政府做出决策，在全省兴建 100 个产业园区、100 个现代高效农业示范园区、100 个旅游景区、100 个示范小城镇及 100 个城市综合体。为此，组织开展多次"百千万人才"引进与选拔工作，重点围绕新材料、高端装备制造、节能环保等战略性新兴产业和特色优势产业等领域，引进该省经济社会发展急需的紧缺人才。"十二五"以来，贵州省重点围绕新材料、高端装备制造、生物医药、节能环保、电子信息、新能源等战略性新兴产业和特色优势产业、现代农业、现代服务业等领域，引进贵州省经济社会发展急需的紧缺领军人才、创新创业人才和专业技术人才。

但由于贵州省地理位置和经济发展程度的劣势，贵州高新技术人员数量少、人才流失现象普遍，高层次创新型科技人才、重点领域高层次人才、高技能人才匮乏，人才引进过程一直困难重重。战略性新兴产业面临专业技术人员、高级技工人才极其匮乏，研究生以上人才、副高级职称以上人才和高级技师等高层次人才占全部从业人员数的 4.05%。

所以，战略性新兴产业的发展缺少强大的推动作用，其自身的发展水平尚不足以支撑并推动经济结构调整取得大的突破。

4.3.4　产业扶持政策不完备导致的激励效应不显著

由于战略性新兴产业是产业发展过程中的新生事物，在新兴产业形成之初，政府通过产业扶持政策，坚持"重点倾斜、优先扶持"的原则，针对某些产业或部门给予一定的优惠和优先发展的条件，促使它们优先发展，新兴产业由此得到推广、运用并渗入市场中去；在发展过程中，应由市场决定产业资源配置的去向问题，但在市场的调节作用开始失灵的时候，政府的产业扶持政策又一次发挥作用，它是推动产业结构不断调整、带动其他产业共同发展、保持经济长期增长的持续动力。从省级层面看，省委、省政府已出台相关若干意见和专项规划，部分战略性新兴产业重点领域也出台了相应的"十二五"规划，但从整体上还存在扶持力度不够、扶持政策不配套、落实难的问题。从地方层面看，部分地方政府和企业缺乏发展新兴产业的意识，仍停留在抓传统产业的老路上，对发展战略性新兴产业的紧迫性和必要性认识还不到位，发展导向明显不足，引导发展的政策体系仍未形成。

从税收来看，发展战略性新兴产业尤其需要财税政策的支持。然而贵州现行的税收政策有以下缺陷。

（1）促进战略性新兴产业发展的税收政策不明确。目前贵州战略性新兴产业企业所享受的税收政策主要来源于西部大开发或高新技术企业的税收优惠，而在战略性新兴产业的政策方面没有总体上的统一规划，还缺乏系统性和规范性，致使企业在发战略新兴产业方面缺乏一定优先条件，激励效益不够。

（2）对技术创新研发阶段的研发支持力度不够。由于技术研发周期性比较长，还存在一定的风险性，虽然研发阶段的费用可以在技术应用前计入成本，通过无形资产每年摊销，但这一方法来源于技术研发的成功性和可转化性。企业如果在研发阶段得不到直接的支持和优惠，则会选择保守收益，选择不去创新，这样就不利于企业完成资本积累过程和企业转型，不利于地区新兴产业的形成和发展。

（3）税收优惠主要以企业所得税为主，其他税种在税收政策上未为战略性新兴产业提供明显的支持。由于孵化的企业需要财政扶持，盈利能力不强，所以基本无法享受企业所得税优惠政策。如果从增值税等税种给予其适当优惠，将有利于企业的初期发展。

（4）处于发展初期的企业，急需开拓市场，完全资本积累，扩大再生产，而在此期间相应的税收优惠政策较少，对企业发展的扶持力度不够。

4.3.5　战略性新兴产业的发展环境还需进一步改善

在体制机制层面，多头管理体制仍未打破，相互间缺乏有效的协调和沟通机制，直接导致资源分散和管理低效等一系列问题。在政策制定层面，除常规的财政资金补助、贴息外，仍没有制定专门针对新兴产业的税收优惠、产业基金等优惠政策。在服务效率层面，用地难、拆迁难、办证难，招商引资合同履约率、资金到位率、配套基础设施到位率低的情况依然存在，39个项目工期延误，36个项目未实质性开工，尤其是融资难、征地拆迁难仍然是普遍存在的两大共性问题。

　　首先，政府用于支持战略性新兴产业发展及技术研发的资金缺乏。2012 年，贵州省财政预算支出 2 752.90 亿元，而用于产业的科学技术经费仅为 28.23 亿元，这其中还包括其他行业方面的研发资金，最后真正用于战略性新兴产业技术研发的资金将更少。

　　其次，金融机构支持战略性新兴产业发展的主动性、积极性不高。许多金融机构在投资支持产业发展时首先考虑的是产业投资主体的实力和背景，而没有从产业本身的发展方式、未来发展潜力及对整个社会经济的发展贡献考虑，导致真正具有发展潜力的战略性新兴产业在融资过程中遇到很多困难。

　　最后，政府对专利、专项保护力度不够，导致单位和个人的专利意识不强。政府应该建立健全专利创造和运用激励机制，支持专利申请，重点扶持具有较高技术的专利产业化项目，促进专利运用。

第5章　加快贵州战略性新兴产业发展的总体思路

加快培育和发展贵州战略性新兴产业，对于实现"后发赶超"战略有重要的意义，必须明确发展的总体要求，遵循科学发展的基本原则，设定科学的发展目标；贵州选择七大战略性新兴产业为发展重点，明确发展方向和重点领域，同时建立产业联盟等组织形式，科学布局"一核三带多中心"的产业发展格局，重点发展以项目为支撑的基本载体。

5.1　贵州战略性新兴产业的发展要求及目标

党的十八大以来，以习近平同志为总书记的党中央对国内外经济形势做出了科学性、前瞻性的战略判断，并针对我国经济进入新常态的新形势，做出了一系列重要决策。2013年9月30日，习近平同志在第九次中央政治局集体学习时指出，"即将出现的新一轮科技革命和产业变革与我国加快转变经济发展方式形成历史性交汇"，同时习近平同志对贵州工作非常关心、非常重视，并对贵州工作做出了"守住发展和生态两条底线"的总要求。贵州省委、省政府于2014年12月9日召开全省经济工作会议，赵克志书记、陈敏尔省长对贵州省经济工作特别是战略性新兴产业的发展，提出了新的发展思路。为贯彻落实党中央国务院的战略决策、习近平总书记对贵州工作的总要求、省委省政府对贵州省战略性新兴产业发展的思路，特提出贵州省"十三五"期间战略性新兴产业的选择及发展的总体要求、基本原则和主要目标。

5.1.1　总体要求

战略性新兴产业是新兴科技和新兴产业深度融合后形成的知识技术密集、物质资源消耗少、成长潜力大、综合效益好的产业，其以重大技术突破为基础，以重大发展需求为前提条件，代表着高技术产业新的发展方向，对经济社会全局和长远发展具有重大引领带动作用。加快培育和发展贵州战略性新兴产业，对坚持科学发展，转变经济发展方式，实施工业强省战略，推进加速发展、加快转型，推动跨越目标任务的实现，具有重要战略意义。

以邓小平理论、"三个代表"重要思想和科学发展观为指导，深入学习习近平同志系列重要讲话精神，适应经济新常态，坚持走新型工业化道路，把加快培育和发展战略性新兴产业摆在推进产业结构升级和经济发展方式转变更加突出的位置，以集成创新、引进消化吸收再创新和产业化为重点，发挥区域特色和比较优势，重点支持以大数据为核心的信息技术产业和以新医药、养老养生为主导的大健康产业，大力发展新材料产业、高端装备制造业，积极培育节能环保产业、新能源产业和新能源汽车产业，组织实施关键技术创新工程、创业投资引导工程、应用示范工程、产业化推进工程、产业集聚工程和产业链强链补链工程，着力营造良好环境，重点突破一批关键技术，形成一批核心专利，发展一批重点产品，培育一批龙头企业，增强产业竞争力，促进发展方式转变，将贵州省建设成为国家重要的具有鲜明区域特色的战略性新兴产业基地，引领、推动和支撑全省经济社会又好又快、更好更快发展。

5.1.2　基本原则

贵州省战略性新兴产业"十二五"专项规划中提出了"坚持政府引导、突出市场主体，坚持科技创新，突出成果转化，坚持重点突破，突出项目支撑，坚持集聚集约，突出龙头带动"的发展原则。这些发展原则是适应贵州当时战略性新兴产业发展的特点和需要而提出来的，对促进战略性新兴产业发展发挥了巨大作用。

根据这几年贵州战略性新兴产业发展的现状和需求，本书认为，在坚持上述原则的基础上，要更加强调市场的主导作用、科研成果的转化，要在更加突出发展重点的同时，坚持梯次推进，还要在推进产业集聚的同时，针对战略性新兴产业链条的薄弱环节和缺口进行强链补链。为此我们经过研究提出了如下发展原则。

（1）坚持政府引导，强化市场主导。党的十八届三中全会强调"经济体制改革是全面深化改革的重点，核心问题是处理好政府和市场的关系，使市场在资源配置中起决定性作用和更好发挥政府作用"。贵州作为欠发达地区，在战略性新兴产业发展中更要处理好市场和政府之间的关系。要在提升政府规划科学性、前瞻性和加大政策扶持力度、精度的同时，充分发挥市场配置资源的决定性作用和企业的市场主体作用，促进资源要素集聚，调动市场主体的积极性、主动性和创造性。

（2）坚持科技创新，强化成果转化。推动自主创新和合作创新相结合、原始创新和集成创新相结合，积极鼓励引进、消化、吸收再创新，加速创新成果产业化。

（3）坚持梯次推进，强化重点突破。在统筹规划、协同推进、分步实施的基础上，构建"2+2+3"的战略性新兴产业发展梯次。重点支持比较优势突出、区域特色鲜明、得到国家政策支持和市场认可的大数据及其相关产业、大健康及其相关产业；大力发展比较优势明显、发展基础较好的新材料产业和高端装备制造业；积极培育比较优势虽然还不够突出但前景广阔的节能环保产业、新能源产业和新能源汽车产业。

（4）坚持集聚集约，强化产业链条。促进优势产业、优强企业和资源要素向园区和基地集聚、集约发展。以循环集群模式来整合战略性新兴产业之间及产业内部的价值链和生态链，并针对战略性新兴产业链条中的薄弱环节或缺口实施强链补链工程，加快培育和引进高端产业，促进优势产业、优强企业和资源要素向园区和基地集聚、集约发展；打造一批新兴产业龙头骨干企业，提高产业配套能力，形成一批具有较强竞争力的产业集群，做大新兴产业总量，提高其在工业经济中的比重，使战略性新兴产业成为贵州省区域发展的绿色增长极。

（5）坚持项目载体，强化龙头带动。要在每个战略性新兴产业内部选择重点项目、重点企业进行重点扶持，实施龙头带动战略。以项目为载体，切实抓好一批大项目、好项目，不断形成新的增长点和增长极。打造一批战略性新兴产业龙头骨干企业，支持企业延长产业链、拓宽产业幅、提高产业辐射能力。2015 年，贵州省"五大新兴产业"项目共 382 个，年度投资 937 亿元，其中以大数据为引领的电子信息产业项目 50 个、以大健康为目标的医药养生产业项目 79 个、以民族和山地为特色的文化旅游业项目 129 个、以绿色、有机、无公害为标准的现代山地高效农业项目 88 个、以节能环保低碳为主导的新型建筑建材业项目 36 个。

5.1.3　主要目标

根据调研，2010 年至 2013 年，贵州省战略性新兴产业总体发展良好，总产值、增加值、科研经费投入均保持了 25%以上的增幅。2013 年贵州省高新技术产业和战略性新兴产业总产值达到 1 652.72 亿元。高新技术企业数年均增长 26%，2013 年达到 243 家。产值超过亿元的 128 家（其中产值为 1 亿~5 亿元的 105 家、5 亿~10 亿元的 12 家、10 亿~50 亿的 8 家、50 亿元以上的 3 家）。

通过资本市场，贵州已经在电子信息技术产业、现代制药产业、高端装备制造产业等产业培育了一批龙头企业。贵阳朗玛信息技术股份有限公司、中国振华科技（集团）股份有限公司、贵州百灵制药股份有限公司、贵州益佰制药股份有限公司、贵州新邦制药股份有限公司、南方汇通股份有限公司、贵州航天电器股份有限公司、贵州贵航汽车零部件股份有限公司、中航重机股份有限公司等，在行业内都是有较强竞争力的上市企业。例如，贵州益佰制药股份有限公司 2013 年业务收入达到 11.4 亿元，净利润达到 4.3 亿元，贵州百灵制药股份有限公司业务和利润连年高速增长，2013 年业务收入达到 13.7 亿元，净利润达到 2.7 亿元；中国振华科技（集团）股份有限公司 2013 年业务收入达到 19.4 亿元,净利润达到 1.0 亿元。据预测,到 2015 年,贵州省战略性新兴产业"十二五"专项规划的主要目标能够完成。

在"十三五"期间,我国经济发展在新常态的背景下 GDP 增幅有望稳定在 7% 左右,而贵州 GDP 则要努力保持两位数的增幅;贵州省战略性新兴产业增长速度则有望继续保持"十二五"期间的增幅,因此,在"十三五"期间,贵州战略性新兴产业的总产值占工业总产值的比重、增加值占 GDP 的比重将明显提升。

基于以上预判,我们提出战略性新兴产业的主要目标。

(1)支撑引领经济社会发展的力度进一步增强。到 2020 年,战略性新兴产业总产值达到 5 500 亿元以上,增加值达到 2 500 亿元以上,占 GDP 的 10% 左右;"十三五"期间的主要经济指标年均增幅超过 25%。到 2025 年,战略性新兴产业总产值达到 11 000 亿元以上,增加值达到 5 000 亿元以上,占 GDP 的 15% 左右;其间主要经济指标年均增幅超过 20%。战略性新兴产业成为国民经济的重要支柱产业。战略性新兴产业引领、推动和支持经济社会发展的力度显著增强,在改造和提升传统产业中的作用更加突出,在优化经济结构、转变经济发展方式、解决资源和环境等瓶颈问题中的作用进一步凸显,全省可持续发展能力进一步提高。

(2)创新能力进一步增强。到 2020 年,战略性新兴产业重要骨干企业研发投入占其销售收入的比重达到 6% 以上,到 2025 年,战略性新兴产业重要骨干企业研发投入占其销售收入的比重达到 8% 以上。在以大数据为核心的信息技术产业、大健康、新材料、高端装备制造、节能环保、新能源、新能源汽车等领域建成一批具有重要影响力的创新平台,建设完善创新体系,突破一批产业发展的核心关键技术。专利申请量、专利授权量年均增长率均达到 30% 以上。

(3)产业结构进一步优化。到 2020 年,以大数据为引领的信息技术产业、以大健康为统领的医药养生产业成为贵州国民经济中有重要影响的先导产业,新材料产业、高端装备制造业成为贵州国民经济中有重大影响的产业,节能环保、新能源产业和新能源汽车产业成为贵州国民经济中有较大影响的新兴产业。到 2025 年,以大数据为引领的信息技术产业、以大健康为统领的医药养生产业成为贵州国民经济中有重大影响的支柱产业;新材料产业、高端装备制造业对贵州国民经济的支撑作用进一步增强、影响力进一步扩大;节能环保、新能源产业和新能源汽车产业成为贵州国民经济中有重要影响的新兴产业。

5.2　贵州战略性新兴产业的发展方向及重点领域

战略性新兴产业的选择问题是关系到贵州发展战略的长远问题，要与国家在战略性新兴产业发展上的总体方向一致，选择适合自己的重点领域。

5.2.1　产业选择

战略性新兴产业的选择是一个重大的理论问题，更是一个迫切的实践问题。《国务院关于加快培育和发展战略性新兴产业的决定》指出，"战略性新兴产业是以重大技术突破和重大发展需求为基础，对经济社会全局和长远发展具有重大引领带动作用，知识技术密集、物资资源消耗少、成长潜力大、综合效益好的产业"，并确定了七大战略性新兴产业。

对于属于欠发达地区的贵州来说，战略性新兴产业的选择尤其具有重要意义。贵州战略性新兴产业的选择需要遵循产业战略地位原则、产业比较优势原则、产业综合效益原则，既要参照国家对战略性新兴产业的选择，还要结合贵州自身的产业特点和时代特征。

《贵州省人民政府关于加快培育和发展战略性新兴产业的若干意见》（黔府发〔2011〕29 号）把新材料产业、生物产业、高端装备制造业、节能环保产业、新一代信息技术产业、新能源产业、新能源汽车产业七大产业确定为贵州省"十二五"期间的战略性新兴产业。在该文件的指导下，贵州省上述七大战略性新兴产业在"十二五"期间得到了长足发展，较好地发挥了对贵州省经济社会发展的引领带动作用。"十二五"期间，贵州省经济社会发展格局发生了重大的变化，取得了重大成就。根据党中央、国务院对贵州工作的总体要求，特别是根据《国务院关于进一步促进贵州经济社会又好又快发展的若干意见》（国发〔2012〕2）号，贵州省委、省政府对贵州经济社会发展采取了一系列重大战略举措，对战略性新兴产业也进行了重新思考和调整，并取得了积极成效。

经过综合分析，我们选择以大数据为引领的电子信息技术产业、以大健康为统领的医药养生产业、以高新技术为导向的新材料产业、以高端装备为引领的装备制造业、以绿色生态为导向的节能环保产业、以可再生能源为主导的新能源产业、以先进技术为引导的新能源汽车产业七大产业作为贵州省战略性新兴产业（图 5-1）。这是贵州省经济建设的必然选择，也是最佳选择。

在七大战略性新兴产业中，发展大数据产业，是贵州破解发展瓶颈和实现后发赶超的战略选择。贵阳作为贵州大数据产业布局的核心，是因为它有着许多自身的产业优势，即生态、区位、能源、人力资源、职业教育、政策环境、大数据产业及平台等方面的诸多比

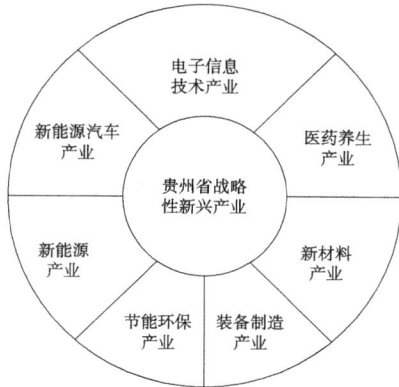

图 5-1　贵州省七大战略性新兴产业

较优势。贵阳正在通过改革、开放、创新，集聚大数据技术成果，挖掘大数据资源价值，形成大数据企业集群，努力建设国家级的大数据产业聚集区。2014 年，贵阳连续成功举办了系列招商推介活动：3 月 1 日在北京举办了"贵州北京大数据产业发展推介会"，3 月 21 日在深圳举办了"贵阳深圳大数据和文化旅游产业发展推介会"，4 月 19 日在贵阳举办了"2014 中国（北京）跨国技术转移大会贵阳峰会暨京筑创新驱动区域合作年会"，京东、华为、中兴、惠普、亿赞普、北京云基地、中国科学院软件所等一批标志性项目落地贵阳。2015 年贵州省"携手"北京初步投入 800 亿元发展大数据产业，力争将贵阳打造成为立足西南、辐射全国、影响东南亚的全国大数据产业创新发展先行区。中国电信、移动、联通的数据中心已落户贵安新区，中关村贵阳科技园也将为贵阳市发展大数据产业提供技术、人才等要素的支撑。大数据作为一个战略性新兴产业，是贵州实现后发赶超的一个新的突破口。贵阳大数据产业呈现出加速发展、集聚发展的良好态势。

　　同时，发展以大健康为目标的医药养生产业也是贵州破解发展瓶颈和实现后发赶超的战略选择。近年来，在新技术革命的推动下，全球健康养生和新医药产业方兴未艾，正在成为 21 世纪引领经济发展和社会进步的重要产业。贵州要大力发展大健康医药产业，强化政策支持体系，降低物流成本和商务成本；规划一批示范园区，推动大健康医药相关产业融合发展；建好综合保税区，构建现代医药流通网络，运用"两个市场""两种资源"为大健康医药产业辐射周边、走向全国创造条件，将大健康医药产业打造成为大数据产业的"姊妹篇"，为贵州科学发展、后发赶超、加快全面小康建设步伐增添新的动力。

5.2.2　发展方向

贵州要重点打造以新一代信息技术为主导的大数据产业和生物医药养生为核心的大健康产业，做强做优新材料、高端装备制造业，加快发展节能环保、新能源和新能源汽车等其他产业，培育 5 个 200 亿级新兴产业较为集中的产业基地建设，具体产业发展方向如表 5-1 所示。

表 5-1　贵州战略性新兴产业各产业发展方向

战略性新兴产业	发展方向
大数据产业	（1）开展三网融合，深化两化融合，开展智慧城市、北斗应用示范，发展新型元器件、物联网传感器件
	（2）大力培育和推进大数据中心及数据加工产业，以及基于云计算的软件及应用服务和软件服务外包等信息服务业
大健康产业	（1）一是着力培育产业集群，重点发展中医药种植、药品研制、医疗器械制造，以及休闲养生、滋补养身、康体养生、温泉养生四大业态，建设西部重要和全国知名的户外运动中心
	（2）二是着力打造重点平台，加快构建"贵阳新医药产业圈""黔中综合健康养生圈"，形成一批生态体验、文化体验组团，努力打造"冬去海南、夏来贵州"的旅游度假模式
	（3）三是着力培育龙头企业，鼓励既有企业加快发展，支持新引进企业落地生根，吸引更多国内外优强企业来黔投资兴业
	（4）四是重点发展现代中药与民族药，以及球蛋白、血蛋白、新型疫苗和诊断试剂、化学药物等生物技术医药
高端装备制造业	（1）发展无人机、航空发动机、通用飞机等整机及零部件，以及航空机载设备
	（2）重点发展矿山、冶金等重大智能成套装备
	（3）重点发展大流量液压系统等关键智能基础零部件
	（4）重点发展高速重载货车、铁路专用设备及配件等

战略性新兴产业	发展方向
新材料产业	（1）重点发展磷化工新材料 （2）重点发展高端铝合金、特种钢等金属结构材料和钛合金等功能材料 （3）重点发展锂、锰等新型能源材料 （4）重点发展新型膜材料等
节能环保产业	（1）重点发展磷石膏、赤泥、酒糟等大宗固体废弃物资源的综合利用 （2）重点发展余热、余气、余压利用技术及其装备 （3）加快烟气脱硫、脱硝技术的推广应用 （4）重点发展先进煤气化技术装备 （5）积极开发发光二极管（light emitting diode，LED）等高效照明产品及系统等
新能源产业	（1）重点发展风能、太阳能、核能、光伏太阳能等 （2）重点发展核电零部件制造，风力发电机组及零部件
新能源汽车产业	（1）重点发展新能源汽车及关键总成、新能源汽车配套装置等 （2）重点发展能量型锂离子电池

5.2.3　重点领域

只有明确战略性新兴产业的发展重点，才能提高效率、实现后发赶超战略。贵州战略性新兴产业各产业发展重点见表 5-2。

表 5-2　贵州战略性新兴产业各产业发展重点

战略性新兴产业	重点领域
电子信息产业	重点发展新型电子元器件、信息家电与集成电路产业。推动"三网融合"，启动物联网应用试点示范，大力发展现代服务业数字内容产业化基地和电子仪器、设备及电子装备制造产业带，积极发展遵义消费类电子、电子设备产业聚集区，形成先进的电子信息制造业体系

战略性新兴产业	重点领域
生物与医药产业	重点发展以贵州特色苗药为主的民族药、中药现代制剂、绿色生物保健品,加快推进先进医疗设备、医用材料等生物医学工程和生物技术产品研发和产业化,促进规模化发展。加快开发生物育种、生物肥料、生物农药及生物填料等产品。依托已有产业基础和技术优势,加强血液制品及生物检测试剂等的研究开发和产业化,支持人血白蛋白、特异性免疫球蛋白、凝血因子类产品等新产品产业化
新材料产业	做大做强以电子级磷酸、高纯海绵钛、钛合金、高性能铝合金、高品质特种钢、高纯电解锰等产品为重点的材料工业;以高性能聚合物材料开发为重点,发展新型复合材料;在金属合金材料、无机非金属材料、新型聚合物材料、电子功能材料领域形成产业化
先进装备制造产业	大力发展具有较高附加值和技术含量的通用飞机、无人机、教练机、数控机床、工程机械等先进制造产业,重点培育特种矿用设备、农业机械、石油及冶金装备、轨道交通装备等产品。同时,以基础零部件、高性能材料和制造业信息化为重点,加强核心技术自主创新和集成创新,用高新技术和先进适用技术提升传统装备制造业
节能环保产业	重点发展环保产业、节能技术和产品、资源综合利用技术,推进清洁生产。加快污染物治理适用技术研发和产业化应用,提升矿物资源高效综合利用水平,以及工业副产物或工业废弃物等资源化利用水平,开展再生资源利用和再制造
新能源产业	重点发展风能、太阳能、核能等新能源及配套装备。风能方面,主要在资源相对丰富的乌蒙一带和苗岭一带建设若干风电工程项目,大力发展风力发电配套装备。太阳能方面,优先发展光伏发电,加大晶体硅电池技术、光伏发电应用技术的研发和应用力度
新能源汽车产业	重点以电池动力汽车整车生产制造为目标,优先发展锂离子动力电池、驱动电机、电控系统及中大型储能电池等关键部件的产业化,培育以汽车动力电池为代表的新能源汽车产业链,打造国家新能源汽车部件产业基地

5.3　贵州战略性新兴产业的组织形式、空间布局及基本载体

战略性新兴产业的发展离不开技术创新,产业技术创新联盟和产学研合作的组织形式。同时,加强"一核三带多中心"的产业空间布局的建设,实施以产业发展项目为基本载体的发展战略。

5.3.1　组织形式

贵州发展战略性新兴产业可以选择产业技术创新战略联盟、产学研合作和公共服务与合作平台等组织形式。

产业技术创新战略联盟是加快贵州战略性新兴产业发展的一种组织形式，通过集聚创新人才、促进产业创新集群，来加快发展并推进全省区域创新体系建设，达到规模效益。2013 年全省产业联盟总数达到 17 个，重点涵盖智能电网、高端装备制造、新材料、中药现代化、精细化工、特色农产品等战略性新兴产业和传统产业，联盟企业、单位总数达到 299 个，总体销售收入达到 1 610.87 亿元，实现利润 33.37 亿元，全省产业联盟申请发明专利 1 561 项，获得发明专利授权 846 项。

为了进一步发挥产业技术创新战略联盟在优势产业集群中的创新、带动和发展，加快产业创新链的培育，贵州省根据"十二五"以来各个产业技术创新战略联盟发展情况，于 2014 年对联盟实施年度绩效评价，着重引导在企业创新投入、人才团队、专利标准、成果转化、机制创新等方面强化创新资源集成共享，加快创新成果转移转化、突出联盟成员和中小企业的带动发展。下一步，贵州将继续发挥产业技术创新战略联盟在全省产业中的带动作用，重点围绕以大数据为重点的电子信息产业、新医药和健康养生产业、以文化旅游为重点的现代服务业、遵循山地经济规律的现代高效农业、新型建筑业和建材业等战略性新兴产业，推动产学研深度融合，做强领军企业，做大特色产业，打造产业"航母"。贵州省产业技术创新战略联盟正在逐步成为带动行业快速发展的产业集群和创新龙头，促进贵州战略性新兴产业发展和带动其他产业的共同发展。

另一种战略性新兴产业的组织形式是由企业、大学、科研机构或其他组织机构形成的产学研合作形式，其以企业的发展需求和各方的共同利益为基础，以提升产业技术创新能力为目标，加强核心技术和关键技术研发，推进科技基础设施、创新平台和创新载体建设，最终达到推动新技术的产生和技术成果转化为生产力的目标。

贵州省重点企业与省外知名院校开展产学研合作，不断推动传统产业升级。2015 年，贵州省科技厅、毕节市与中国科学院昆明分院先后围绕天麻、葛根等特色资源展开研究，力促特色产业壮大。中国科学院西双版纳热带植物园与大方九龙天麻公司、贵州宋氏葛业建立了长期合作关系，在天麻种植关键技术、深加工技术方面展开研发。昆明动物所与毕节牧科所合作开展胚胎移植技术应用，解决了毕节市牲畜繁育中的优质快繁问题。上海交通大学与瓮福集团、深圳胜义环保公司共建"瓮福-胜义环境岩土工程研究中心"，开展贵州特殊水文、地质地貌和气候条件下安全环保经济的磷石膏堆存技术研究。

通过探索承接产业转移新模式，搭建企业孵化器、产业园区等，促进技术和成果转化的合作平台，合作创新突破一系列技术瓶颈，为贵州省培育战略性新兴产业提供强大动力。毕节市与中国科学院贵阳地化所合作，在"400 千流超高强度悬式瓷绝缘子"研制过程中破解了长期攻而未克的技术瓶颈，在全国电力系统建设器材订货会上深受客户青睐，随后双方在"530 千流超高强度悬式瓷绝缘子的研制"方面的合作，得到国家科技部科技支撑计划立项支持，获科技资金 1 005 万元。贵州航天林泉电机有限公司与上海交通大学等四所高校联合共建国家精密微特电机工程技术研究中心，累计开发产品一百余项，成功配套神舟飞船和天宫一号、嫦娥三号/四号、商用大飞机 C919、大型民用直升机 C313、新能源汽车、立式直驱节能抽油机、高分对地观测项目、美国波音航空公司等，累计实现收入近三亿元。

5.3.2　空间布局

"举全省之力把黔中经济区打造成为辐射带动周边地区发展的经济增长极"，是贵州的发展战略；黔中经济区是西部大开发布局的"重点经济区"，是全省经济社会发展的领头羊，其发展模式和产业布局随之也成为重点。

贵州黔中经济区按照以线串点、以点带面的空间开发模式，推进形成以贵阳-安顺为核心，遵义、毕节、都匀、凯里等中心城市为支撑，快速交通通道为主轴的"一核三带多中心"空间开发格局，辐射带动周边区域发展（图 5-2）。其中，黔中五市产业结构基本情况如图 5-3 所示。

1. 贵阳安顺一体化核心区

贵阳安顺一体化核心区是指贵阳市和安顺市连接成带的一个集中连片开发区，即贵安新区（图 5-4）。从地理位置上来看，贵安新区是两市在区域上的重叠交叉区，两市可以互享公共交通、电信服务、教育医疗、社会保障等重要基础设施和基本公共服务，实现"城市规划统筹、市场同体、交通同网、产业同兴、科教同振、旅游同线、信息同享、环境同治"，统筹推进两市经济一体化发展，打造大贵阳经济圈。

就产业带而言，贵阳市、安顺市在产业基础和要素组配上能够做到优势互补、资源共享；就经济带而言，贵安新区不仅是一个新的经济开发区，更是提升黔中经济的一个支点和经济带；就战略性新兴产业发展而言，贵安新区集合两市的优势产业，重点发展装备制造、电子信息、生物制药等，打造以航空、汽车及零部件为重点的装备制造业基地和绿色轻工业基地。这样，以贵阳和安顺为依托，以贵安新区

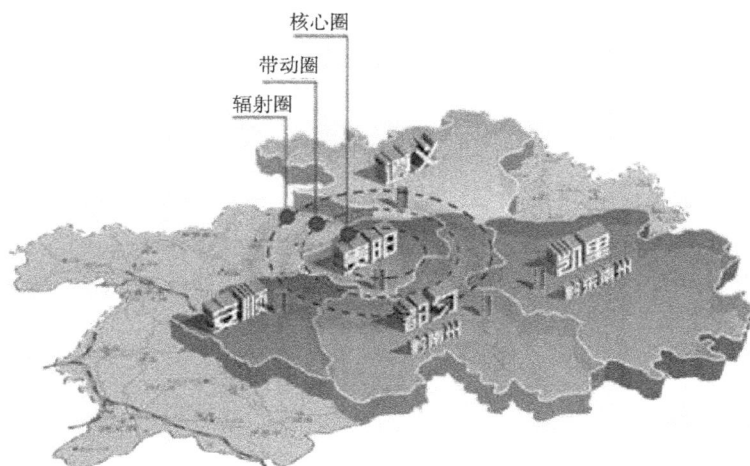

图 5-2　贵州"一核三带多中心"空间开发格局

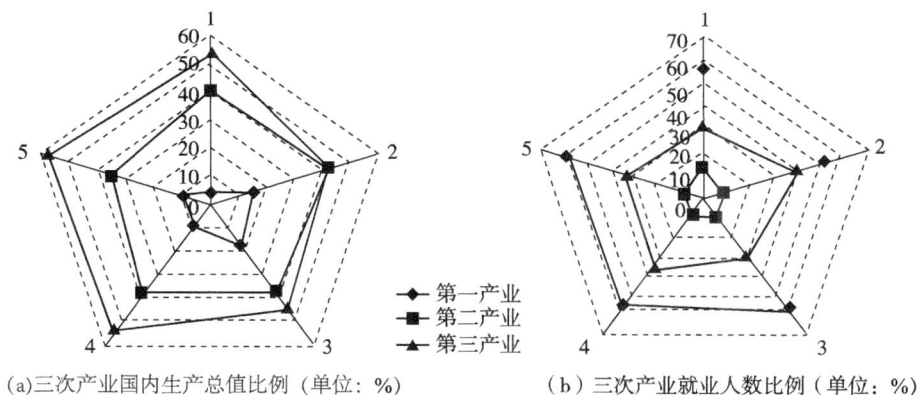

(a)三次产业国内生产总值比例（单位：%）　　　　　（b）三次产业就业人数比例（单位：%）

图 5-3　黔中五市产业结构基本情况

1 为贵阳；2 为遵义；3 为安顺；4 为凯里；5 为都匀

为支点，集中发展以新技术为载体的战略性新兴产业，打造新体制、高科技、开放型、人文化、现代化、生态化的新型城市带。

图 5-4 贵阳安顺一体化核心区

2. 三带多中心

三带多中心是指依托交通干线，打造贵阳-遵义，贵阳-都匀、凯里，贵阳-毕节经济带。

贵阳-遵义经济带。贵阳-遵义经济带是沿贵遵高速公路、渝黔铁路等交通干线形成的产业经济带，重点发展资源深加工、装备制造、汽车及零部件、新材料、电子信息、新能源、优质烟酒、生物制药等产业。遵义应发挥遵义连接成渝和黔中经济区的枢纽作用，打造遵义特大城市，加快建设仁怀、息烽等中小城市和乌江、扎佐等小城镇。

贵阳-都匀、凯里经济带。贵阳-都匀、凯里经济带是沿贵广铁路、贵广高速公路、长昆客运专线等交通干线形成的产业经济带，重点发展磷化工、特色轻工和民族文化、旅游等产业。壮大都匀、凯里中心城市人口和经济规模，推进都匀-麻江-凯里城市组团发展，形成区域性大城市和国际旅游城市，建设盘江、昌明等小城镇。

贵阳-毕节经济带。贵阳-都匀、凯里经济带是沿贵毕高等级公路、成贵铁路等交通干线形成的产业经济带，重点发展以火力发电为主的能源工业、以煤化工为重点的资源深加工产业、以能矿机械为主的装备制造业及旅游业。打造毕节特大城市，建成黔中连接川南滇北的交通枢纽和物流中心，建成国家新型煤化工基地，建设织金、黔西等小城市。

5.3.3　基本载体

贵州省以项目为载体，不断落实一批大项目、好项目，形成新的增长点和增长极。在每个战略性新兴产业中不断开发新项目，具体如下。

1. 电子及新一代信息技术产业重点项目

（1）新型电子元器件及组件，主要发展片式钽电容器、超大容量钽电容器、陶瓷贴片器件、片式电阻器、高性能热敏元件、射频片式共振滤波器、微型继电器等新型电子元器件产品。

（2）物联网与信息家电，启动云计算、3G 和三网融合、以物联网为代表的新技术开发和应用试点。实施液晶显示屏（liquid crystal display，LCD）及 LED 模组产业化、打造电子仪器设备及装备制造产业集群。

2. 生物与医药产业重点项目

（1）中药新品种开发，依托贵州益佰制药股份有限公司开展中药创新品种研究及产业化。

（2）血液制品开发，依托贵阳黔峰生物制品有限责任公司等企业，实施血液制品开发，开发人血白蛋白、静注人免疫球蛋白、特异性免疫球蛋白、凝血因子类产品。

（3）抗氧化剂系列生物提取产品产业化，依托都匀开发区等，实施生物提取产品开发，实施抗氧化剂系列生物提取产品产业化。

（4）抗乙肝一类新药的研发，依托中国科学院贵州省天然产物化学重点实验室等，通过对贵州苗药的深度开发，实现抗乙肝新药研发与产业化。

（5）新药五类毛子草片研制，依托中国科学院贵州省天然产物化学重点实验室等，开发针对胆结石、胆囊炎的具有地方民族药特色的特效药。

3. 新材料产业重点项目

（1）金属及合金材料，优先发展钢、铝、钛、锰、镁及其合金材料，加强高性能合金及其制造工艺关键技术、新型金属粉体材料等的研发及成果转化应用，促进系列产品和产业集群的形成。

（2）无机非金属材料，主要发展以电子级磷酸产品等为代表的精细磷化工产品。

（3）聚合物材料，主要结合贵州省资源、产业基础和领域发展趋势，发展高性能聚合物复合改性材料，突破无卤阻燃技术、微孔发泡技术、复合共混改性技术及成型加工新技术。

4. 先进装备制造业重点项目

（1）民用航空，以中型涡桨多用途飞机制造为龙头，形成从原材料、零部件、附件到飞机整机研发生产的全价值链民用航空产业。

（2）民用无人机，主要发展用于国家测绘、应急救援、森林巡查、遥感、交通巡视、航拍等的民用无人机，建成国内主要的民用无人机研发制造、试飞、试验和培训基地。

（3）汽车及零部件制造，重点打造毕节载货汽车、遵义微型汽车、贵阳专用车及客车三个汽车及汽车零部件生产基地。

（4）工程机械及零部件，围绕贵阳小河-孟关装备制造工业园区建设，重点发展高速液压挖掘机、高速铁路隧道施工装备、采矿扒斗机等工程机械产品及其关键液压件、控制系统等配套产品。

（5）数控机床及功能部件，主要发展高端大型数控机床、定梁式数控龙门镗铣床、五面体加工中心等数控机床。

（6）现代农业装备，重点开展大型自动化棉花收获机、甘蔗收割机、山地农业机械等现代农机装备研制与产业化。

（7）能矿机械及特色装备，重点发展掘进机、小带宽大倾角带转弯输送机、矿井液压支护装备、数控矿井提升机、铁路货车、石油打捞工具、大型铝工业设备等特色装备。

5. 节能环保产业重点项目

（1）磷矿伴生氟资源利用产业化开发，依托贵州开磷（集团）有限责任公司，开展含氟废气中氟硅元素的高效富集技术、高效率的氟硅分离技术等技术。

（2）固体废弃物资源再生利用装备研发与产业化，依托贵州成智重工科技有限公司，实施固体废弃物再生利用成套设备开发及产业化。

（3）钢铁冶炼节能降耗综合技术应用，依托首钢水城钢铁（集团）有限责任公司，开展冶金废弃物循环再利用关键技术研究，实施焦化（炼铁）除尘技术开发，废水、废气综合治理及利用，能源介质综合利用等研究应用。

（4）工业副产品等工业废渣综合利用技术，研发和推广石膏中的钙、硫资源分析和回收技术，通过与不溶性含钾岩石的高温烧结生产方式，达到对废石膏中钙硫资源的高效利用，实现硫、氨循环使用。

6. 新能源产业重点项目

（1）风能发电系统与风电电站建设，依托贵州新安航空机械有限责任公司、贵州航宇科技发展有限公司等企业，开展风电制动系统与风力发电机组大型环件等风能发电系统关键部件的研发与产业化。

（2）太阳能发电关键系统研发与产业化，开展高可靠太阳能电池、太阳能级多晶硅与太阳能光伏玻璃镀膜设备生产线等的研发与产业化。

（3）核能发电关键零部件研发与产业化，以贵州航天新力铸锻有限责任公司为实施主体，开展核电站核岛特种高强度精密紧固件、核电站蒸汽发生器进出口接管等关键系统的研发与产业化。

7. 新能源汽车产业重点项目

（1）新型锂离子电池功能材料与动力电池产业化，依托贵州振华新材料有限公司，实施锂离子电池材料及动力电池产业化开发。

（2）动力型磷酸铁锂锂离子电池研制与产业化，针对动力型磷酸铁锂锂离子电池开展技术创新与产业化，为新能源汽车动力总成提供能源。

（3）新能源汽车驱动电机及执行机构总成系统研发与产业化，形成新能源汽车大功率电机与自动变速器执行机构总成产业化能力。

（4）新能源整车研发及配套设施建设，以新锂电材料、动力电池组与动力总成为产业基础，积极开展新能源汽车的整车研发工作。

第6章 以大数据为引领的电子信息产业发展

信息技术是当今世界经济社会发展的重要驱动力,电子信息产业是中国国民经济重要的支柱产业,对于促进社会就业、拉动经济增长、调整产业结构、转变发展方式和维护国家安全具有十分重要的作用。目前,贵州的信息产业以大数据为引领,加快发展速度,做大总量规模,注重质量效益,不断提高档次,推动电子信息产业进入快车道,打造升级版,实现跨越式发展。

6.1 电子信息产业的发展现状及特点

电子信息产业具有产业规模大、技术进步快、产业关联度强等特征,是经济增长的重要引擎,更是我国国民经济的重要战略性产业。21世纪以来,以通信、计算机及软件产业为主体的电子信息产业凭借其惊人的增长速度,一举成为当今世界上最重要的战略性产业,受到了世界各国的高度重视。

6.1.1 电子信息产业的发展概述

电子信息产业,是指为了实现制作、加工、处理、传播或接收信息等功能或目的,利用电子技术和信息技术所从事的与电子信息产品相关的设备生产、硬件制造、系统集成、软件开发及应用服务等作业过程的集合,主要包括电子信息产品制造业、软件产业和信息服务业。

电子信息行业是高新技术产业,加上所服务各行业的不同,因此具有无周期性、季节性和区域性的特点。电子信息行业的无周期性主要体现在应用于消费者刚性需求的基础服务领域;区域性是因为我国国民经济发展水平存在区域性差异,东西部发展水平的差异导致对信息化建设的投入力度不同,此外,在城镇与农村地区发展水平的不同也导致了新兴行业的区域性差异;电子信息行业的季节性特征主要是由电信、金融及电力能源等企业的采购计划和实施采购时间的季节性造成的。

电子信息产业是国民经济的支柱产业,与人们生活息息相关,对于促进社会就业、拉动经济增长、调整产业结构、转变发展方式和维护国家安全具有十分重要的作用。据 Wind 资讯统计,2008 年我国电子信息行业的主营业务收入为 51 253.05

亿元,至 2013 年已达到 93 202.29 亿元,年复合增长率高达 12.70%,高于同期国民经济增长速度。近年来,物联网、云计算、智慧地球等概念及其应用在信息产业内发展得如火如荼,也推动了信息产业的进一步发展。

6.1.2　国际电子信息产业的发展现状及特点

伴随着世界经济发展方式的转变、产业结构的转型升级和经济驱动要素的转变,电子信息产业已经将成为经济可持续发展的主力军。目前,美国、欧盟、日本、韩国等各国都投入巨大的财力、人力来发展新一代信息技术。

2011 年美国总统奥巴马将关键的讯息、计算机技术及网络平台等作为创建 21 世纪创新所需信息科技生态系统的关键因素。2013 年,世界经济重新进入调整改革阶段,全球电子信息产业也进入快速发展的轨道,总体来看,世界电子信息产业行业发展主要特点如下:一是信息技术行业掀起了一股并购热潮,智能手机开始占据一席之地。微软公司以 54.4 亿欧元收购诺基亚手机及其专利,苹果公司在 2013 年也完成 15 笔战略收购。二是电子信息行业产权纠纷不断。苹果与三星既是竞争对手又是合作伙伴,而苹果与三星的产权纠纷一直是 IT 产业的热门话题,苹果与 HTC 的诉讼案也一直受到人们的关注。三是随着移动互联的到来,4G 网络加速发展。随着互联网的发展和网络基础设施的日渐完善,4G 技术不断成熟,全球移动智能终端改革不断扩大到物联网、云计算、大数据方面。图 6-1 给出了 2007~2015 年单季度全球智能手机出货量及其同比增速,从图中可以看出,智能终端产业正在步入成熟期,增速进一步下滑,压制产业景气度。

以上信息表明,全球信息技术创新和产业化进程正在加快,电子信息产业正朝着数字化、网络化、智能化的方向转型,呈现出新的发展特点。

(1)集成电路进入纳米和系统集成时代。从特征尺寸看,0.35 微米的动态随机存取存储器正在规模化生产,0.25 微米、0.18 微米及深亚微米也将很快实现,目前已经可以在一块芯片上集成 108 或 109 个晶体管。

(2)电子材料开发已经向优质化、低成本化、无铅无毒化、循环利用化、纳米化方向发展,实现低廉、环保、绿色效益。

(3)电子元器件研制向微型化、片式化、集成化、阻燃化、高频低功耗化、高性能化方向发展。

(4)软件技术向网络化、智能化、无线互联技术实用化方向发展,将开始进入大规模商业应用。

(5)通信和网络技术向宽带化、个性化、综合化、高性能和大容量方向发展,

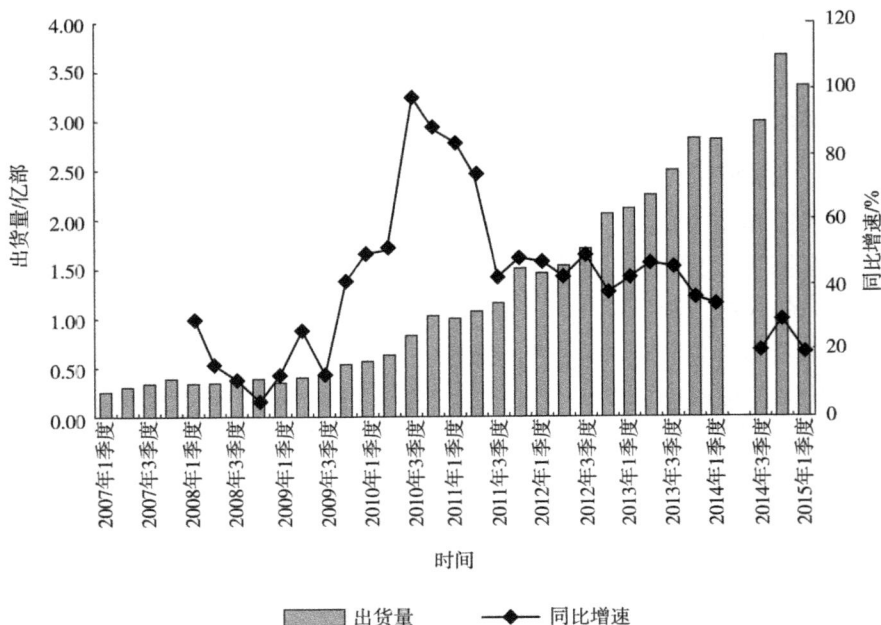

图 6-1　2007~2015 年单季度全球智能手机出货量及其同比增速

资料来源：Gartner、中国产业信息网

为用户提供低成本、高质量的通信和网络服务。

（6）大数据成为电子信息产业未来发展的热潮。随着云时代的来临，大数据也吸引了越来越多的关注，通过对数据的"加工"，可以将数据运用到各行各业，从而给经济发展带来效益。

6.1.3　中国电子信息产业的发展现状及特点

从全球来看，我国电子信息产业发展迅速，已经成为全球重要的消费电子生产基地，以及全球最大的电子信息产品制造基地，多个消费电子产品产销量在世界市场上排名第一。2013 年，我国电子信息产业销售收入总规模达到 12.4 万亿元，同比增长 12.7%，规模以上电子信息制造业增加值增长 11.3%，高于同期工业平均水平 1.6 百分点，电子信息产品进出口总额达 13 302 亿美元，同比增长 12.1%，对全国外贸出口增长的贡献率为 51.1%。电子产业作为我国国民经济的基础性、战略性产业，已成为国民经济的重要组成部分。

2015 年国家进一步扶持国内集成电路产业，鼓励集成电路国产化，降低进口依赖，推动自主知识产权的芯片设计和制造，进口替代开始加速。2015 年，我国集成电路设计产业保持高速增长态势，增速远高于全球平均水平。图 6-2 给出 2006~2014 年我国集成电路销售额及其同比增速。

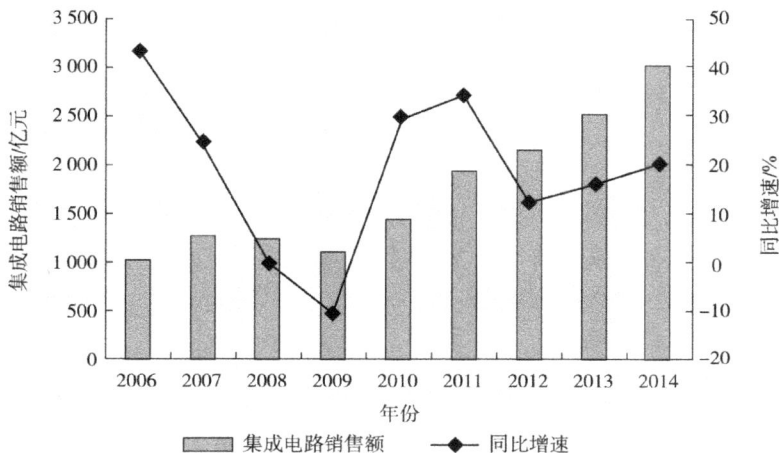

图 6-2　2006~2014 年我国集成电路销售额及其同比增速

资料来源：半导体行业协会、中国产业信息网

电子信息产业集聚效应及基地优势地位日益明显。目前，我国已形成了以 9 个国家级信息产业基地、40 个国家电子信息产业园为主体的区域产业集群。特别是长江三角洲、珠江三角洲和环渤海三大区域，劳动力、销售收入、工业增加值和利润占全行业比重均已超过 80%。

"十二五"期间，我国电子信息产业的发展呈现如下的特点。

一是电子信息企业（如联想、华为）保持较快增长，实力、地位不断提升。

二是随着信息技术的发展，电子信息产品的智能化、网络化、服务化趋势日益突出。智能手表、智能眼镜等新型可穿戴设备受到消费者的追捧；集成电路纳米工艺和存储芯片实现技术突破，产业链不断完善；数字家庭日渐成长，国产操作系统稳步前进。

三是产业融合渗透加快。制造企业"硬件+内容+服务"的发展理念加快普及，促进了硬件制造商、网络运营商和内容提供商的自身发展和合作进步；90%的大型工业企业采用了企业资源计划（enterprise resource planning，ERP）管理系统，80%的大型工业企业采用自动化设计与生产控制系统，社会信息化给工业生产带来了福音。

四是绿色制造顺应制造业发展趋势。电子信息制造业的节能化、绿色化趋势不断增强，突破了资源环境的约束。

虽然我国新兴产业发展有了一定的进步和规模，但是，与发达国家的发展相比，在创新上仍存在不足。一方面，由于我国采取"以市场换技术"的战略，在电子信息产业核心技术、应用等方面创新能力落后于发达国家，缺乏核心技术和标准。资金、劳动和管理密集型的产品强，技术和知识密集型的产品弱，电子信息产业内部结构处于低级水平。另一方面，电子信息产业的规模经济特点形成强者越强、弱者越弱的局面。高新技术、高新企业在发达国家的集聚，形成经济发展的路径依赖，发展中国家的技术总是落后于发达国家，从而形成发展中国家的跟随式创新和模仿式创新，阻碍发展中国家创新积极性。此外，我国电子信息产业发展的创新驱动政策和西方国家比仍然存在较大差距，不仅存在投入方面的差距，而且在由创新到市场服务支持方面也存在差距。

6.2 贵州电子信息产业存在的问题及发展思路

信息产业是国民经济的战略性、基础性和先导性产业，加快信息产业发展是贵州省实现后发赶超迫切需要、推动产业升级的必然选择，是"三化"同步发展的重要支撑。加快推进信息产业发展，对贵州省调整产业结构、转变发展方式、实现后发赶超具有十分重要意义。

6.2.1 贵州电子信息产业发展的历史沿革

在《贵州省"十二五"推进信息化发展专项规划》《关于加快大数据产业发展应用若干政策的意见》《贵州省大数据产业发展应用规划纲要（2014—2020年）》等文件的指导下，全省通过几年的努力，在新一代信息技术产业发展方面取得了明显成绩。

2011年，贵州省新一代信息技术产业完成工业总产值88.7亿元，2012年完成工业总产值118.6亿元，同比增长33%。2013年完成工业总产值170亿元，同比增长44%，电子信息制造业总产值达到300亿元，同比增长82.93%。2014年与2013年相比，新一代信息技术所占比重由21.47%上升到26.8%，正在成为贵州省最有发展前景、最有潜力的新兴产业。

贵州省在产业布局方面已基本形成了四个重要产业集群，主要有：①以振华集团为代表的贵阳新天新型电子元器件高新技术产业化基地；②以海信电子为代表的小河——孟关家用视听和电子仪器、设备及电子装备制造产业带；③以皓天蓝宝石、振华新材料为代表的麦架-沙文关键电子材料产业基地；④遵义消费类电子、电子设备和新能源电池产业聚集区。随着全省信息产业发展大会的召开，省委、省政府已将贵安新区明确作为发展信息产业的核心区，贵州·江苏慧谷产业园、桐梓·重庆工业园等一批信息产业工业园区加快建设，浪潮集团、大唐移动等一批国内龙头企业落地投资，贵州省已经具备了完善信息产业价值链的基础和条件。

贵州省的大数据产业正加速发展，2014 年贵阳市大数据产业总规模达到 663 亿元（含电子信息制造业）。贵州省人民政府出台了《关于加快大数据产业发展应用若干政策的意见》，贵阳市出台了《关于加快大数据产业人才队伍建设的实施意见》，将在高校培养储备大数据人才、大数据企业培养引进人才、大数据人才创新创业和提升大数据人才待遇四方面给予政策支持。

6.2.2　贵州电子信息产业存在的主要问题

贵州省电子信息产业发展存在的问题主要如下。

1）电子信息技术产业还处在产业价值链的低端

贵州省电子信息技术产业主要集中在以基础电子元器件制造为主的产业链前端和以平板电视等消费类电子产品为主的产业链后端，以计算机、软件等为主的核心产业和以网络、通信产业为主的应用产业发展还很滞后。

2）大数据产业发展的基础还比较薄弱

虽然贵州省已经明确了大数据产业在电子信息技术产业中的引领地位，相关规划和政策也陆续出台，但大数据产业发展的基础条件还比较薄弱。一方面，大数据产业在贵州省还处于大规模的投资建设期，短期内还难以发挥对 GDP 的拉动作用；另一方面，支持大数据产业发展的水电、道路、通信等基础配套设施还急需完善。

3）龙头企业的带动作用和产业集聚效应还不明显

尽管贵州已经引进了富士康、阿里巴巴等大型企业的项目落户，也在贵阳、贵安新区、遵义等形成了具有一定规模的电子信息产业园，但从整体上来看，龙头企业的带动作用还比较小，产业集聚效应还不明显。

6.2.3　贵州电子信息产业的发展思路及目标

贵州发展以大数据为引领的电子信息产业，不但要制定科学的发展思路，而且要制定切实可行的发展目标。

1）发展思路

以科学发展观为指导，按照国家、贵州省调整和振兴电子信息产业的规划，围绕贵州省现有电子信息产业基础，走"信息化带动产业发展"的道路，以"两化融合""三网融合"为契机,坚持"政府引导、市场主导、重点培育、形成梯次"的原则,按照电子信息产业"一区、两极、七基地"的布局,发挥产业园区的集聚效用、龙头企业的引导辐射效应、产业链的牵引配套效应,以大数据为引领,重点发展大数据、电子信息服务、新型电子元器件、新型照明和显示、软件产业等,积极推进信息化与工业化、城镇化、农业现代化相融合,把信息技术产业打造成为支撑贵州省经济社会又好又快、更好更快发展的先导性、支柱性产业。

2)主要目标

以大数据为核心的电子信息技术产业成为贵州省的先导性、支柱性产业,产业竞争力得到大幅度提升,产业的带动能力和辐射能力明显增强。到 2020 年,电子信息产业实现总产值 1 500 亿元,增加值 500 亿元;到 2025 年,实现总产值 3 000亿元,增加值 1 000 亿元。

6.3　贵州电子信息产业发展的重点及战略布局

贵州发展以大数据为引领的电子信息产业,不但要从全局上构建产业系统,而且要基于贵州的基础和优势,重点发展大数据产业、信息服务业和电子信息制造业三类产业,并在全省范围内实现科学布局、重点发展。

6.3.1　大数据产业的发展及战略布局

1. 产业界定

大数据产业是指围绕大数据的产生与集聚、组织与管理、分析与发现、应用与服务,新兴的数据采集、数据存储、数据管理、数据挖掘、数据应用技术将不断涌现,从而形成新的业态和新兴技术产业链(图 6-3)。

2. 国内外大数据产业发展态势

最近几年,国外发达国家都重视大数据产业的发展战略。Gartner 报告称,2012年全球各大企业用于大数据业务的投资总额达 43 亿美元,Gartner 预计 2015 年全球各大企业用于大数据业务的投资总额仍将增至 1 000 亿美元

美国于 2010 年向国会提交的《规划数据未来》报告,把数据收集和使用工作提高到战略的高度。2012 年 3 月美国政府公布两亿美元的《大数据研究发展计划》,目的是提升大数据知识发现能力。2013 年 11 月美国再度公布涉及各级政府、私企、科研机构的多个大数据研究项目,被称为美国大数据战略 2.0 版。

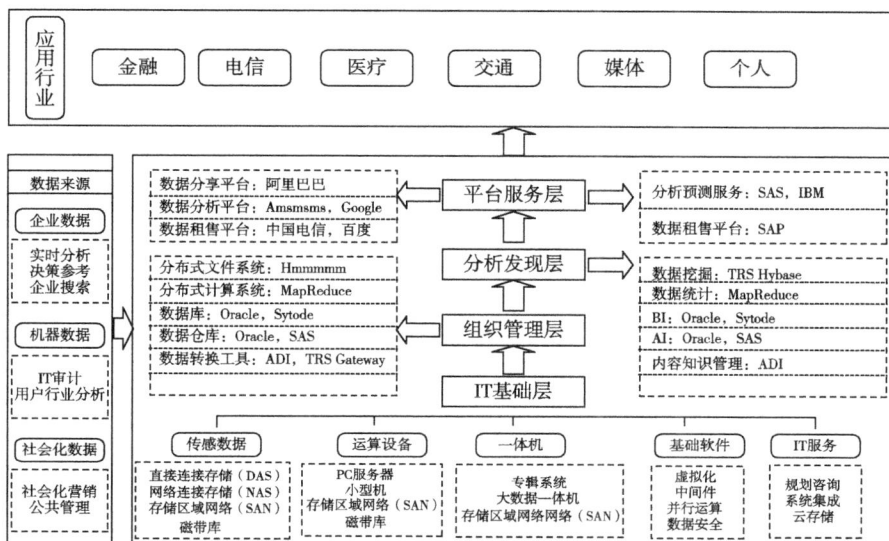

图 6-3　大数据产业链全景图

在英国，虽然经济不景气、财政紧缩，英国政府依然为大数据一掷千金。2013年年初宣布注资 1.89 亿英镑用于大数据项目，主要研究对地观测、医疗卫生等大数据和节能计算技术。2013 年 5 月，英国首个综合运用大数据技术的医药卫生科研机构"李嘉诚卫生信息与发现中心"在牛津大学成立，致力于用新兴信息技术改善医疗卫生与药物研发现状。

在日本，2013 年 6 月，日本第二次安倍内阁正式公布了新 IT 战略，即"创建最尖端 IT 国家宣言"，全面阐述了 2013~2020 年以发展开放公共数据和大数据为核心的日本新 IT 国家战略。

在韩国，2013 年 9 月，韩国宣布建设一个开发大数据中心，面向中小企业、风险企业、大学和普通公民，提供大数据分析业务。

在中国，近几年大数据产业发展迅速。首先，全国已建或拟建的大数据产业园区超过十个。上海智慧岛数据产业园、秦皇岛开发区数据产业基地、北京国家地理信息科技产业园、中国国际电子商务中心重启数据产业园、陕西数据产业园等一大批数据产业园区，正展开基础建设和招商工作。大数据产业园作为大数据企业的重要聚集基地，通过自身的规模、品牌、资源等，为区域经济发展和企业资本扩张起到了巨大的推动作用。其次，各地都积极重视发展大数据产业。2012 年广东省启动了《广东省实施大数据战略工作方案》；陕西和重庆也启动了"大数据行动计划"，北京成立了"中关村大数据产业联盟"。此外,中国科学院、复旦大学、北京航空航天大学等相继成立了近十个从事数据科学研究的专门机构。

3. 贵州大数据产业发展现状

贵州积极发展"云贵州"的大数据项目,形成数据的互享、互通。首先,成立了云上贵州大数据平台有限公司,通过实施智慧交通云、电子政务云、工业云、环保云、智慧旅游云、电子商务云、食品安全云的"七朵云"工程,实现数据的互通、共享;其次,2014 年 10 月与企业合作搭建的"云上贵州"系统平台正式上线;最后,为实现政企数据互通,以"七朵云"单位数据上云为示范,制定一种数据开放、利益共享机制。

目前工业云集聚和培育云服务相关企业有 15 家,提供云应用服务近 200 个。通过 7 家龙头企业,带动近 500 家企业使用工业云;通过省产业市场监测平台,带动约 1 000 家企业登陆工业云;通过引进社会化的公共服务平台,带动 6 000 多家本地企业驻留工业云。贵州大数据产业集群效应已初见成效,"热岛效应"正在催生新产业集群的形成。2014 年贵阳市大数据产业总量为 87 亿元,同比增长 24.28%,其他地市大数据产业也蓬勃发展。

2014 年,贵阳市出台了《贵阳市大数据产业行动计划》《关于促进呼叫中心产业发展的优惠政策(试行)》等一系列政策文件,不断改善和提升发展环境。同时,以中关村贵阳科技园为载体,相继举办了"3·1"、"3·21"、"4·19"和"呼叫中心峰会"等系列招商推介活动,签约大数据及关联项目 138 个,签约金额达 1 326.09 亿元。京东电商产业园、贵阳中兴电子科技园等 69 个项目已经启动建设,项目到位资金达 96 亿元。

4. 贵州大数据产业发展目标、发展重点、项目支撑和区域布局

(1)发展目标。到 2020 年,大数据产业总产值达到 500 亿元,增加值达到 350 亿元,带动相关产业规模达到 4 500 亿元。到 2025 年,大数据产业总产值达到 1 200 亿元,增加值达到 700 亿元,带动相关产业规模达到 8 000 亿元。建立基本健全大数据产业体系,提高创新能力和安全保障能力,聚集一批具有较强市场竞争力的骨干企业,以大数据引领和支撑贵州省经济社会转型发展是贵州发展大数据产业的发展目标。

(2)发展重点。一是建设大数据基地,优化产业布局。按照"黔中引领、两极带动、协同发展"的思路,以黔中经济区为核心区,建设中关村贵阳科技园大数据基地、贵安新区电子信息产业园大数据基地、黔南州超算中心等多个产业基地;二是加强产业技术创新和成果转化,培育大企业,以大项目带动产业快速发展,引

进、培育 10 家左右大数据企业和若干电子信息产品制造业的龙头企业，培育 200 家从事大数据保障、系统集成服务、数据服务软件研发的中小企业，基本形成大数据产业配套体系，初步建立以大数据应用为基本业态的产业发展模式；三是推动云计算服务发展，创新产业发展模式，重点研究"7+N"云工程，推进工业、电子政务、交通、公共安全、智慧旅游、物流、电子商务等大数据业务应用模式和商业模式，培育大数据产业发展；四是拓展大数据应用领域，提高科学发展水平。依托市（州）开展以"智慧交通"、"智慧旅游"及民生服务等为主要内容的"智慧城市"试点。

（3）项目支撑。一是加快全省骨干网络设施、产业基地网络和数据中心建设。到 2017 年全省互联网出省带宽达到 4 000 千兆位/秒（Gbps），到 2020 年，力争全省城区实现光纤接入，城市宽带用户接入能力达 50 兆位/秒（Mbps）。推进农村信息基础设施建设，到 2017 年实现村村通宽带，到 2020 年，借助各种先进技术实现农村宽带用户接入能力达 12Mbps。

二是加强重要产业基地网络建设。实现新建开发区、产业园区宽带网络全覆盖，推进 1Gbps 光纤到楼，100Mbps 光纤到户。

三是统筹重要产业基地数据中心建设。推进中国电信、中国移动、中国联通三大运营商的大规模数据中心建设，吸引大型互联网信息服务企业、专业数据中心运行企业和金融机构等用户企业来贵州建设数据中心。

四是充分利用已建、在建数据中心资源，建设全省数据中心，统筹推动全省数据资源整合和云计算、大数据应用。建设贵州省大数据平台、数据资源灾备中心、数据资源管理与服务机制、大数据交换平台与数据交易市场，为大数据发展与应用提供数据资源。

五是实施电子政务云工程、智能交通云工程、智慧物流云工程、智慧旅游云工程、电子商务云工程和食品安全云工程等重点领域的示范工程，推动建设面向政府、公众和企业的云计算和大数据服务平台，探索新的商业模式。

（4）区域布局。积极在贵阳市、贵安新区、遵义市和安顺市布局大数据产业。重点支持贵阳国家高新技术开发区、贵安南部科技新城、贵阳经济技术开发区、富士康产业园和安顺经济技术开发区等发展大数据产业（表 6-1）。

表 6-1　贵州大数据产业区域布局

地区/工业园区	产业
贵阳国家高新技术开发区、贵安南部科技新城、贵阳经济技术开发区、富士康产业园和安顺经济技术开发区等	大数据

6.3.2　信息服务业的发展及战略布局

1. 产业界定

信息服务业是利用计算机、通信和网络等现代信息技术，对信息进行收集、处理、加工、存储、传输、检索和应用，并以信息产品为社会提供服务的专门行业的综合体，是伴随着全球范围内的信息革命发展起来的新兴行业。大力发展信息服务业，对增强信息产业核心竞争力、提高信息化水平、促进经济增长方式转变、增强综合实力具有极其重要的战略意义。

2. 国内外信息服务业发展态势

一是全球信息产业发展服务化趋势日益明显。"十二五"期间，经济全球化进程明显加快，全球经济将进入新一轮的增长周期。国际间生产要素流动和产业转移的步伐进一步加快，全球信息产业发展服务化趋势日益显现，特别是以软件和业务流程外包为主的服务外包将进一步加快发展，市场空间不断扩大。同时，我国投资环境进一步优化，已成为全球服务业转移的重点地区。

二是我国信息化进程进一步加快。十六大提出"以信息化带动工业化、以工业化促进信息化"和"优先发展信息产业"方针，建设创新型国家，实现信息产业大国向信息产业强国跃升的关键时期，我国的国民经济和社会信息化进程将全面提速，第三代移动通信、数字电视、下一代互联网等新技术将不断得到发展与应用。全国农村将实现"村村通电话，乡乡能上网"，农民收入将稳步增加，广大农村地区的信息消费能力不断增强。这些都为信息服务业的加快发展创造了有利条件。

三是产业发展环境不断优化。多年来，信息服务业的政策及法制环境不断完善。国家已经出台了一系列鼓励和支持信息服务业的政策和措施，如《鼓励软件产业和集成电路产业发展的若干政策》《关于发展我国影视动画产业的若干意见》等，这将极大地促进信息服务业发展。

四是面临的挑战日益增多。周边国家实施更加优惠的政策，大力吸引包括服务业在内的信息产业转移，我们面临着政策优势弱化的挑战。根据世界贸易组织（World Trade Organization，WTO）协议，从 2007 年起我国固定电话、移动电话、增值业务等领域将逐步开放，电信业发展面临的竞争压力将会进一步加大。与此同时，国内北京、上海、广东等信息产业发达地区竞相出台政策措施，加快发展信息服务业，区域发展的竞争态势将更加明显。

3. 贵州信息服务业发展现状

贵州省现有软件和信息技术服务企业 2 200 余家，其中通过软件认定的企业有73 家，系统集成资质企业 62 家，信息系统工程监理资质企业 6 家；省属地方软件和信息技术服务企业中，主营业务收入超两亿元的企业 1 家，超 5 000 万元的企业8 家；国家规划布局内重点软件企业 1 家，上市公司 1 家，筹备上市的企业 5 家。2013 年，贵州省软件和信息技术服务业实现主营业务收入 70 亿元，同比增长 15.1%；纳入统计的企业 210 家，同比增长 13.8%；从业人员 11 672 人，人均劳动生产率达到 60 万元/年，同比增长 16.0%。

目前，贵州省建有贵阳软件园和数字内容产业园，正在推进以贵安新区电子信息产业园、遵义软件园为代表的产业园区建设。贵州省软件和信息技术服务业已初步形成了以行业应用软件开发、系统集成、互联网和电信增值服务、智能电网、节能系统、数字安防、数字内容及多媒体、电子商务等多个业务领域为主的产业结构体系。产品涵盖电子政务、食品医药、公共卫生、装备制造等行业，累计登记软件产品 592 个。

贵州省软件和信息技术服务业经过近十年特别是近几年的发展，整体增速加快、规模持续壮大，但仍存在规模偏小、产业基础薄弱、领军企业少、企业竞争力弱、市场需求不足、产业政策体系不完善、高层次人才缺乏等问题。

4. 贵州信息服务业发展目标、发展重点、项目支撑和区域布局

（1）发展目标。到 2020 年，信息服务业实现总产值 500 亿元，实现增加值300 亿元。到 2025 年，实现总产值 1 000 亿元，增加值 600 亿元。

（2）发展重点。发展重点可分为公共信息服务业、企业信息化、农业信息化、文化创意与数字内容、软件产业五个方面。

一是公共信息服务业方面，重点发展以下领域：互联网、通信网与广播电视网的三网融合，电子政务、电子商务的系统集成服务；公共信息综合服务平台、信息产业公共检测平台建设；物联网、传感器组网的关键技术研究，移动互联网产品及服务；以三网融合为基础和运作平台的数字化传媒产业和文化内容服务，完善跨媒体、跨行业、跨地区的传媒产业链；基于大数据、云平台的现代文化服务业；文化科技融合电子商务产业；电子信息公共技术研发能力建设。

二是企业信息化方面，重点发展以下领域：企业 ERP、产品生命周期管理（product lifecycle management，PLM）、客户关系管理（customer relationship management，CRM）、供应链管理（supply chain management，SCM）、CAD/CAE/CAM/CAPP/PDM（4CP）集成系统等应用系统建设；数字企业建设、集团企业集成与协同技术开发与应用；数字及无线射频识别（radio frequency identification，RFID）电子标签和读写器在物流、煤矿、餐饮、农业、酒类领域的推广应用。制药业、食品业、装备制造、化工等行业的业务流程优化,物联网与在线检测、生产智能管控、产品全生命周期、高级仿真等关键技术的研发及应用；本地应用服务提供商产品（软件）的产业化。

三是农业信息化方面，包括：实施贵州特色农产品电子商务服务；利用大数据中心和云计算基地硬件设施，建设涉农数据交换中心、为农服务门户网站和"三农"呼叫中心；推进农村信息传输网兼容共用，探索三网融合的实现方式和途径，形成固定宽带、移动宽带与广播电视网等互为补充的农村信息传输网络通道格局；建设覆盖全省行政村的村级综合信息服务站。

四是文化创意与数字内容方面，重点发展以下领域：工业设计及广告创意与设计、品牌策划与营销等行业；软件技术与文化创意内容融合的文化软件产品和公共技术平台；智慧教育、文化旅游云平台、数字文化软件等；电子出版物、数字图书、手机出版物等出版新业态；无版印刷、彩色桌面排版、数字化印刷、多色印刷设备、高档印刷材料等高端印刷产业。

五是软件产业方面，积极推进软件开发服务外包，重点发展以下领域：云计算及云应用软件、电子政务、电子商务、企业信息化、节能控制、电信增值服务软件等行业应用软件的开发；无线通信、信息家电、信息安全、信息内容等嵌入式软件的研究开发；设计软件、工艺软件、控制软件、生产数据实时采集软件的开发。

（3）项目支撑。贵州大力发展三类重点项目，即建设产业园区、搭建公共服务平台、支持应用软件的研发，具体内容如下：①产业园区。重点建设泰豪创意科技产业园、西南信息港、移动互联网及数字内容产业基地、贵阳软件园、贵阳京东电商产业园、遵义软件园、贵安电子信息产业园、七星关中心城区软件和信息技术服务园等产业园区项目。②公共服务平台。重点搭建贵安云计算数据服务体验应用研究中心、贵阳西部大宗商品电子交易平台、贵州中小企业服务平台、贵州省软件评测公共服务平台、信息安全管理平台和贵州省软件等公共服务平台。③应用软件。重点支持北斗卫星导航项目、汽车电子系列产品项目、生产管控系统软件、能源计量与能效在线监测、电解槽多参数平衡控制系统、动画电影《绮丽大陆》等应用软件开发与服务项目。

（4）区域布局。建设贵安新区、贵阳市、遵义市三大产业集聚区，优化产业空间布局。贵安新区重点建设大数据基地、云计算基地、物联网基地、软件服务外包基地，加快形成千亿级核心产业园区；贵阳重点发展工业软件、服务外包、数字内容、电子商务及物流信息服务业；遵义重点发展软件服务外包和电子商务产业（表6-2）。

表 6-2　贵州信息服务业产业区域布局

地区/工业园区	产业
贵安新区	大数据基地、云计算基地、物联网基地、软件服务外包基地
贵阳市	工业软件、服务外包、数字内容、电子商务及物流信息服务业
遵义市	软件服务外包和电子商务

6.3.3　电子信息制造业的发展及战略布局

1. 产业界定

电子信息制造业是国民经济的战略性、基础性、先导性产业，是加快工业转型升级及国民经济和社会信息化建设的技术支撑与物质基础，是保障国防建设和国家信息安全的重要基石。电子信息制造业主要包括六大类，即雷达设备制造、通信设备制造、广播电视设备制造、电子计算机制造、软件制造业、家用视听设备制造。

2. 国内外电子信息制造业发展态势

从全球电子信息制造业发展现状看，电子信息制造业主要集中在美国、日本、中国、韩国等国家。美国是全球电子信息产业的领导者，通用处理器、高端网络芯片、高端模拟芯片和可编程逻辑芯片、半导体加工设备等集成电路产品和设备在全球市场中居于领先地位。2013 年美国半导体市场总销售值达 615 亿美元，较 2012 年成长 13.1%；日本处于全球电子信息产业的核心圈和产业链的高端，在无源元件（电容、电阻、电感、晶振等）、精密光学仪器和元件、新型平板显示、数码产品、汽车电子、白色家电、半导体等领域处于世界领先地位，涌现出了索尼、松下、东芝、夏普、佳能、NEC、富士通、三洋、日立、尼康、村田、TDK、爱普生等国际知名企业。日本半导体市场销售值达 348 亿美元，较 2012 年减少 15.2%；韩国是世界上第四大通信设备制造国，位居中国、美国和日本之后。半导体产业是韩国的重要优势产业。韩国半导体产业在 2013 年正式超过日本，位居全球第二。2013 年韩国半导体生产总额为 500.67 亿美元，全球市场占有率达 15.8%。2013 年全球半导体市场全年总销售值达 3 056 亿美元，较 2012 年增长 4.8%。

经过新中国成立以来 60 多年尤其是改革开放 30 多年的发展，中国已成为世界电子信息制造业大国。2002 年至 2011 年，中国规模以上电子信息制造业增加值从 2 715 亿元增至 16 276 亿元，十年间增长了近 6 倍；销售收入从 1.3 万亿元增至 7.5 万亿元，年均增速 21.4%。2011 年彩电、手机、计算机等主要电子产品产量占全球出货量的比重分别达到 48.8%、70.6% 和 90.6%，均名列世界第一。

我国电子信息制造业主要分布在大中型城市，并呈现聚集化分布，主要是分布在京津冀、长三角与珠三角这三大主要板块，电子信息制造业如今作为国家重点开发的主导产业，已经呈现两极增长极的菱形格局：第一极为珠三角与长三角地区，第二增长极出现在的湖北、四川两大省份。电子信息制造业作为中部城市的代表性行业，有逐步向西部城市过渡的趋势。

3. 贵州电子信息制造业发展现状

2012 年贵州省电子制造业实现工业总产值 146 亿元，同比增长 20.7%；全省主营业务收入亿元以上电子信息骨干企业 27 家。中国振华电子集团公司连续入选全国电子信息百强；贵州澳斯科尔科技实业、贵州鸿基伟业新能源、贵州筑联科技、贵州万华公司等一批特色企业的迅速成长，极大地带动了贵州省电子信息产业的发展。

目前，贵阳高新信息产业园已发展成为全省信息产业核心聚集区，入驻企业 60 家，年均创造产值约 15 亿元，大唐移动通信设备有限公司的新一代信息技术产业重大项目选择落地贵州小孟工业园区，其将联合 30 余家上、下游企业，推进智能安防、可信电子商务、节能减排、行业通信、矿业安全、食品安全检测等方面的新一代信息技术产业发展。

近年来，贵州省电子信息制造业保持了加速发展的势头，但也存在着以下几个问题：一是相对于周边省市，产业总体规模偏小，缺少支撑产业跨越发展的支柱和龙头企业；二是产业结构不合理，集群特征不明显，没有形成专业的分工体系。三是人才结构满足不了产业发展的需要，高层次、复合型的技术带头人员缺乏，特别是企业科创领军人才、科技型企业家严重缺乏。

4. 贵州电子信息制造业发展目标、发展重点、项目支撑和区域布局

（1）发展目标。到 2020 年，全省电子信息制造业实现工业总产值 500 亿元，增加值 200 亿元；到 2025 年，实现工业总产值 1 100 亿元，增加值 450 亿元。

（2）发展重点。大力发展模块化、高频化、低功耗、智能化的新型电子元

器件；实现以 3G/4G 及智能通信终端等为主的消费类电子产品的研发及产业化；重点开展北斗定位导航模块、4G 通信模块等集成芯片的设计制造与封装等关键技术的研发及应用；积极开发高可靠、大功率的厚薄膜集成电路设计、制造、封装与测试技术；重点推动芯片产品在智能移动终端、地理信息系统（geographic information system，GIS）、物联网、集成电路卡、智慧城市、多彩贵州等产品（服务）的产业化；推广应用条形码、RFID 射频识别等先进适用技术；研发及应用物流配送中心系统解决方案。

（3）项目支撑。重点支持以下项目：皓天光电的年产 3 000 万片两英寸蓝宝石衬底材料项目，该项目总投资 22 亿元，可以实现 600 万片产能；大唐移动贵州研发中心建设项目；海信电子、中电振华、航天电器等重点技改项目；富士康(贵州)第四代绿色产业园项目，该项目可以实现年总产值 500 亿元以上。

（4）区域布局。贵阳市重点发展以振华集团为龙头的新型电子元器件产业集群，以海信电子为代表的平板电视产业基地，以皓天光电、振华新材料为代表的关键电子材料产业基地，以及以贵阳市软件园为代表的软件和信息技术服务产业集群。遵义市重点发展桐梓（重庆）工业园区、湘江工业园区、和平工业园区等园区。黔东南州重点发展以中昊电子为代表的敏感电子元器件产业园。毕节市重点发展以高原电瓷、奥尔斯科技为代表的电力电子元件和音响设备产业园（表 6-3）。

表 6-3 贵州电子信息制造业产业区域布局

地区	产业/工业园区
贵阳	新型电子元器件产业集群、平板电视产业基地、关键电子材料产业基地、软件和信息技术服务产业集群
遵义	桐梓（重庆）工业园区、湘江工业园区、和平工业园区等
黔东南	敏感电子元器件产业园
毕节	电力电子元件和音响设备产业园

第7章 以大健康为统领的医药养生产业发展

大健康产业是未来新的经济增长点,包括生物医药、养生保健、休闲旅游和健康养老四类产业。贵州拥有发展大健康产业的独特优势和资源禀赋,可以抓住西部发展战略,实现跨越式发展。

7.1 大健康产业的发展现状及特点

大健康是一种广义的健康概念,是随着人们的健康理念的延伸而产生的,它围绕着人的衣食住行和生老病死,关注各类影响健康的危险因素和误区,提倡自我健康管理,即不仅要有科学的健康生活,更要有正确的健康观念。目前,国内外都在积极发展大健康产业。

7.1.1 大健康产业的发展概述

对于健康,人们从很早的阶段就开始关注了,但由于经济和社会发展阶段的不同,健康问题所涉及的问题和关注点也随之改变,健康内容不断更新——从对疾病的治疗到及时的预防,医疗产业发展模式也从单一救治模式转向"防—治—养"一体化防治模式,而且开始关注精神、心理等方面的健康。表7-1是美国社会在不同阶段对健康的理解和关注的问题,日本等国也已经将大健康产业列为重点投资对象,在中国,健康产业的规模也正在日益扩大。

表 7-1 美国社会在不同阶段对健康的理解和关注的健康问题

阶段	特征	关注的健康问题
1875~1925 年	环境时代	天花免疫接种、外科消毒、公共卫生服务
1925~1950 年	医药时代	磺胺药、青霉素、抗结核药物的广泛使用
1950~1980 年	生活方式时代	心脏外科手术、心脏移植、冠状动脉搭桥
1980~	预防领域	心脑血管病、糖尿病等富贵病

正是在这样的背景下,根据时代的发展和社会的需求,人们对健康的理解发生

了很大的变化，大健康开始渗透到人们的日常生活中去，关注人的衣食住行和生老病死，从人的身体健康发展到生理、心理、社会、环境的健康，提倡健康的产品、健康的生活、健康的需求、健康的消费等，由此可以看出，大健康的理念逐渐开始萌芽并得到了迅速推广和广泛认可。而当前，中国正全面向小康社会过渡，频繁的雾霾天气和居高不下的 PM2.5 指数等环境问题随之而来，健康问题也同样存在：亚健康人群增多、慢性病发病率上升、重大公共卫生事件等，表 7-2 展示了中国健康产业的构成，这一系列的健康问题时刻在人们的生活中敲响警钟，促使政府必须采取"预防前移战略"。

表 7-2　中国健康产业的构成

序号	基本产业群体	主要构成因素
1	医疗产业	以医疗服务、药品、器械及其他耗材产销、应用为主体
2	非（跨）医疗产业	以健康理疗、康复调理、生殖护理、美容化妆为主体
3	传统保健品产业	以保健食品、功能性饮品、健康用品产销为主体
4	健康管理产业	以个性化健康检测评估、咨询顾问、体育休闲、中介服务、保障促进和养生文化机构等为主体
5	新型健康产业	以消杀产品、环保防疫、健康家居、有机农业为主体
6	新型健康产业	以以医药健康产品终端化为核心驱动而崛起的中转流通、专业物流配送为主体

从定义上看，健康产业涉及医药产品、营养食品、保健用品、医疗器械、健康管理、休闲健身、健康咨询等多个与人类健康紧密相关的生产和服务领域，是一个潜力巨大的新兴产业，由于如今健康受到越来越多的关注，健康产业也成为中国的朝阳产业。结合贵州的特色和对健康的理解，更应把养老养生产业也纳入大健康产业的范畴之内。

7.1.2　国外大健康产业的发展现状及特点

作为当前和未来全球最大的产业之一，全球健康消费年支出总额占 GDP 总额的 10%左右，早已成为全球经济发展的新引擎。

1. 以医疗服务业和健康管理产业为特色的美国大健康产业

（1）医疗服务业。以医疗服务业发达的波士顿为代表，美国的医疗服务业走在了世界前列。波士顿是世界著名的健康、医学教育和医疗研究中心，医疗服务业是该地区第四大服务业领域。该市长木地区集聚了哈佛公共卫生学院、麻省药学院等19家医疗和学术机构,形成了著名的长木医疗区(Longwood medical area,LMA)。整个区域内有 4 万名医疗服务人员，1.8 万名学生，年就诊人数超过 100 万人，年税收额超过 50 亿美元。

波士顿的医疗集聚，是官产学研完美结合的典范：先进的科研机构孕育了先进的科研成果和优秀的人才；政府在战略高度对该产业的发展予以政策支持；企业将科研机构的研究成果产业化，推动了科研技术的推广。

政府推动医疗健康产业发展的主要措施体现在三个方面：首先是对科研项目的经费支持和政府采购。其次是为市场主体提供优惠政策支持，主要涉及税收、融资。例如，为帮助企业削减成本，政府设立"经济开发鼓励项目"，对州和地方税收予以减免。最后是提供良好的公共服务。

（2）健康管理产业。美国的健康管理已有三四十年的历史，其出现最初是源于不断上涨的医疗费用。1973 年，美国政府通过了《（健康维护组织法案）》（简称《HMO 法案》[①]），允许更多的商业保险公司参与政府的医疗保障制度管理，最终形成了较为完善的多方共赢的健康服务体系。

当前，美国的健康管理的应用主要有三个领域：第一，医疗保险。商业医保的报销范围包含丰富的预防保健服务，其以不同形式的健康活动鼓励参保人员参与活动。第二，企业、医疗机构和健康管理公司。其为特定人群提供健康管理，控制疾病危险因素，改善健康状况。第三，新药的研究和开发。不少跨国药品生产企业在新产品研发中利用疾病危险性评价技术来评价产品的疗效。

2. 以保健品为特色的日本大健康产业

日本是世界第二大天然健康产品市场，其研发水平和市场趋势能够影响世界健康产品技术的前进方向，代表着世界健康产品发展的潮流。从 1987 年开始，日本政府首次确立了国家研究计划"食品功能的系统分析与开发"，并首次提出了"功能性食品"（functional food）的概念。日本严格控制健康功能食品的生产过程，以标准化、程序化、法律化的原则来测量判定生产程序、申报程序、监督过程，保证了日本功能性食品产品质量、技术水平、研究开发处于世界领先地位。

日本政府给以保健食品开发企业为主的中小企业厅发放补贴，2013 年，在政府公布的资助小规模经营者补助金企业中，提交申请的企业有 2 965 家，而成功拿到补助金的有 1 518 家。

---

① HOM意为健康组织，全称为Health Maintenance Organization.

3. 以医疗旅游为特色的印度、新加坡大健康产业

印度是全世界医疗成本最低的国家之一。印度工业联合会估计，2015 年，医疗旅游的年收入将达到 100 亿美元。

印度医疗旅游的主要优势有：低廉的医疗服务成本，其平均卫生保健成本仅为美国的 20%。②医疗服务的质量和国际认可度较高，特别是在心脏和整形手术领域非常著名。③英语作为官方语言之一，为国际医疗提供了便利。④以阿育吠陀医学、顺势疗法和瑜伽为特色的传统医学知名度和吸引力较强。

新加坡的国际医疗保健中心由临床医疗中心与经济医疗中心这两部分构成。新加坡发展医疗旅游有以下优势：①领先的医疗水平。②安全开放的环境：频繁的国际交流、安定的社会、多元种族的文化和多种语言通行的环境。③先进的医疗科技，包括"达芬奇"机器人手术系统、阳离子放射扫描技术、磁共振聚焦超声手术系统等。④医学研发和教育培训中心。⑤政府明确的医疗旅游发展导向和政策支持。

7.1.3　中国大健康产业的发展现状及特点

2014 年被认为是我国大健康产业的发展元年，一系列围绕着健康医疗服务的相关政策纷纷出台，产业技术创新如火如荼，市场探索愈加深入，产品形态智能、多元、方便，大健康服务行业的边界在广度上不断延伸，硕大的产业"蛋糕"逐渐聚合并形成雏形。大健康产业不同领域的发展现状和特点分别如下。

1. 新医药产业方兴未艾

新医药产业以新技术、新工艺、新剂型、新装备等的开发应用为特征，立足优势基础，加大科技创新和技术改造力度，提升技术和装备水平，提高区域及企业核心竞争力，优化产业结构，不断增强发展新优势，实现医药产业的转型、升级。新医药产业以基因生物技术、信息技术、新型制药技术等相关高新技术为主，重点在生物技术药、化学创新药、现代中药、生物医学工程等领域开发具有自主知识产权、重大非专利仿制药、通用大品种药、附加值高的创新药物及高端医疗新产品。

1）中药、民族药产业

我国中药、民族药因其独特的临床疗效、显著的预防保健作用和相对低廉的诊疗费用，特色优势日益突出。我国 55 个少数民族地区，近 80% 的民族有自己的药物，其中有独立的民族医药体系的约占 1/3。由国家药品监督管理局经专家评审将 435 个民族药地方标准转为国家标准，其中包括苗药 154 种、藏药 106 种、蒙药 50 种、傣药 35 种、维药 9 种。

2）化学药产业

化学药产业逐步成为中国医药产业结构发展和优化的中坚力量,根据国家权威机构对中国医药产业结构的统计,化学药占 50.2%,中药占 21.6%,生物医药占 11.1%,其他占 17.1%。目前,化学合成药物继续占据主导地位,且 90%属于小分子药物。化学药研发呈现药物剂量不断降低的趋势,培育具有国际竞争优势的特色原料药品种,也将成为新的化学药种类构成的重要部分。

3）生物制药产业

生物制药的特点是药理活性高、毒副作用小、营养价值高,具有较高的安全性、盈利水平和较好的市场前景,我国已将其列为发展重点。"新医改"和"新农合"的全面推进,为生物制药产业释放了广阔市场。

4）医疗器械产业

我国医疗器械产业发展速度惊人,带来了巨大的经济效益和社会效益。我国已经建立了较为完善的科研开发、工业生产和质量管理体系,医疗器械市场规模已从 179 亿元（2001 年）突破到 2 000 亿元（2013 年）,涌现了一批医疗器械龙头企业（如山东威高、东软、乐普等）。围绕重点开发领域,增强我国医疗器械质量安全保障能力,促进医疗器械行业结构调整和产业升级,将是我国医疗器械产业发展的方向。

2. 老年健康产业前景商机无限

1999 年,中国已经进入老龄化社会,2013 年,全国 60 周岁及以上人口占全国总人口的 14.9%,中国老龄化速度之快使社会、经济和文化产生了一系列变化,市场上老年用品、交通辅助用品、体育健身用品、体育健身用品、体育健身用品、家电电子用品等产品涌现,老年家庭病床护理、健康咨询、老年医疗护理等服务也日渐兴起,中国的老年健康拥有广阔的前景。

3. 营养保健品行业迎来发展"黄金期"

在如今社会环境日渐恶劣、工作环境压抑的情况下,人们亚健康开始蔓延,据统计,2013 年中国慢性病患病率已达 20%,死亡数已占总死亡数的 83%。消费者的健康意识逐渐加强,从治病开始转向预防,注重养生保健,追求绿色食品,营养保健品已不再是高端消费品和礼品,转而变为膳食营养补充的必选品。而早在 2010 年,光明食品集团就看出保健品行业未来发展潜力巨大,在云南启动了全国最大的铁皮石斛全产业链项目。据中国保健协会数据统计,2010~2014 年,中国保健食品行业销售额从 2 600 亿元增加到约 4 000 亿元,年均增幅 10%～15%,到 2020 年,营养保健食品人均消费预计将达 300 元，市场总容量突破 4 500 亿元。可以看出，营养保健品行业将进入高速发展的"黄金期"。

4. 休闲养生成为大健康产业新亮点

随着经济的发展和生活水平的提高，人们对生活质量的要求越来越高，国人已迈入"休闲时代"，对健康消费的需求日渐强烈，旅游、健身、娱乐等行业迅猛发展，休闲养生产业也在这一环境背景下应运而生，成为未来经济增长的新亮点。

5. 医疗服务产业亟待改革

目前，我国医疗卫生事业存在着投入总量少、基本医疗保险费用的实际使用效率低下、收费不合理、服务水平低等问题。在我国，老百姓自费的卫生费用只占总卫生费用的 1/3，而日本老百姓自费费用只占了 12.8%，医疗机构、人才和经费在大中城市和广大乡村的分配极不均匀，所以，医疗改革最主要的目标就是有效减轻居民就医的费用负担，切实缓解看病难、看病贵的问题，促进医疗服务产业健康、快速发展。

7.2　贵州大健康产业的发展优势及目标前景

贵州省委、省政府根据贵州有以中药、民族药为主的传统优势产业，提出将大健康产业作为战略性新兴产业之一，将其发展、巩固和壮大，培育新技术突破新医药衍生产业，努力形成具有贵州特色的新医药产业体系。

7.2.1　贵州大健康产业发展的优势及存在的问题

随着大数据信息技术、生物基因技术和纳米材料技术等新技术革命的推动，全球医药和健康养生等产业发展的如火如荼。贵州省委、省政府深刻领会国发〔2012〕2 号文件精神，认真贯彻落实习近平总书记牢牢"守住发展和生态两条底线"重要指示要求，牢牢把握新技术革命和产业革命的新形势，立足贵州省资源禀赋优势，提出把大健康产业作为大数据产业的"姊妹篇"来抓，加快培育成为贵州新的经济增长点。2014 年 12 月 13 日，贵州省大健康产业联盟成立，涵盖大健康产业链生产、医疗、保健养生、科研、流通、服务等环节的相关企业，是一个为企业服务、以推动贵州经济发展为目的的多资源集合组织。

大健康下各产业发展状况及优势如下。

1. 新医药产业

贵州中药资源极其丰富，是全国四大中药产区之一，素有"天然药物宝库"之称。2013 年实现产值 294.61 亿元，同比增长 28.5%，占全省工业比重 3.7%。生物医药已经形成以现代中药、民族药为代表的具有国际水平的原创性新药开发平台 3 个，中药、民族药新药（6 类以上）投放市场 4 个，建成规范化种植示范基地 7 个，建成中药材交易市场及物流中心 3 个，通过良好农业规范（Good Agricultural Practices，GAP）认证品种 4 个，人工种植及野生保护中药面积达 375.29 万亩；建立了高原山地动物遗传育种与繁殖省级共建重点实验室，建设了贵州地方遗传资源信息库、基因库，特优畜禽育种体系及配套相关设施、畜产品安全检测体系、生物饲料兽药研发机构和团队等。

2. 医疗服务产业

随着我国医疗体制改革不断深入，基本医疗保障制度、国家基本药物制度、基层医疗卫生服务体系建设等均取得了重大进展。截至 2013 年年底，贵州省每千人拥有卫生机构床位数为 3.8 张，每千人拥有卫生人员 5.19 人，每千人拥有卫技人员 3.63 人，每千人拥有执业（助理）医师 1.3 人，每千人拥有注册护士 1.39 人；总诊疗 12 664 万人次，入院人数 654 万人，出院人数 646 万人；城乡基本医疗保险实现全覆盖；同时，2013 年还启动实施了城乡居民大病保险试点、省内异地就医即时结算试点，医疗卫生服务水平明显提升。

3. 保健品产业

随着消费者对健康的重视，医疗保健品产业也发展迅猛。截至 2014 年年底，全省保健食品生产企业 28 家，包括贵州阿斯麦保健品有限公司、贵州苗一堂药业有限责任公司、贵阳润丰制药有限公司、贵州百灵企业集团制药股份有限公司等。在保健用品方面，2010 年起，针对保健用品行业的混乱状态，贵州省对保健用品实行卫生许可证管理，促进了保健用品产业的规范、有序发展。目前，全省共有近百家保健用品生产企业，生产 500 余种保健用品，年产值近 10 亿元，年上缴税费近亿元，提供了近万个就业岗位。

4. 健康管理服务产业

据贵州省医学会健康管理学分会的调查，目前贵州全省的健康管理机构有 52 家，以公立医疗机构为主，占总数的 94%，私营机构仅数家，主要集中在贵阳、遵义、毕节等地；从业人员从 2006 年以前的不足 100 人增至目前的 2 000 多人。此外，接受健康管理服务的人员数量逐年提升，从 2003 年的 1 000 人发展到 2014 年的 20 000 人，接受体检的企事业单位员工总人数超过 30 万人次/年（2013 年数据）。健康管理服务产业除可观的经济收益外，其产生的社会效益也极为明显，既培养了人们参与健康管理的意识，更提高了全省居民的健康素养。而在健康养生旅游方面，贵州目前尚未形成完整的健康旅游产业体系，但未来发展潜力巨大。

贵州大健康产业的发展还存在着如下问题。

1) 新医药产业竞争力有待进一步增强

一是中药材种植业虽已形成一定规模，但资源利用率不高。贵州作为中药材资源大省，资源尚未得到充分利用，中药材实际外销量很小。2012 年，贵州省药品生产企业生产使用的中药材约为 4.6 万吨，从省内购入只占 20.9%（0.98 万吨），从外省购入达到了 79.1%（3.7 万吨）。

二是多数企业规模较小，外资企业偏少。目前，贵州新医药产业多数为中小型企业，企业规模总体偏小，相当数量的企业生产水平未达到规模化、经济化。同时，贵州新医药产业中，港、澳、台资企业和外商投资企业偏少，仅占 5.9% 和 2.6%。

三是结构失衡，化学药、生物制品亟待跨越式发展。总体来看，贵州省新医药产业存在结构性缺陷。一方面，全省医药产业仍以中药、民族药发展为主导，规模以上制药企业化学药仅占贵州制药工业总产值的 10% 左右，且产品品种老化、单一，产能严重不足。另一方面，贵州省生物制品企业少，业务也仅涉足血液制品与人神经生长因子方面的生产。

四是新药研发压力大，投入强度及建设力度需进一步加强。进行新药研发是需要大量资金投入的。据调查，贵州省 92.2% 的医药企业新产品研发都来源于企业自有资金。2009~2013 年，贵州省药品生产企业平均自主创新投入占销售收入的比例分别为 2.1%、1.9%、1.9%、2.3% 和 2.1%，而国际上先进跨国药企的平均水平在 15% 左右。贵州省新医药产业整体缺乏市场竞争价值较高的新药，研发建设力度亟待进一步加强。

2) 养老养生产业基础设施相对落后，扶持配套政策还不完善

贵州具有良好的生态环境和丰富的旅游资源，在发展养老养生产业方面具有得天独厚的优势。同时，养老养生产业是环境友好、生态友好、经济效益好、社会效益突出的产业，完全符合"守住发展和生态两条底线"的要求；将其作为贵州未来经济发展的绿色增长极之一，不仅具有现实可行性，也是符合历史发展规律的。

在养老产业方面，截至 2013 年年底，贵州省已建立各类养老机构 1 232 个，设置床位 8 万张，其中民办养老机构 88 个，床位 6 661 张，但仍然供不应求，而且存在设施简陋、布局不合理、服务方式单一等问题。

而在养生产业方面，尽管当前贵州全省上下已经意识到了其养生产业的巨大潜力，但当前只有少数地方政府及企业进入这一行业，同时由于受基础设施落后、市

场分散、人才培养不济、技术低下、企业体量小、资金筹集难、技术引进难、团队培养难、经营管理水平低等因素的制约，产业发展迟缓。尽管《贵州省健康服务业发展规划（2014—2020 年）》正在加紧制定，并且将对发展医疗卫生、健康管理、健康保险、健康养老、休闲健身养生服务，以及利用大数据、云计算等技术加强健康服务信息网络建设，提出具体发展思路、目标和建设重点，并对相关支撑性行业提出建设任务，但具体的扶持配套政策依然还没有提上议事日程。

3）大健康概念尚未普及，大健康产业还处于初级起步阶段

大健康产业的价值和发展潜力是毋庸置疑的。贵州独一无二的地理优势决定了贵州具备非常优厚的地域性健康养生条件，以自然风光、人文景观和民俗风情交相辉映的独特养生资源将随着全省旅游业、特色农业、中医药（民族医药）产业的快速发展而逐步显现出不可替代的比较优势，大健康产业必将形成良好的竞争力，为健康养生产业发展提供良好的支撑。但不可否认的是，尽管国外不少大型企业已经开始"试水"大健康产业，但我国大健康产业相比发达国家依然发展滞后，而贵州更是面临着大健康概念尚未普及，人们治病意识强但防病意识弱、保健意识差等诸多问题，大健康产业市场还处于初级起步阶段。

7.2.2　贵州发展大健康产业的基本思路

在新经济发展新常态下，大健康产业方兴未艾，大健康时代呼之欲出。大健康是大财富，健康是个人、家庭的财富，也是社会的财富，以人为本，身体健康是根本。只有拥有健康，才能拥有人生出彩的资本。现在，人民群众对健康、养生、长寿的需求，迫切需要我们创造大健康服务。

贵州是中共革命的福地，是生态保护的绿地，正在成为发展的一块宝地。近些年来，贵州积极主动适应新常态，与时俱进，经济增速持续居全国的前列，同时环境保护和生态文明建设持续向好。多彩贵州，治理污染的理念深入人心。在贵州赶超小康的过程中，因地制宜地选择发展产业，实现百姓富、生态美的有机统一，始终发展以大健康为目标的医药养生产业是贵州的战略选择。综合分析，贵州发展大健康产业，优势十分明显。

在总结贵州省"十二五"医药健康产业的基础上，结合贵州省发展实际，坚持"政府引导、市场主导、重点培育、梯次推进"的原则，以新医药和养老养生为核心，以深化医疗卫生体制改革为契机，以"产业聚集、强链补链、龙头带动"为抓手，加强产学研政合作，深化贵州省大健康产业和大数据产业的合作，利用信息资源优势促进贵州省大健康产业的创新发展，推动结构调整，整合发展资源，提升创新能力，全面实施大健康产业现代化战略，推动产业跨越式发展。

为了实现集聚发展，推广贵州大健康产业发展范围，打造"新医药产业圈"和全国一流的新医药产业示范区，贵州省将以贵阳为核心，发展壮大益佰、龙里、修文、乌当、清镇等医药产业园，鼓励其他有条件的地区规范种植、开辟基地，在当地龙头企业的带领下因地制宜地发展特色医药产业。

为了顺应社会、经济和生态三者的平衡发展，坚守发展和生态两条底线，贵州将在发展新兴产业的同时推进医药产业结构调整，将"健康"的阐释范围扩大为身体健康、心理健康、生活健康、消费健康、生态健康、环境健康等，进一步发展养生保健食品产业、健康休闲旅游产业和健康养生服务产业，以区别于其他省份和地区的大健康医药产业。

为了实现大健康医药产业的跨越式发展，贵州省提出将特色发展、科技兴药、招商引智、行业整合这四者融合起来，在医药产业方面要依托医药产业发展积累，循序渐进地实现中药、民族药产业转型升级和优化，扶持生物制药、化学药等企业的创设和运营，提升其规模化和集约化水平；在养老、养生产业方面，要利用贵州环境、气候等优势，把以养老、养生为重点的"银发产业"放到更加重要的战略层面，强化产业基础设施建设。巩固壮大以中药、民族药为主的传统优势产业，支持现有大健康重点企业做大做强，大力引进一批有实力的省外大健康企业，培育扩张生物制品、化学药和医疗器械产业规模，大力突破新医药大健康衍生产业，促进贵州省产业整体素质快速提升。

7.2.3　贵州发展大健康产业的主要目标

在新医药产业方面，贵州省政府出台了《关于加快推进新医药产业发展的指导意见》和《贵州省新医药产业发展规划（2014—2017 年）》，提出贵州要明确大健康产业的目标和路线，加快推荐医药行业产业调整升级，到 2017 年，贵州医药产值将达到 800 亿元，相继建立 5 亿元、10 亿元、20 亿元、50 亿元、100 亿元级医药大集团；培育 1 亿元级医药大品种 40 个，5 亿元级医药大品种 30 个，10 亿元级医药大品种 10 个，20 亿元级医药大品种 3 个。到 2017 年，加快结合中药和中西医现代化的融合，进一步巩固药食两用产品跨越发展。

在养生产业方面，贵州加快构建综合健康养生圈，形成一批生态企业，文化企业组团，努力打造"冬去海南，夏来贵州"的旅游独家模式。希望更多的企业家、艺术家、科学家将贵州作为大本营，进行工作、疗养，让身体、心灵放松，让创新的灵感可以迸发。贵州着力培养龙头企业，鼓励百名神奇等现有企业加快发展，支持修正华大基因等新引进企业落地生根，吸引更多国内外优秀企业来黔投资，让各类企业茁壮成长。贵州本土企业并入了三九健康网,运用大数据手段打造面向未来的互联网医院也是一次积极的探索。

立足贵州环境资源禀赋,要以新医药和养老养生为重点,产生一批在全国有影响力的龙头企业,完善大健康产业发展的基础设施,建立一套促进大健康产业可持续发展的管理体制和运行机制,把大健康产业发展成为贵州省战略性支柱产业之一。争取到 2020 年,大健康产业总产值达到 1 200 亿元,增加值达到 500 亿元,主要指标年均增幅 30%以上,并且形成 2~3 家年产值在 100 亿元以上、4~5 家年产值在 50 亿元以上、10 家年产值在 20~30 亿元的以新医药和养老养生为主的大健康产业龙头企业。到 2025 年,大健康产业总产值达到 2 500 亿元,产业增加值达到 1 000 亿元。

为了推进大健康产业发展,贵州省从三个方面加以努力:一是大力发展保健养生产业,重点发展休闲养生、健康养生、温泉养生等四大产业,推动大健康与文化旅游深度融合。二是大力发展运动健身产业,重点发展山地户外运动和水上运动,建设重要的全国知名的户外运动中心。三是大力发展健康管理服务产业,重点发展远程医疗、穿戴设备、技术交流、健康咨询等新业态,充分发挥大数据在医药行业的管理价值,让大数据为大健康服务。贵州要积极培育产业集群,大量发展以"医"为支撑的医疗产业,重点发展中医药种植、药品研制、医疗企业制造,做一些特色中药材,做生物药、化学药、民族药等品牌,做先进的医疗设备等装备制造,成为大健康时代的先行者。

7.3　贵州发展大健康产业的重点及空间布局

贵州发展大健康产业,不但要从全局上构建产业系统,而且要基于贵州的自然环境优势和资源禀赋情况,重点发展民族生物医药、养生保健食品、健康休闲旅游和健康养老服务四类产业,并在全省范围内实现科学布局、重点发展。

7.3.1　民族生物医药产业的发展及空间布局

1. 产业界定

生物医药产业是当今世界最有活力和发展前景的产业之一,是综合了生命科学、生物技术、传统医学和现代医学,甚至物理学、计算机学等多种学科理论,由生物技术产业和医药产业组成的产业。生物医药产业的类别如表 7-3 所示,它主要是研究发明医治、诊断、预防各种重大疾病,以治疗人体疾病、保障身体健康为主要目标,通过共享药理研究中心、生命检测中心、生物制药车间、生化实验室等技术平台和生物技术原理、药理药性数据、安全监测数据等基础资源，面向同一市场，相互结合和促进逐步形成产业化，目前发展潜力巨大，对国家经济发展的意义也是十分重大的。

表 7-3　生物医药产业的类别

重点行业	重点领域
现代中药	中成药
	中药饮片
生物制品	基因工程药物
	诊断试剂
	抗体
	疫苗
	血液制品
化学制剂	精神系统药物
	抗肿瘤及免疫刺激剂
	消化系统及代谢药物
	抗感染药物
	心血管药物
医疗器械	影像诊断设备
	牙科器械
	骨骼及植入性医疗器械
	耗材
	其他

2. 贵州省民族生物医药产业发展重点

生物医药产业是环境友好型、生态友好型的产业，技术含量高，经济效益好，对调整优化经济结构、加强环境保护和生态修复具有积极的促进作用。贵州省民族生物医药产业发展以贵州特色苗药为主，2014 年以苗药为主的民族医药产值为 320 亿元，该产业重点开发中药现代制剂、民族药、绿色生物保健品及新型疫苗和诊断试剂等医药，以及生物育种、生物肥料、生物农药及生物填料等产品，积极推进生物技术、生物制药等技术，在对疾病发病机制的研究的基础上加大对生物医药企业的原始创新，同时，还要拓宽原始创新的点和面，进行生物医学工程和生物技术产品的研发和应用，并且实现生物医药产品质量标准体系和生产质量管理体系的制定和升级。

3. 贵州省民族生物医药产业重点项目

贵州省民族生物医药产业重点项目如表 7-4 所示。

表 7-4　贵州省民族生物医药产业重点项目

重点项目	重点项目开发内容
中药新品种开发	依托贵州益佰制药股份有限公司开展中药创新品种研究及产业化，以地产药材为原料，在心脑血管、肿瘤、妇科疾病、呼吸系统等方面研制高水平现代中药病进行临床试验
重点项目	重点项目开发内容
血液制品开发	依托贵阳黔峰生物制品有限责任公司等企业，实施血液制品开发，开发人血白蛋白、静注人免疫球蛋白、特异性免疫球蛋白、凝血因子类产品
抗氧化剂系列生物提取产品产业化	依托都匀开发区等，实施生物提取产品开发，实施抗氧化剂系列生物提取产品产业化
抗乙肝一类新药的研发	依托中国科学院贵州省天然产物化学重点实验室等，通过对贵州苗药的深度开发，实现抗乙肝新药研发与产业化
新药五类毛子草片研制	依托中国科学院贵州省天然产物化学重点实验室等，开发针对胆结石、胆囊炎的具有地方民族药特色的特效药

4. 贵州省民族生物医药产业区域布局

贵州要做强做优生物制药，培育发展生物制药，形成贵州省民族生物医药产业区域布局，构建特色鲜明、结构优化、竞争力强的生物医药产业体系；要以泰邦、中泰、泛特尔等企业为依托，引进优强企业和新技术，发展胎盘多肽注射液、人凝血酶原复合物、乙型肝炎人免疫球蛋白、人神经生长因子注射液等生物制品。

7.3.2 养生保健食品产业的发展及空间布局

1. 产业界定

健康养生产业是医药养生产业的重要组成部分，保健食品产业是指声称不以治疗疾病为目的、具有特定保健功能的调节机体的食品产业。养生保健食品产业融合了医疗服务、大数据信息服务、健康管理、健康保险服务等配套服务，主要包括休闲养生、保健用品、营养食品、医疗器械、保健器具、健康咨询。随着贵州省委、省政府确定把新医药产业作为大数据产业"姊妹篇"来打造，中药衍生行业逐步成熟，产业链不断完善，人们在健康养生理念方面逐渐达成共识，中草药饮料、中药饮片、中药日化、中药保健品畅销大热，成为引领大健康产业壮大的中坚力量。

2. 贵州省养生保健食品产业发展重点

贵州在保健食品产业上，注重保健品的研发，重点发展以大宗地道中药材、"药食同源"为原料的营养素补充剂、保健食品等系列产品。在养生休闲方面，2015年贵州省政府印发的《贵州省健康养生产业发展规划（2015—2020 年）》指出，贵州是森林之省、千瀑之省、百草之乡，发展健康养生产业具有得天独厚的优势和良好的基础条件，以自然生态环境为依托，积极发展休闲旅游、养生养老等产业，将着力发展休闲养生、滋补养生、康体养生和温泉养生四大健康养生业态，建立和完善大健康产业链。

3. 贵州省养生保健食品产业重点项目

贵州在养生保健食品产业方面，积极引进国内外健康管理、绿色食品、商业健康保险等项目和理念，加快养生产品市场平台建设，建设"健康云"平台，在大数据背景下构建健康养生产业，开发面向公众服务的业务系统，探索可能的商业模式。贵州以展会、"淘宝贵州馆"和"京东贵州馆"等为突破口，引导企业、经销商借助互联网平台发展公众在养生健康产业的新型的消费模式，标志着贵州"7+N"云工程建设中的"电子商务云"项目迈出了实质性步伐。

4. 贵州省养生保健食品产业区域布局

由于消费者越来越重视健康养生理念，贵州依托自身资源特点，在健康养生产业方面加快形成"一圈、五区、多组团"的空间布局。

1）一圈：黔中综合健康养生圈

贵州在贵阳、贵安、安顺、龙里等地进行健康养生产业的引领示范，将避暑度假、休闲体验、健康养老、医疗保健等形式的服务融为一体，打造"冬去海南、夏来贵州"的旅游度假模式，积极发展旅游度假产业，拥有贵阳避暑养生、贵安健康养老、安顺休闲养生等区域性品牌，为全省健康养生基地提供终端服务直至推广到全国。

2）五区：梵净山、娄山关、苗岭、亚高原和马岭河–万峰湖

梵净山生态养生特色发展集聚区、娄山关避暑养生特色发展集聚区、苗岭民族

养生特色发展集聚区、亚高原康体养生特色发展集聚区、马岭河峡谷-万峰湖水体养生特色发展集聚区，是贵州特色发展的精品区域。

3）多组团：遍布全省的健康养生组团

贵州的健康养生组团遍布全省各地，主要有石阡-剑河温泉疗养组团、荔波-三都喀斯特生态体验组团、赤水-习水丹霞生态体验组团、丛江-榕江侗族健康养生文化体验组团及其他各具特色的健康养生组团。

7.3.3　健康休闲旅游产业的发展及空间布局

1. 产业界定

休闲旅游以旅游资源为依托，主要目的是休闲、游览、观光，使人们在优美的自然景色、良好的生态环境中释放烦恼、寄情山水、放逸身心，有益于人们的身心健康，并能够为人们带来心灵的愉悦。而健康休闲旅游产业不是完全依赖简单的以自然生态环境为依托的旅游产业，而是需要通过健康教育、运动保健等项目和活动来促进旅游业与养生的融合，达到休闲养生、促进健康的目的，贵州发展健康休闲旅游产业也是一种生态旅游与养生旅游有机结合的旅游产业形态。

2. 贵州省健康休闲旅游产业发展重点

贵州由于地理环境的特殊性，在发展健康休闲旅游产业方面，首先要重点加强交通基础设施建设、旅游基础设施与公共服务体系建设和旅游服务要素建设，着力改善贵州省旅游可进入条件；其次要转变发展方式，实现旅游业的优化升级，摒弃单一的观光产品，实现单一旅游产品向多元旅游产品转变，实施骨干旅游区深度开发与转型升级、新产品与新业态培育工程、四季旅游开发工程、产业融合并发展新兴优势领域；在宣传方面，继续强化旅游宣传促销，促进市场深度开发与营销体系建设，在人才、信息化等方面取得突破；最后，在改善旅游产品服务的过程中，还要重点加强旅游商品的研发、加工、展览、销售一条龙体系建设，建设一批度假区，扩大旅游商品规模，形成一批具有贵州特色和市场竞争力的旅游商品品牌。

3. 贵州省健康休闲旅游产业重点项目

贵州省将建成特色化、精品化、高端化旅游产品体系，国家5A级旅游景区百里杜鹃景区，国家4A级旅游景区新增玉舍森林公园、赤水竹海和国家生态旅游示范区荔波漳江等，全省旅游发展进入了项目化、实物化、产业化的新阶段。通过部署上重实效、引领上抓规划、项目上抓示范、推动上建机制、要素上抓协调、氛围上造声势、招商上下工夫，100个旅游景区建设成效明显，新增全国4A级旅游景区13个，其中，推出黄果树陡坡塘-半边街慢游道、开阳十里画廊布衣十三坊、南江漂流码头接待中心和滑槽个性漂流项目等 23 个涵盖生态观光、文化体验、运动休闲、避暑度假、汽车露营、观光农业等业态的旅游新景点、新项目。

4. 贵州省健康休闲旅游产业区域布局

贵州健康旅游休闲主要集中在六个区域,这六个综合旅游区分别是贵阳、安顺、凯里-镇远、黎平-从江-榕江、荔波、兴义-安龙

（1）综合旅游区 A：贵阳。该旅游区以省会贵阳市区为基础和依托,包括贵阳市所属区、县（市）和黔南州的龙里、惠水两县。

（2）综合旅游区 B：安顺。该旅游区包括安顺市的西秀区、平坝、镇宁、关岭、普定等县和六盘水市六枝特区的部分地区。

（3）综合旅游区 C：凯里-镇远。该旅游区覆盖了黔东南自治州北部大部分地区,除凯里和镇远外,还包括施秉、黄平、台江、剑河、三穗、雷山县及麻江、丹寨、天柱、岑巩的部分地区。

（4）综合旅游区 D：黎平-从江-榕江。该区域位于贵州东部,包括黔东南州的黎平、从江、榕江县和锦屏县的部分地区。该区侗族人口占多数。

（5）综合旅游区 E：荔波。该区域位于贵州南部,主要包括黔南州的荔波县和三都县的部分地区,以及黔南州的最南部。

（6）综合旅游区 F：兴义-安龙。该区域位于贵州的西南部,包括黔西南州的首府兴义市和安龙县,该区布依族人口最多。

7.3.4　健康养老服务产业的发展及空间布局

1. 产业界定

随着中国人口老龄化的趋势,人们越来越重视在健康养老这一产业的消费。健康养老服务业由健康服务和养老服务两大块组成,其作为现代服务业的一部分,具有公益和商业双重属性。从产业类型来说,健康养老服务业是一种劳动密集型产业,由很多产业综合而成,具有地域性,在发展的同时需要吸纳大量的劳动力;从产业结构来说,健康养老服务业涉及医疗服务、康复护理、养老保险、老年用品、老年健身、健康食品、休闲娱乐等众多产业,是一项辐射面广、产业链长的综合产业,有利于促进经济增长和经济结构的转型升级,将成为贵州新的经济增长点。

2. 贵州省健康养老服务产业发展重点

贵州省发展健康养老服务产业重点在于,在切实加强农村养老服务的同时健全完善城市养老公共服务设施;大力推进居家和社区养老服务,不断加快养老机构建

设，推进医疗卫生与养老服务融合发展；在加强贵州自身的养老服务产业建设的同时，还要加强消费者对健康养老的重视，繁荣养老服务消费市场，打造健康养老服务产业链。

3. 贵州省健康养老服务产业重点项目

贵州健康养老服务业重点发展养老信息化服务示范项目，该项目可为老人提供家政服务、医疗保健、送餐服务、心理疏导、健康养护、法律维权、紧急救援等信息化服务，并提供代买、代缴费等服务。

在健康养老服务产业的发展中，将养老床位增长任务作为全省民政事业发展重点目标任务，量化分解到各市州，确保目标任务落实到位，并且对全省民办养老机构和日间照料给予建设补助，对民办养老机构给予床位运营补贴。

4. 贵州省健康养老服务产业区域布局

贵州省已经建成了铜仁市老年公寓、毕节市老年养护楼、遵义市老年养护楼、万山区老年养护楼、乌当区中心敬老院、观山湖区养老服务中心等一批国办养老机构。铜仁市、毕节市、六盘水市制订了农村幸福院项目专项计划或实施意见，明确农村幸福院建设三年行动计划。

第8章 以高新技术为导向的新材料产业发展

材料工业是国民经济发展的基础,而在材料工业中,新材料更是材料工业发展的先导,在战略性新兴产业中具有重要地位。新材料类别繁多,品种浩瀚,用途广泛,属于知识密集、技术密集的高科技产品。为实现跨越式发展,贵州应坚持以高新技术为导向,集中优势资源,大力发展新材料产业。

8.1 新材料产业的发展现状及特点

材料工业是国民经济的基础产业,新材料是材料工业发展的先导,新材料产业的发展有助于引领材料工业升级换代和推动战略性新兴产业的培育和发展。

8.1.1 新材料产业的发展概述

新材料是指新出现的或正在发展中的、具有传统材料所不具备的优异性能和特殊功能的材料,或采用新技术使传统材料性能有明显提高或产生新功能的材料,主要包括特种金属功能材料、高端金属结构材料、先进高分子材料、新型无机非金属材料、高性能复合材料和前沿新材料六大领域(图8-1)。与传统材料相比,新材料产业技术高度密集、更新换代快、研究与开发投入高、保密性强、产品的附加值高、应用范围广。作为战略性新兴产业之一,新材料产业被定性为"国民经济的先导产业",既能有效推动传统产业转型升级,又是战略性新兴产业发展的基础核心。

近年来我国新材料产业发展取得了举世瞩目的成就,产业技术水平日益提高,产业规模不断扩大。在钢铁、有色金属、化工、建材、轻工、纺织等传统材料行业,通过自主创新和技术引进,产品结构不断完善,为国民经济的高速、持续发展提供了可靠的保障,奠定了我国成为世界材料大国的地位。在电子信息材料、生物医用材料、新能源材料等领域,新材料的技术发展水平和产业化运用水平也已取得了关键性的突破,为我国以信息、生物、新能源、航空航天等为代表的高技术产业奠定了基础,逐渐形成和壮大了具有自主创新能力的新材料产业体系,为我国实现历史性的跨越发展提供了强有力的支撑。

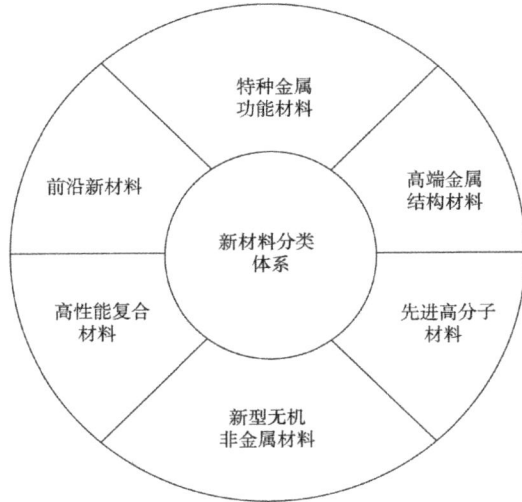

图 8-1　新材料分类体系

　　为了加快培育和发展贵州战略性新兴产业，突出战略性新兴产业所带来的支撑作用，贵州要重视新材料产业发展状况，推动贵州新型工业化发展道路，促进产业转型升级，把资源优势转化为经济优势，达到促进经济整体发展的最终目的。贵州省自然资源丰富，有发展地方特色化的新材料产业的基础，目前，贵州在省政府的支持下，已形成贵阳、遵义和福泉三个国家级新材料产业基地，产业规模也在进一步地扩大。鉴于贵州在建筑建材业已经有了比较好的发展基础，且省委、省政府把以节能、低碳、环保为主导的新型建筑建材业作为新的战略性新兴产业，因此，我们也将其纳入新材料产业进行研究。

　　新型建材是指采用新工艺、新设备、新技术生产的具有优异性能，节约能源和资源，有利于环保并可回收利用的建筑材料，可分为新型墙体材料、化学建材、高效保温隔热材料、树脂基复合材料（玻璃钢制品）、高新技术玻璃及制品、高性能混凝土和新型装饰材料等。

　　新型建材具有轻质、高强、可大型预制、节土、节能、利废、环保、节约资源、高性能、多功能等许多优点，建设新型建材产业是实现可持续发展战略的必由之路。随着我国科学技术的发展和经济实力的增强，高新技术不断地向建材领域渗透，建材高科技产品不断涌现，新型建材已成为新材料发展中具有活力、产业化前景看好的重要组成部分。

　　在现代高新技术产业迅猛发展的今天，传统产业要不断地随着市场需求的变化来调整产业结构，新兴产业要时刻保持其特有的技术创新优势，这都有赖于材料产业的发展来为其做铺垫。新材料作为高新技术的重要组成部分和高新技术及其产业发展的基础和先导，已成为当今世界发展最快和最具发展潜力的高新技术。

8.1.2　国外新材料产业的发展现状及特点

2000 年世界新材料产业规模额约为 4 000 亿美元。2007 年，增至 6 602 亿美元。2008 年为 8 246 亿美元，2009 年为 9 980 亿美元。2013 年全球新材料产业规模达到 17 200 亿美元。发展由新材料带动而产生的新产品和新技术的产业将具有一个更大的市场。

最近几年，国外新材料产业的发展呈现出如下的特点。

1）各国新材料发展水平高低不同

对世界各国来说，新材料产业发展参差不齐。一般来说，发达国家的新材料产业发展较为成熟，如美国、日本、德国、英国和法国等。在发展中国家中，俄罗斯发展处于领先地位，其次是韩国和新加坡，然后是中国、印度、巴西等，其他发展中国家的新材料产业发展较为落后，还有待提升。

美国凭借其强大的科技实力，新材料产业全面发展，全球领先。其新材料产业主要分布在五大湖区和太平洋沿岸地区，陶氏公司、道康宁、杜邦等公司都是全球领先的材料公司。

欧洲新材料产业整体发展水平较高，主要分布在西欧的德国、英国和法国等老牌发达国家，这些国家拥有一批实力雄厚的新材料跨国企业，如拜耳、默克、巴斯夫。

俄罗斯的矿产资源十分丰富，煤、石油、天然气、泥炭、铁、锰、铜、铅、锌、镍、钴、钒、钛、铬的储量均居世界前列，俄罗斯发展新材料产业有其自己的产业发展策略和注重点，其一方面特别注重航空航天材料、能源材料、化工材料、金属材料、超导材料、聚合材料等发面的发展，力求使它们在世界新材料产业中处于领先地位；另一方面，大力发展电子信息工业、通信设施、计算机产业等产业中所用的关键新材料，以确保这些产业能够给国民经济的发展带来一定的拉动作用。

日本材料科技战略目标是保持产品的国际竞争力，注重实用性，在尖端领域赶超欧美。日本重点开发出纳米玻璃、纳米金属、纳米涂层、纳米数据库等用于信息通信、新能源、生物技术、医疗领域的新材料。

韩国把材料科技作为确保 2025 年国家竞争力的六项核心技术之一。为力争在短期内成为世界新材料科技产业强国，韩国在 2025 年构想中列出了未来建立产业竞争力开发必需的材料加工技术清单，包括"下一代高密度存储材料、生态材料、生物材料、自组装的纳米材料技术、未来碳材料技术、高性能结构材料等"。

2）部分发达国家新材料领域资本运作体系成熟

新材料开发周期长、风险大，发达国家大多拥有完善的多元投融资体系带动社会资金投入新材料产业，投融资渠道包括政府直接拨款、设立产业基金、提供贷款担保、税收减免、提供长期低息贷款等。除了政府投入资金之外，在种子阶段和初创期，风险资本特别是天使投资的注入成为产业发展的引擎。美国通过给予天使投资税收优惠、创立天使投资网、实行规范化经营等方式，促进天使投资市场的发展。日本制定了一系列放宽和鼓励风险投资的政策，并颁布"天使税收待遇"条例，给予税收优惠，天使投资市场迅速在公共和私人领域发展起来，促进了日本新材料领域中小企业的迅速发展。

3）全球已经建立多个新材料创新中心

近年来，欧美等地开始创建材料的创新中心和创新工厂，以求进一步加快新材料的开发。例如，美国能源部为了促进技术向产业应用转移和转化，2012 年 5 月最新成立的"关键材料创新中心"是其中之一，其是基于能源部"关键材料战略"设立的，未来五年将投入 1.2 亿美元，开展"减量、替代、循环"（reducing、replacing、recycling，3R）研究，包括稀土等在内的关键材料将从"战略政策"层面走向"研发执行"，研究实体由"分散式"转向"集中式"。英国则投入 10 亿英镑科技资金用于建立欧洲首个材料创新工厂。该材料中心汇集来自多家高校及行业合作伙伴的研究人员，将开发对能源、家庭和个人护理、制药、基因组学、食品饮料、油漆和涂料及生物制造等行业至关重要的新材料，打造当前最先进的开放式设施。

4）碳纳米半导体材料展现替代潜力，逐渐向实用化进发

第一代半导体硅材料通过改变材料和器件的结构，如绝缘体上硅技术、多栅极晶体管技术和三维集成电路技术等，硅基半导体仍然能在一定程度上维持摩尔定律的发展。基于多栅极晶体管技术的 22 纳米工艺已经进入了量产阶段，2013~2014 年，硅基 14 纳米工艺产品将进入量产。

第二代半导体Ⅲ-Ⅴ族半导体材料目前在高频率晶体管领域应用较广泛，但作为逻辑电路晶体管材料仍然处于研究过程当中。Ⅲ-Ⅴ族半导体在集成电路中的实际使用可能将在 2015~2018 年实现。

第三代半导体碳化硅、氮化镓等已经在功率半导体器件领域逐渐商业化，但碳化硅功率器件目前成本较高，性能还有待进一步优化。

从碳材料的发展趋势来看，碳材料研究是最热门的新型半导体材料，最有希望

取代硅技术。经过近二十年的研究发展,碳纳米管已经取得了相当大的进步,以 IBM 为代表的美国、日本、欧洲企业,研究机构和大学在采用与传统半导体工艺兼容的技术大规模制备碳纳米管晶体管方面已经取得了突破,市场化进程也在加快。

5) 新型建筑建材业正成为新材料产业影响力越来越大的领域

随着近年来人们环保意识的加强,在新型墙体材料方面,研究方向主要集中在具有节能、节土、低污染、轻质化、配套化、易于施工、劳动强度低等特点的新型墙体材料。化学建材方面,塑料门窗正朝着绝缘性好、多颜色、视觉和触觉良好、复合化的方向发展;塑料管材的发展趋势是由重质向轻质发展,并且降低成本和开发新的应用领域;建筑涂料方面,其目前还是以水乳性涂料为主,无机高分子涂料、弹性涂料、粉末涂料、纳米材料等高技术成为未来发展的潮流。建筑涂料的发展趋势是重视基础材料和配方的研究,向无公害、功能型方向发展;新型防水密封材料方面,高分子防水卷材应用、复合化方向将呈增长趋势;新型保温隔热材料方面,发达国家以岩(矿)棉、玻璃棉制品和泡沫塑料为主导,具有防火性能的各种泡沫塑料、高耐水性的泡沫塑料等性能良好的保温材料和无氯氟烃的健康型保温板将获得较快发展。

8.1.3　中国新材料产业的发展现状及特点

我国把加快新材料及其产业的发展放在国家发展战略的重要位置上,大力发展对国民经济有重要支撑作用的新材料,特别是重点发展具有自主知识产权、可满足特殊需要且需求量较大、效益显著、实现产业化基础较好的新材料。

在国家政策的大力支持下,我国新材料产业发展取得了较大成绩。2009 年我国新材料产业规模达到了 5 031 亿元,同比增长 25%,2010 年新材料产业产值为 6 500 亿元,2011 年已达到 8 140 亿元。2013 年新材料产业产值为 12 700 亿元。据初步统计 2014 年新材料产业总产值达到 15 500 亿元,其中,稀土功能材料、先进储能材料、光伏材料、有机硅、超硬材料、特种不锈钢、玻璃纤维及其复合材料等的产值居世界前列。在城镇化和国家政策的推动下,我国新型建筑建材业也得到了较快发展。2011~2013 年我国新型建材行业工业总产值分别为 5 032 亿元、5 708 亿元、6 558 亿元,保持了 15%左右的增幅。总体来看,我国新材料产业呈现如下特点。

1) 部分关键技术取得重大突破

我国自主开发的钽铌铍合金、非晶合金、高磁感取向硅钢、二苯基甲烷二异氰酸酯(diphenyl-methane-diisocyanate,MDI)、超硬材料、间位芳纶和超导材料等的生产技术已达到或接近国际水平。

2）在新材料某些领域初步建立了产业体系

目前，我国在电子信息材料、先进金属材料、电池材料、磁性材料、新型高分子材料、高性能陶瓷材料和复合材料等方面形成了一批高技术新材料核心产业，促进了一批新材料产业的形成和发展，初步形成了完整的新材料产业体系。稀土功能材料、半导体照明、碳纤维、芳纶复合材料技术及其产业近年发展较快，在国际上占有重要地位。

3）产业集聚效应开始显现

目前，我国新材料产业集聚效应开始显现，初步形成了"东部沿海集聚、中西部特色发展"的空间发展格局，在北京、上海、西安、深圳、山东、重庆、武汉、江苏等地都已经形成新材料产业集聚区。

与国内其他区域新材料产业分布格局不同，宁波新材料产业非常集中和配套。产业间的相互支持和企业创新能力，再加上诺丁汉大学、宁波大学、中国科学院宁波材料所、北方材料科学与工程研究院等研发机构的支持，宁波新材料产业的发展拥有非常广阔的空间。针对宁波现有的材料基础和存在的问题，2013 年，宁波市委、市政府集聚大量高端人才和研发力量，以新材料科技城为基础，将研发成果辐射到县（市）区去，以此来推动宁波整个区域的创新驱动和转型升级。

4）国内支柱产业及高技术产业发展对新材料的需求不断扩大

机械制造业、电子信息制造业、汽车工业、建筑业等支柱产业的快速发展，需要原材料在质量、性能与数量等方面给予更高的技术支持，这些支柱产业的发展和高新技术产业的进步将带动新材料需求的增加，特别是电子信息材料以每年 20%~30%的速度增长，生物医用材料以约 20%的速度递增。新型能源材料、生态环境材料、航空航天材料、复合材料等新材料的需求将随着社会经济的发展而迅速增加。

5）新型建筑建材业成为新材料产业的主力军

建材工业是资源型产业，也是消耗工业固体废弃物、城市建筑垃圾和生活垃圾的重要行业。采用循环经济发展模式和绿色增长的发展理念，不仅有利于建筑建材业发展，还能为经济社会可持续发展和节能减排做出贡献。

城镇化建设和新一轮西部大开发促进了新型建材工业的发展。"十二五"期间的城镇化建设和西部大开发战略，以及加快交通、水利等基础设施建设的加快，对新型建材产生了大量的需求，推动了新型建材工业的发展。落后产能退出机制正逐步完善，加快了落后产能淘汰，国家关于建筑节能、墙材革新、禁止现场搅拌混凝土等的政策将进一步得到贯彻落实，促进建材工业结构加快调整和升级。

8.2　贵州新材料产业的发展优势及目标前景

新材料产业是国家重点发展的战略性新兴产业，也是贵州省加快培育和发展的16 个重点产业之一。新材料产业作为现代工业的基础产业，在贵州省新型工业化发展的进程中将会发挥出越来越重要的作用。

8.2.1　贵州新材料产业发展的优势及存在的问题

在《贵州省"十二五"新材料产业发展规划》的指导下，依托丰富的资源基础，贵州省新材料产业发展速度较快并呈特色化发展的趋势，总产值快速增长。2014年上半年，新材料产业中非金属新材料主营业务收入同比增长 63.54%，金属新材料中，全省累计完成铝型材生产 20.21 万吨，同比增长 85.8%。

受益于省内市场需求旺盛，2014 年贵州建材行业逆势而上保持了 25.1% 的快速增长，全省规模以上建材产业总产值达到 1 000 亿元，进入千亿元产业行业。

贵州省新材料产业主要集中在新型功能材料、先进结构材料、高性能纤维及其复合材料、前沿材料、新型建筑建材等领域。

1）新型功能材料

新型功能材料主要集中在新型能源材料及器件、新型膜材料及组件、高纯元素及化合物等领域，反渗透膜组件产量达 500 万平方米，磷系、锰系锂离子电池材料产量已达一万吨，高纯氟产量已达两万吨。

2）先进结构材料

先进结构材料主要集中在高品质特种钢铁材料、高性能有色金属及合金材料、工程塑料及改性材料等领域，华科铝材已取得耐热高强韧铝合金精准铸造厚板关键技术突破，贵阳特钢高速重载机车 EA4T 车轴钢产能已达 3 万吨，生产和加工技术处于国内先进水平，瓮福集团聚邻苯二甲酰胺（polyphthalamide，PPA）改性材料产能突破 10 万吨。

3）高性能纤维及其复合材料

高性能纤维及其复合材料主要集中在高性能树脂复合材料领域，贵州华鲁新材料科技有限公司正在投资建设国内最大的 100 万吨高性能树脂基复合材料生产基地。

4）前沿材料

前沿材料以石墨烯、超级绝热材料等纳米材料和高分子聚合物等智能材料为主。2013 年，贵州航天新力铸锻有限责任公司核电用特种镍基高温合金材料锻件研发与产业化、贵阳时代沃顿科技有限公司高性能聚合物水处理膜材料及组件研发与产业化两个项目，列入国家战略性新兴产业发展重大专项，获得国家 2013 年新材料研发与产业化专项补助资金一亿元。

5）新型建筑建材

2014 年前三季度，水泥产量达到 9 400 万吨，比 2013 年同期增长 20%。水泥工业技术装备和管理水平得到快速提升，产业技术结构调整完成。

节能、节土、利废、环保的新型墙材快速发展，工业技术工艺和装备水平不断提高，机械化、自动化程度进一步加强。到 2014 年年底，全省新型墙材产能达 300 亿块折标砖。

随着贵州高铁、公路、贵阳市轻轨等一批基础设施工程的建设，以及城市建设的快速发展，贵州预拌混凝土产量再创新高，2014 年前三季度累计产量 3 775.95 万立方米，比 2013 年同期增长 69.4%。目前，贵州商品混凝土市场正在向安全、绿色的方向发展，生产技术水平得到显著提高。

以塑料管材、型材和塑料门窗为主的化学建材得到较快发展，形成了联塑科技发展（贵阳）有限公司、贵州森瑞管业有限公司、贵州铭腾塑胶有限公司、贵州普定金铭实业有限公司等一批塑料管材、型材和塑料门窗生产的骨干企业。产品结构不断完善，形成了聚氯乙烯（polyvinyl chloride，PVC）、聚乙烯（polyethylene，PE）、三丙聚乙烯（polypropylene random，PPR）给排水管、双壁波纹管、螺旋缠绕管、冷热水管等产品系列。

新材料产业呈现快速发展的同时，也存在一些突出的问题。

（1）新材料产业链条不完整。钛及钛合金、铝及铝合金、锂电池材料等优势产品未能形成对下游产业的有效拉动，2014 年上半年，钛材料情况依然不容乐观，主营业务收入同比下滑 16.6%，导致金属新材料主营业务收入整体下滑 0.82 百分点。

（2）新材料产业两极分化水平逐渐拉大，导致产业整体增速下滑。贵州新材料产业的主要企业中，2014 年遵义钛业亏损面收窄 7.86 百分点，但市场低迷的情况仍未实现根本性好转。

（3）技术水平总体仍然偏低。企业自主研发水平不高，前沿领域新材料比重较低。大部分企业注重外延式的产能扩张，缺乏拥有自主知识产权的新材料产品及技术，从事材料精深加工的企业很少。缺乏高端技术人才，人才流动较大，布局比较分散。

（4）商业模式落后。大部分企业仍然是一栋办公楼加几间厂房的传统模式，缺乏现代商业理念，更缺乏商业模式上的创新。

8.2.2　贵州发展新材料产业的基本思路

面对产业结构调整的新形势，结合现有基础及产业发展需求，从提升产业层次的角度出发，按照"合理引导、高端定位、重点突破、梯次培育"的原则，充分利用贵州资源优势，抓住城镇化发展带来的机遇，重点发展金属及合金材料、无机非金属材料、新型化工材料、聚合物材料、新能源材料，电子功能材料、新型建筑建材等具有一定基础和比较优势的领域，加快淘汰落后工艺装备、淘汰缺乏竞争力的低档产品，加快开发综合性能高、资源消耗少、环境负荷低的新材料、新工艺和新技术，初步形成"研发—中试—成果转化—产业化"创新链，构建一批"原材料—加工—制造—制品"产业链，加大企业培育力度，打造一批新材料领域的品牌产品，大力培育发展以新材料产品开发和生产为主的高新技术企业，形成一批具有竞争优势的特色产业集群。

具体来说，可以着力实施"632"发展战略，所谓"6"是指重点发展高性能金属及合金材料、新型无机非金属材料、精细化工材料、高分子材料、电子信息材料、新能源材料六大领域，该领域分类与工业和信息化部《新材料产业"十二五"发展规划》六大领域分类略有差别。在今后工作中，将逐步按国家的分类方式开展工作；所谓"3"是指大力推进贵阳、遵义新材料高新技术产业化基地、福泉磷化工新型工业化产业示范基地三大基地建设；所谓"2"是指培育销售收入超过 10 亿元的新材料重点企业，使其数量达到"20 家"，最终形成以贵阳市、遵义市为代表的新材料产业聚集区，把贵州建成我国西部重要的区域特色新材料产业基地。

新材料重点发展领域主要任务如下。

一是高性能金属及合金材料领域。推动耐热高强韧铝合金系列材料、海绵钛及制品深加工、特种焊接材料、粉末冶金摩擦材料、高性能钢筋材料、高品质钎具材料、钢绞线及其制品、城市轨道交通，以及提速车辆弹簧钢、车轴钢、轮对、新型非调质等高品质特殊钢及制品产业化。

二是新型无机非金属材料领域。推进高强度陶粒支撑剂、先进陶瓷材料、硅系新材料、高性能耐火材料、棕刚玉磨料等的产业化。推进新型磷石膏砖、粉煤灰砌块、隔热保温节能型产品等的应用。

三是精细化工材料领域。推广湿法磷酸高效萃取净化成套技术、无水氟化氢自主研发技术。利用含氟硅渣联产高品质白炭黑和氟化铵，大力发展以电子级红磷为代表的食品级、电子级高端精细化工产品。

四是高分子材料领域。积极开展反渗透膜、纳滤、微滤的研发。推动聚合物基复合材料开发，降低成本，提高性能。开展光学聚酯膜用透明纳米浆料研发。大力发展光伏月聚对苯二甲酸乙二醇酯（polyethylene terephthalate，PET）膜、透明导电膜、电池隔膜材料、高性能纤维增强复合材料。

五是电子信息材料领域。加快推进电子浆料、封接玻璃、超高纯钛、高功率无铅正温度系数（positive temperature coefficient，PTC）发热体材料等电子信息材料产业化。

六是新能源材料领域。组织开展铝酸盐系、镍钴锰三元系、锰酸盐系等锂离子电池正极材料研发及其上游锰系基础材料及石墨、钛酸盐类负极材料产业化。推进太阳能电池掺杂剂产业化。

按照省委、省政府总体要求，以特色材料产业园区（基地）为载体，以重点企业为依托，重点推动贵阳、遵义两个国家级新材料高新技术产业化基地和福泉磷化工新型工业化产业示范基地持续建设，加快促进新材料产业集聚发展。

一是贵阳新材料高新技术产业化基地建设。重点建设白云、清镇铝及铝加工基地、贵钢新特材料循环经济工业基地、贵阳白云区聚合物材料基地、贵阳新添寨复合反渗透膜组件加工基地、贵阳（沙文）新材料新能源产业园、中电振华新材料新能源产业基地等。

二是遵义新材料高新技术产业化基地建设。重点建设遵义钛及钛合金精加工基地、遵义高性能钢绞线生产基地、遵义锰业精深加工基地、桐梓煤电化循环经济工业园、习水煤电化循环经济工业园。

三是福泉磷化工新型工业化产业示范基地建设。加快福泉市磷化工新型工业化产业示范基地、瓮安磷煤化工工业集聚区建设。

四是其他区域特色新材料产业化基地建设。重点建设六枝煤电化冶循环经济工业区，六盘水新型墙体材料加工基地，安顺红星精细化工产业园，铜仁大龙、松桃工业园，等等。

8.2.3 贵州发展新材料产业的主要目标

贵州发展新材料产业主要把新材料产业打造成具有重要影响力和区域特色的新材料产业基地，使贵州的新材料产业集聚，并拥有一定的产业规模和自主创新能力，最终建立起配套较齐全的新材料产业体系。到 2020 年，新材料产业（不含新型建筑建材业，下同）实现工业总产值 650 亿元，工业增加值 300 亿元；到 2025

年，实现工业总产值 1 300 亿元，工业增加值 600 亿元。贵州将以企业为主建立工程技术研究、工程实验中心、重点实验室等多个中心。同时，构建以生产力促进中心、创业服务中心、成果转化平台、科技情报研究机构和大学科技园为核心的服务网络，到 2020 年，力争建成类似机构 240 家。

在建筑建材业方面，把新型建筑建材业打造成为以节能、环保、低碳为主导，在西部地区有较强竞争力，在新型城镇化进程中发挥重要支撑作用的战略性新兴产业。到 2020 年，全省新型建筑建材产业总产值达到 500 亿元以上，增加值达到 200 亿元，新型建筑建材的比重达到 30%左右；到 2025 年全省建材产业总产值达到 1 000 亿元，增加值达到 400 亿元，新型建筑建材的比重达到 50%左右。

8.3　贵州发展新材料产业的重点及空间布局

贵州新材料产业主要包括新型金属非金属材料产业、新型化工及聚合材料产业、新型能源及功能材料产业和新型构件及建筑材料产业四大类，应坚持走增值发展、做大做强、持续创新、特色发展之路，促进全省新材料产业发展。

8.3.1　新型金属非金属材料产业的发展及空间布局

1. 产业界定

金属材料是由金属元素或以金属元素为主构成的具有金属特性的材料的统称，包括纯金属、合金、金属间化合物和特种金属材料等，主要发展铝、钛、锰、镁、锌等金属及其高性能合金材料。

无机非金属材料是指超微细功能粉体材料、功能陶瓷材料、高性能非金属矿物材料、防辐射材料、耐火材料、隔热材料、高纯非金属材料等。

2. 贵州省新型金属非金属材料产业发展重点

贵州发展新型金属材料主要立足于省内铝、钛、钢铁等金属矿产资源和已有产业技术基础，加上制造工艺关键技术、研发及成果转化应用，已经促进了一系列产品和产业集群的形成。

贵州新型金属材料产业发展重点如下。

（1）高速重载列车关键材料和制品研发及产业化。依托首钢贵阳特殊钢有限责任公司、中国南车集团南方汇通股份有限公司、贵州大学等实施高速重载列车关键材料和制品研发及产业化。

（2）钛产业化、钛材深加工。依托遵义钛业股份有限公司等实施海绵钛、钛材深加工、电子级高纯钛、高钛铁产业化开发，实现海绵钛氯化、精制、还蒸、镁电解、破碎包装及相关辅助系统等全流程配置。

（3）高性能铝合金材料及制品产业化开发。依托贵州华科铝材料工程技术研究有限公司、四川大学、贵州大学等实施高性能铝合金材料及制品产业化开发。

非金属材料主要发展以电子级磷酸产品等为代表的精细磷化工产品。重点推进纳米材料在塑料、橡胶、涂料、合成纤维、合成树脂、陶瓷、日化、电子等产业中的应用；开展特色非金属矿物材料高性能化重大关键技术攻关和新产品研发及产业化；发展太阳能光伏电池原辅料等制备技术。

贵州无机非金属材料发展重点如下。

（1）太阳能级多晶硅开发。依托贵阳宝源阳光硅业有限公司等企业，实施太阳能级多晶硅开发。

（2）电子级磷酸产业化开发。依托瓮福（集团）有限责任公司、贵州威顿晶磷电子材料有限公司、天津大学等单位实施电子级红磷产业化开发，生产出满足国内集成电路行业要求的电子级红磷掺杂剂，填补国内无法生产 6N 级红磷的空白。

（3）高强低密陶粒支撑剂产业化。依托贵州鑫益能陶粒支撑剂有限公司、贵州大学，实施高强低密陶粒支撑剂产业化开发，以铝矾土为主要原料，生产出能满足石油和天然气开采需求的新型高强低密陶粒支撑剂。

3. 贵州省新型金属非金属材料产业区域布局

贵州新型金属非金属材料产业主要集中在贵阳。贵阳修文经济技术开发区已经被认定为第二批国家外贸转型升级专业型示范基地，主要企业有中陶支撑剂（贵州）有限公司、贵州鑫益能陶粒支撑剂有限公司、贵州聚能达石油压裂支撑剂有限公司等 13 家生产企业。

8.3.2　新型化工及聚合材料产业的发展及空间布局

1. 产业界定

新型化工产业是指包含化工、炼油、冶金、能源、轻工、石化、环境、医药、环保和军工等部门，从事工程设计、精细与日用化工、能源及动力、技术开发、生产技术管理和科学研究等的新型化工材料的产业。

聚合物材料产业是指生产由许多相同的、简单的结构单元通过共价键重复连接而成的高分子量（通常可达 10~106）化合物的产业。

2. 贵州省新型化工及聚合材料产业发展重点

贵州省围绕建设国家重要资源深加工基地的目标,坚持技术先进、环境友好、严格准入的原则,引导原材料工业实现可持续发展,大力发展煤化工、磷化工等化工资源加工业,努力延长产业链,拓展产业幅度,提高附加值,降低能耗和减少污染。

贵州聚合材料产业主要结合贵州省资源、产业基础和领域发展趋势,发展高性能聚合物复合改性材料,加强研发与成果转化,突破无卤阻燃技术、微孔发泡技术、复合共混改性技术及成型加工新技术,引领和支持聚合物复合材料及制品产业基地的形成和发展。

3. 贵州省新型化工及聚合材料产业重点项目

贵州新型化工及聚合材料产业的重点项目主要有桐梓贵州金赤化工有限公司煤化工项目、贵州天福化工有限责任公司煤化工项目、红果煤焦化项目、水城发耳煤化工项目等。

4. 贵州省新型化工及聚合材料产业区域布局

贵州省新型化工及聚合材料产业主要分布在八个基地和三个工业园区,具体如表 8-1 所示。

表 8-1　贵州省新型化工及聚合材料产业区域布局

煤化工产业区域布局	磷化工产业区域布局
毕节、清镇、普定、西秀区、六枝、兴义新型煤化工基地	福泉国家新型工业化产业示范基地
黔北氯碱化工基地	织金磷煤化工基地
六盘水老鹰山煤电化一体化基地	开阳-大水磷煤化工园区
安龙-兴义-普安循环经济煤化工基地	息烽磷化工多产业耦合工业园
织金煤、磷、电、化多联产一体化化工基地	瓮安磷化工循环经济型工业聚集区
绥阳煤-电-化多联产一体化基地	

毕水兴经济带是贵州矿产资源,特别是煤炭资源最富集地区,也是国家规划的 13 个大型煤炭基地——云贵基地的核心地区,是辐射周边地区能源和原材料的基地。推动煤炭、电力、煤化工、冶金、建材产业向“西翼”的六盘水、毕节、兴义聚集,统筹规划一批能源、原材料产业园区,鼓励相关产业向产业园区集聚,构建起煤-电-煤化工-建材产业链、煤-焦化-金属冶炼、煤-焦化-精细煤化工、煤-电-冶金产业链等循环经济产业集群,形成一批生态工业群落。

8.3.3 新型能源及功能材料产业的发展及空间布局

1. 产业界定

新型能源又称非常规能源，是指传统能源之外的各种能源形式，又指刚开始开发利用或正在积极研究、有待推广的能源，如太阳能、地热能、风能、海洋能、生物质能和核聚变能等。

新型功能材料是指新近发展起来和正在发展中的具有优异性能和特殊功能，对科学技术尤其是对高科技的发展及新产业的形成具有决定意义的新材料，如微电子材料、光电子材料、传感器材料、信息材料、生物医用材料、生态环境材料、能源材料和智能材料。

2. 贵州省新型能源及功能材料产业发展重点

贵州应积极发展新能源和可再生能源，努力建设规模、清洁、循环、经济、安全的能源体系，增强能源可持续发展能力。重点开发生物质能、风能和太阳能，围绕新能源培育发展配套产业，积极发展核能等清洁能源。优先发展沼气、非粮生物乙醇、生物柴油等生物质能，积极试行垃圾发电；建设甲醇、二甲醚新型替代燃料项目，促进二甲醚规模化利用；积极推动省内天然气和煤层气开采项目；启动百万千瓦级核电站建设的前期工作。

3. 贵州省新型能源及功能材料产业重点项目

贵州新型能源与功能材料产业的重点项目主要围绕以下几个方面。

（1）风能发电系统与风电电站建设。依托贵州新安航空机械有限责任公司、贵州航宇科技发展有限公司等企业，开展风电制动系统与风力发电机组大型环件等风能发电系统关键部件研发与产业化。结合国家智能电网建设，依托国电贵州公司等实施主体，在贵州盘县等地建设风力发电基地。

（2）太阳能发电关键系统研发与产业化。以贵州振华风光半导体有限公司、贵阳宝源阳光硅业有限公司与贵州航天天马机电科技有限公司为实施主体，开展高可靠太阳能电池、太阳能级多晶硅与太阳能光伏玻璃镀膜设备生产线等的研发与产业化。

（3）核能发电关键零部件研发与产业化。以贵州航天新力铸锻有限责任公司为实施主体，开展核电站核岛特种高强度精密紧固件、1 000 兆瓦级压水堆核电站核岛主设备支撑总成与核电站蒸汽发生器进出口接管等关键系统的研发与产业化。

4. 贵州省新型能源及功能材料产业区域布局

贵州新型能源与功能材料产业主要分布在两个基地：在黔西南州、黔南州和贵阳市形成的生物能源技术和产品研发制造基地；在贵阳、遵义等地形成的风能、太阳能、地热能技术和产品研发制造基地。

8.3.4 新型构件及建筑材料产业的发展及空间布局

1. 产业界定

新型建筑材料产业是在传统建筑材料的基础上产生的新一代建筑材料产业，主要包括新型建筑结构材料、新型墙体材料、保温隔热材料、防水密封材料和装饰装修材料。

2. 贵州省新型构件及建筑材料产业发展重点

贵州新型构件和建筑材料产业发展重点是，依托资源优势和区位优势，推动建材产业聚集发展，形成规模效应；加强研发创新，提高产品档次；加快淘汰落后产能，集中整治环境，注重综合利用，促进传统材料升级换代和延伸加工，支持新型建筑材料研发和扩展规模、扩大市场份额，形成经济循环生产区域。

3. 贵州省新型构件及建筑材料产业重点项目

贵州新型构件及建筑材料产业的重点项目主要集中以下几个方面。

（1）水泥。重点发展以消纳大宗工业废渣为主的日产 4 000 吨以上的新型干法水泥熟料生产线；重点发展具有适当规模的铝酸盐、硫铝酸盐等特种水泥；在城市周边及工业废渣集中地建设具有年产 60 万吨以上能力的大型水泥粉磨站。

（2）墙材。重点在六盘水、毕节等地区发展全煤矸石、粉煤灰生产的新型墙材，建立粉煤灰精细化利用产业。建设瓮福、开阳、息烽磷石膏综合利用基地，重点发展以磷石膏为主要原料的砌块、墙板等系列墙材产品，配套发展墙体保温、隔热和灌注、砌筑、抹面砂浆等材料。

（3）混凝土及制品。推广应用节能、环保、再利用技术，鼓励利用粉煤灰、矿渣等活性矿物磨细掺和料，重点发展高强度、高流态和高耐久性的高性能混凝土。重点发展大梢径、大弯矩混凝土电杆、金属混凝土杆塔，大口径、高工压管道用预应力钢筒混凝土管，大口径电力电缆管等高、大、新、特的水泥制品。

（4）化学建材及其他建材制品。重点发展塑料门窗型材生产、UPVC（unplasticized polyvinyl chloride，即硬聚氯乙烯）、PE、PPR 等新型复合改性塑料管材和配套管件、改性沥青防水卷材、高分子防水卷材、防水涂料和弹性体密封膏等新型防水材料。支持发展环保型乳胶漆等内墙涂料，以及高耐候性、高耐沾污性、高保色性和低毒性的各种外墙涂料。

4. 贵州省新型构件及建筑材料产业区域布局

贵州新型构件及建筑材料产业主要集中在贵阳国家高新区。贵阳国家高新区新材料产业集群发展已形成包括核心区、拓展区和辐射区的空间布局。

第9章　以高端智能为引领的装备制造产业发展

装备制造业作为未来我国经济发展的主导产业之一，对国民经济的增长和产业结构的调整有着不可替代的作用。贵州在发展装备制造业方面既有优势，又有问题，需要在结构升级、技术进步、市场开拓等方面做出调整，发展具有自身特色的以高端装备为引领的装备制造产业。

9.1　高端装备制造产业的发展现状及特点

当今世界工业强国无一不是装备制造业的强国。美、德等发达国家很重视装备制造业的发展，将其作为经济的主要支柱和强大国力的后盾。中国要实现崛起，首要任务就是振兴和发展装备制造业。

9.1.1　高端装备制造产业的发展概述

高端装备制造产业是指装备制造业的高端领域，与传统制造业相比，"高端"主要表现在技术含量高、处于价值链高端、具有高附加值。高端制造业重在突出产品设计制造和企业管理信息化、生产过程控制智能化、制造装备控制数字化、制造工艺装备紧密化、产品制造过程绿色化、产品经营全球化和技术含量高、经济效益好、创新能力强、资源消耗低、环境污染少、产品质量精良、服务功能全等优势。

高端装备制造业是工业的先导行业，具有高产业关联度、高市场需求、高技术含量、高附加值等特点，是新能源装备、新材料装备、高效节能环保装备、电子信息装备、新能源汽车等产业发展的支撑点，它的发展程度体现了一个地区工业化水平发展的强度和经济技术的总体实力。高端装备制造业作为战略性新兴产业之一，同样也是以高新技术为引领，在产业链上占据了核心地位，对整体综合竞争力具有决定性作用，是推动工业转型升级的强大动力。世界经济发展的趋势表明，装备制造产业是一个国家和地区经济发展的基石，也是增强国家和地区竞争力的基础，表 9-1 展示了高端装备制造产业的发展模式和特征及代表国家。

表 9-1 高端装备制造产业的发展模式和特征及代表国家

发展模式	发展特征	代表国家
"需求–创新驱动"模式	根据市场需求,立足自主创新,依托先进的科技水平进行产品制造	以美国为代表的世界一流国家
"快速引进—完全吸收—拓展创新"模式	快速地将世界先进技术引入国内,使技术被消化、吸收、运用,并在此基础上对已引入的技术进行拓展创新	以日本为代表的较发达国家
"引进—落后—再引进"模式	是由于国家科技原创能力低,靠引进国外的先进技术或仿制国外产品进行产品生产,待该技术无法适应市场需求之时,再次引进其他先进技术,如此反复循环地维持产业发展的一种模式	发展中国家一般都是此种发展模式,中国也是这一模式的最典型国家

中国是制造业大国,要实现中国制造业的转型和向国际品牌的转变,大力培育和发展高端装备制造业是必不可少的途径。根据前瞻产业研究院《2014—2018 年中国高端装备制造园区发展模式与投资战略规划分析报告》分析,中国要重点发展智能制造、绿色制造和服务型制造,加快发展航空装备和卫星应用产业,提升轨道交通装备水平,培育和发展海洋功能装备,只有这样才能更好更快地实现中国工业转型升级和战略性新兴产业发展。可以预估,到 2020 年,中国高端装备制造业将迎来一个极大的转型,可以基本满足中国工业转型升级和战略新兴产业培育发展的需要。

9.1.2 国外高端装备制造产业的发展现状及特点

在"再工业化"的时代,各国为了抢占经济发展的制高点,都在加快发展高新技术产业和新兴产业,装备制造业是新兴产业产生和发展的基础,受到各国的重视,在这方面欧美发达国家和地区一直处于领先地位。

1. 美国

作为世界发达国家的代表,美国曾一度忽视制造业在经济社会发展中的作用。2008 年世界金融危机后,曾视制造业为"夕阳产业"的美国,选择了重新回归实体经济、重塑制造业、振兴制造业的战略抉择。美国总统奥巴马在 2012 年美国国情咨文中五次提到了要把制造业的生成效率提高,发展高端装备制造业。

美国重塑制造业的措施主要包括：一是组建白宫制造业政策办公室，加强政策扶持，实施"美国工作内包"计划；二是完善法律框架，制定《重振美国制造业框架》，通过了《制造业促进法案》，并正式启动"先进制造伙伴计划"。三是加强高科技研发，提高效率，降低成本。四是强化经济外交，提出五年内出口翻番的目标，建立横跨 23 个部委的"选择美国办公室"，首次将招商引资提到"总统令"的高度。五是建立贸易执法机构，负责调查其他国家的不公平贸易做法；六是支持先进制造业所需高技能人才的培养。英国、法国等国家也采取了类似的举措。

2. 德国

德国作为欧洲最大制造业国家和全球制造业强国，其制造企业享誉国际，在世界范围内被视为优良品质保证的"德国制造"，代表着创新、质量与技术领先。正是得益于强大的制造业，德国才成为受 2008 年全球经济危机和 2010 年欧债危机影响最小的国家。在生产要素成本不断攀升的背景下，德国通过实施产品结构的战略性调整、推动结构性改革降低经济运行成本、增加创新投资占领技术制高点、完善产业导向的教育和培训制度、培育大中小相结合的企业体系、制造业与信息化融合、营造良好的宏观政策环境等措施，一直保持了制造业在全球领先地位。

无论是美国还是德国，它们都是发展高端装备制造业的典范，其发展特点和方向值得发展中国家学习，纵观国际高端装备制造产业的发展，其呈现出如下的特点。

一是信息化程度的加深，技术正在向高端化发展。首先，信息化的运用加快了产品的开发周期，缩短了产品从研究开发阶段至生产成品的过程。其次，由于技术总体发展的精密化、集成化、自动化、柔性化、信息化和智能化，制造业技术也开始由单一化开始向集成方向发展，智能制造、集成制造、精密制造、虚拟制造、敏捷制造、绿色制造等先进技术将成为未来发展趋势。

二是公共平台的组建加快了协同化发展进程。世界三大汽车公司——通用、福特和戴姆斯·克莱斯勒联合组建了汽车零部件采购平台，该平台的创建促进了汽车制造商进行协同采购，可降低制造成本和提高反应速度。所以说，制造业在各行业的应用也需要通过组建专业化的公共平台和集成优势创造核心竞争力，实现利润最大化，从而使制造业企业从"大而全"向"专而精"的方向发展。

三是制造业服务化发展理念应用加快。在产品的设计、研发、采购、制造、销售和售后服务过程中，处于单纯的制造过程中的时间是很短暂的，贸易往来中也由简单的供求关系向系统方案解决方式转换，制造业不仅担任制造的角色，还要承担项目的运营服务、销售服务等。制造业正在加快从生产型制造向服务型制造的转变。

　　综合以上几点，高端装备制造业正在向全球化、信息化、专业化、协同化、服务化方向发展。

9.1.3　中国高端装备制造产业的发展现状及特点

　　高端装备制造业的发展，是提升我国产业核心竞争力、加快转变经济发展方式、提升综合国力的重要推动力量。据统计，2013 年，我国制造业总产值已经达到 12 万亿元，成为名副其实的制造业第一大国；其中高端制造业产值约为 4 万亿元，骨干企业研发经费投入占销售收入比例超过 5%，我国制造业正在实现制造业大国向制造业强国的转变。

　　我国高端装备制造业发展呈现如下特点。

　　1. 技术水平大幅度提升

　　在技术方面，高端装备制造业已经初步形成产学研用相结合的高端装备技术创新体系，高端装备所需的关键配套系统与设备、关键零部件与基础件制造能力显著提高；高端装备重点产业智能化率超过 30%。在高速铁路、核电、工程机械、船舶制造、电子通信设备制造等领域，我国已经在世界上处于先进水平。据波士顿咨询公司 2013 年发布的全球制造业竞争力排名，我国已经位居世界第一。

　　2. 形成了若干制造业集聚区

　　目前我国高端装备制造已初步形成五大产业集聚区，环渤海、长三角、珠三角地区作为产业发展的核心，在高端装备制造业发展方面一直处于领先地位，中部、东北部、西部也在快速发展逐渐形成产业空间格局。长三角地区在海洋工程、航空、智能装备制造等领域特色突出，一直是我国重要的先进装备制造业开发和生产基地。珠三角地区在电器、通信设备制造业方面发展领先。环渤海地区也一直重视高端装备的研发、设计和制造。北京是全国航空、卫星、数控机床等行业的研发中心，辽宁、山东、河北已成为海洋工程装备、数控机床、轨道交通装备的产业集聚区。

　　"十二五"期间，我国高端装备产业仍在东部沿海地区科研院所集中，并创新能力较强的省份中迅速发展，在中西部和东北的中心城市，区域发展差异化有了进一步加强。未来，我国高端装备制造业发展方向主要是向园区集聚、向经济发达地区集聚、向专业智力密集区集聚。

　　3. 重点领域取得突破

　　中国高铁建立了具有自主知识产权、世界先进水平的技术标准体系。2014 年11 月 25 日，装载"中国创造"牵引电传动系统和网络控制系统的中国北车 CRH5A 型动车组进入"5 000 公里正线试验"（1 公里=1 千米）的最后阶段，标志着中国高铁列车核心技术正实现由"国产化"向"自主化"的转变,中国高铁列车实现由"中国制造"向"中国创造"的跨越。目前中国高铁正在积极走向国际市场,有望成为高端制造业的"中国名片"。

大型飞机重大科技专项进展顺利,具有自主知识产权的 ARJ-21 已经完成试飞并投入商业运行。嫦娥工程和载人航天取得重大突破。以华为、中兴通讯为代表的通信设备制造业在全球市场占有率不断提高,并且打入发达国家主流市场。

9.2　贵州高端装备制造产业存在的问题及发展思路

高端装备制造产业具有技术含量高、资本投入高、附加值高、信息密集度高,以及产业控制力较高、带动力较强的特点。贵州可以因地制宜、扬长避短,走出特色发展道路,做出一个良好的示范,这也将带动其他地区积极发展高端装备制造产业。

9.2.1　贵州装备制造业的历史沿革及存在的问题

纵观贵州装备制造业发展历程,其起步于20世纪60年代的"三线建设"时期。当时国家在贵州省布局以航空、航天、电子为主的三大军工基地,奠定了贵州省现代工业的基础。到20世纪80年代,装备制造业总产值一度占到全省工业总产值的38%,成为贵州省工业经济中名副其实的支柱产业。

随着改革开放不断深化,贵州省工业经济结构发生变化,以军工企业为主体的装备制造业逐渐被电力、煤炭、烟酒、化工等产业超越,装备制造业对全省经济社会发展的贡献逐渐降低。自从全省深入实施工业强省战略以来,贵州省委、省政府提出振兴装备制造业,多措并举,助推装备制造发展。

当前,贵州省一方面推动原有的传统装备制造业向"高端、高新、高质"方向发展,另一方面外引内联,加大招商引资,吸引一批国内优势企业入黔,搭建平台,促进省内配套协作,纵向延长产业链,横向推动聚集化。贵州装备制造业转型升级、绿色发展的蓝图已经绘就,贵州迈步进入快速发展期。

在《贵州"十二五"装备制造业发展规划》的指导下,贵州省高端装备制造业有了较快的发展,在三大军工基地已初步形成以航空航天装备为重点,以智能制造装备为特色,以轨道交通装备和卫星及应用装备为新增长点,以装备制造工艺和基础件、现代制造服务为支撑,军民融合发展的高端装备制造产业体系。2013 年全省高端装备制造业完成工业总产值254.4 亿元,2014 年完成工业总产值282.9 亿元。

贵州高端装备制造产业呈现出如下的发展特点。

1. 军工、民工结合　企业两翼齐飞

贵州实施工业强省战略以来，装备制造业开始了新一轮的结构调整，一方面，产业门类日益齐全，在原有航空、航天、电子三大板块基础上，逐步拓展了汽车、工程机械及能矿装备、精密数控装备、电力器材及装备行业、轨道交通装备及特色装备等领域，涵盖装备制造主要产业门类；另一方面，军、民结构日趋合理，民营企业在装备制造业中的比重逐步提高。

与此同时，全省装备制造业在汽车、挖掘机、采煤机、铁路车辆、数控机床等一批龙头主机产品的带动下，产业链不断延伸，产业幅不断拓宽，附加值不断提升。尤其是飞机、汽车、工程机械、矿用机械等主机产品，带动了铸造、锻造、仪器仪表、电子元器件、基础件等行业的快速发展。

2. 规模日益壮大　集群加速成型

国家在贵州实施"三线建设"布局后，贵阳、遵义、安顺一直是贵州省装备制造业的黄金三角，支撑着全省装备制造业的发展。

近年来，六盘水、毕节等地区充分发挥自身优势，发展了以煤矿机械、汽车为重点的装备工业体系，成为全省装备制造业新的增长极，而且产业规模日益壮大，产业布局不断得到优化。全省装备制造业已形成以贵阳-贵安新区为核心，以遵义、安顺为两翼，以"毕水兴"地区，长顺-惠水-龙里-贵定，都匀-凯里-丹寨三条高端装备产业带为补充的"一核、两翼、三带"的产业布局。

结合全省100个工业园区建设，贵州省装备制造业借助平台集聚发展，如今已基本形成贵阳小孟装备制造产业园、安顺民用航空产业国家高技术产业基地、贵州航天高新技术产业园、遵义汇川机电产业园等以装备制造为主的国家级工业园区，以协作配套为纽带、抱团发展的装备制造业聚集发展格局逐步形成。

3. 出台优惠政策　改善发展环境

为破除束缚，促进贵州省装备制造业加快发展，贵州省积极采取措施改善产业发展环境、支持企业拓展市场。贵州省政府发布《省人民政府关于支持工业企业加快发展若干政策措施的通知》，从缓解融资压力、减轻税费负担、鼓励扩大生产、帮助开拓市场等方面为工业企业加快发展保驾护航，切实推动装备制造企业向数字化、网络化、智能化、绿色化和服务化"五化"方向发展，促进传统装备制造业转型升级。

4. 内引外联强配套　全力拓展大市场

在实施"工业强省"战略以来，全省上下加大招商引资力度，国机集团、力帆汽车、奇瑞汽车、中国煤矿机械等一批大项目、大企业进入贵州，同时吸引了众多配套企业进驻，带动产业链不断延伸和完善。

虽然贵州先进装备制造产业近几年取得了长足的进步，但是与先进发达地区相比，仍存在一些薄弱环节，总体上，贵州省装备制造业存在"三高三低"的问题：中间产品比重高，最终产品比重低；传统产品比重高，高附加值产品比重低；国有经济比重高，非公有制经济比重低。其主要体现在：贵州省装备制造业所有制结构单一，对内、对外开放力度不够；军民结合、军地融合的力度不够，条块分割及自我封闭制约了发展；部分企业尚未摆脱"小而全"的内部配套，社会化分工程度和专业化水平较低；许多企业工作母机加工精度和效率低，精密智能控制装备比例小，多数产品仍然在走传统加工及仿制的老路，技术含量低，处于产业分工价值链的中低端。

9.2.2　贵州发展高端装备制造产业的基本思路

贵州省充分利用贵州军工基地及地方装备制造业基础和条件，以航空、航天、电子等龙头企业为核心，以现有产业园区为依托，重点扩大民用航空航天装备、智能制造装备、轨道交通装备和高端基础件等现有优势产业的规模，提高产业链内部协作配套能力，重点发展航空航天装备，加快发展智能制造装备，积极发展轨道交通装备，大力推进卫星应用，着力发展新能源装备和高端装备基础件，积极发展绿色船舶、3D（three dimensions，即三维）打印技术装备、海洋能源工程装备等新兴产业，促进高端装备制造向精密化、智能化、信息化和绿色化方向发展，把贵州省建设成为国家重要的区域特色鲜明、竞争力强的高端装备制造业基地。

贵州正在推动装备制造业及电子信息产业向遵义、贵阳和安顺三大区域聚集，依托航空航天军工企业的产业基础和技术基础，围绕主机生产大力引进中小民营企业及相关配套企业形成三大机械品生产聚集区。以贵阳市中心城区为核心，以遵义、安顺市区为两极，沿贵昆和渝黔铁路、高速公路轴线，以贵阳经济技术开发区、贵阳国家高新技术产业开发区、遵义国家经济技术开发区、平坝夏云科技工业园区、安顺西秀工业园区和安顺市民用航空产业国家高技术产业基地、贵州航天高新技术工业园区（遵义茅草铺园区）及轴线两侧国防军工企业为主要节点展开工业布局，构建点轴结构的遵义-贵阳-安顺装备制造业和电子信息产品制造业产业带。推动航空航天产业以安顺的"民用航空产业国家高技术产业基地"和遵义航天军转民产业基地为主要聚集区。在都匀、凯里、铜仁、毕节、六盘水等地布局建设一批具有一定特色装备制造业和电子信息产品制造业基地。

9.2.3　贵州发展高端装备制造产业的主要目标

贵州在发展高端装备制造业时提出，到"十二五"末期，重点骨干企业的技术装备、制造工艺和产品达到国内同期先进水平，加强企业技术改造、新产品开发和品牌创建能力，建立以企业为主体、以市场为导向、产学研相结合的技术创新体系，力争组建 100 个以上具有自主设计和自主制造能力的国家及省级技术研发机构。到 2020 年，高端装备制造业实现工业总产值 600 亿元，工业增加值 200 亿元；到 2025 年，实现工业总产值 1 000 亿元，工业增加值 350 亿元；培育 150 家以上销售收入过亿元的企业。

首先，要以重大技改项目和重点工程为突破，促进企业聚集发展；以主机带动为重点，促进配套产业链延伸；以国防科技工业为依托，促进军民结合、军地融合，促进产品升级和产业发展；大力发展能矿产业装备、航空航天、汽车及零部件及数控机床等重大装备技术及产品，形成以贵阳市、遵义市、贵安新区、安顺市为核心的高端装备制造业聚集区，将贵州省建设成为国家重要的区域特色鲜明、竞争力强的高端装备制造业基地。

其次，要加大自主创新力度，坚持自主创新与引进消化吸收相结合，以国家级、省级企业技术中心为重点，进一步加大研发投入，加快建立共性技术研发平台，努力掌握一批拥有自主知识产权的核心技术，开发特色技术装备及产品。

9.3　贵州高端装备制造业的发展重点及区域布局

贵州发展高端装备制造产业，要基于军工行业的历史优势，重点发展航空装备制造业、智能装备制造业、轨道交通装备制造业及其他先进的高端装备制造业，并在全省范围内实现科学布局、重点发展。

9.3.1　航空装备制造产业的发展及区域布局

1. 产业界定

航空工业被誉为"现代工业之花"。航空工业的水平，往往代表了一个国家工业发展、科学技术及人才素质等综合国力水平。发展航空工业是提高我国综合国力的重要途径。

航空工业对经济的带动作用表现在以下两个方面：一是带动了为航空提供产品和服务(如火箭、测控设施、软件等)的产业，二是带动了航天科技与产品应用领域（如开发新型医疗器械、航天育种等）的发展。近年来，航空产业也带动了新材料产业、新能源产业、生物产业、新一代信息技术产业等战略性新兴产业的发展（图 9-1）。2014 年我国已有 2 000 多项航天技术成果移植到国民经济各个部门，投入产出比高达 1：10。我国航空航天所辐射出来的产业链规模已经达到 1 200 亿元。

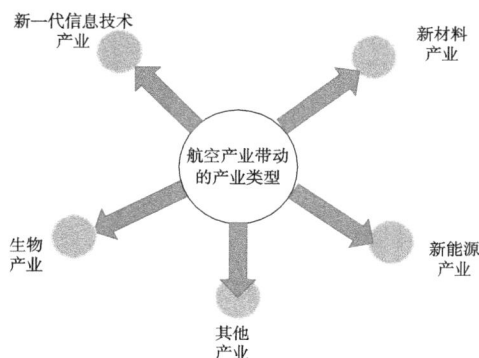

图 9-1　航空产业带动的产业类型

航空装备制造产业是以航空器为主要研制和生产对象的产业，涉及的范围非常广泛，包括航空精密制造、航电设备、客舱设备及内饰、航空发动机制造、航空专用灯具、航空电线电缆、航空新材料、航空标准件、大件加工及部件组装、航空仪器仪表等细分产业（表 9-2）。

表 9-2　航空装备制造细分产业分类

序号	航空制造细分产业	序号	航空制造细分产业	序号	航空制造细分产业
1	航空精密机械制造	8	航空发电设备	15	航空洁具
2	航电设备	9	航空专用灯具	16	电动机
3	客舱设备及内饰	10	生命保障系统	17	航空橡胶制品加工
4	航空温度控制系统	11	航空通信系统	18	航空标准件
5	航空发动机制造	12	航空飞行控制系统	19	大件加工及部件组装
6	航空空气调节设备	13	航空电线电缆	20	航空仪器仪表
7	航空压力控制系统	14	航空新材料	21	航空燃油系统

航空装备制造产业具有产业链长、辐射面宽、连带效应强等特点，能引领精密模具、大型数控机床制造、航空维修设备、航空物流设施、航空工艺装备等多个领域的发展，其产业链上、下游产业如表 9-3 所示。

表 9-3　航空产业链上、下游产业

序号	航空产业链上、下游产业	序号	航空产业链上、下游产业
1	精密模具	7	塑料及塑料制品加工
2	大型数控机床制造	8	航空工艺装备
3	锻压机械	9	机场设备（廊桥、特种车辆）制造
4	化工原料、化学助剂	10	航空物流设施
5	集成电路	11	航空维修设备
6	软件系统集成、仿真	12	地面通信设备

2. 贵州省航空装备制造产业发展重点

加快引进轻小型飞机、客机改货机、公务机改造、航空货运等航空产品及项目，推动配套项目向产业基地聚集，加快建设轻小型通用飞机、民用无人机、教练机等的整机生产、维修和试训基地；大力推进中等推力航空发动机、4 兆瓦燃气轮机、航空大型结构件及转包件、民用航空机载设备及系统、航空特种合金锻件等的产业化；积极参与国内大型客机和支线客机等的协作配套，拓展机载成品、锻件、铸件、橡胶件等的配套范围和规模，强化贵州省航空装备制造产业链。

3. 贵州省航空装备制造产业重点项目

黎阳航空发动机产业基地建设项目，总投资 42 亿元建设中等推力航空发动机科研生产和维修基地，已完成投资 2.8 亿元，完成 2 000 亩总体规划设计图，叶片铸造厂房、叶片加工厂房已完成围护结构施工。

贵州飞机有限责任公司航空优异制造中心项目，总投资 16.9 亿元新建无人机专用厂房及扩建航空零部件生产线，已完成投资 3.2 亿元，厂房主体结构全部完工，一条生产线已实现无人机和教练机共线生产。

4. 贵州省航空装备制造产业区域布局

航空航天装备重点布局在贵阳麦架-沙文高新技术产业园、贵安新区高端装备制造产业园、安顺民用航空产业国家高技术产业基地、贵阳国家经济技术开发区、贵州航天高新技术产业园等（表 9-4）。

表 9-4　贵州航空装备制造产业区域布局

地区/工业园区	产业
贵阳	以航空发动机、航空机载设备、航空关键材料及零部件为代表的航空航天装备
安顺	大型航空结构件、航空转包件、民用无人机等

贵阳市主要有以航空发动机、航空机载设备、航空关键材料及零部件为代表的航空航天装备，形成了特色鲜明的产业集群。安顺市主要以大型航空结构件、航空转包件、民用无人机等为主，是国家四个民用航空高技术产业基地之一。

9.3.2　智能装备制造产业的发展及区域布局

1. 产业界定

智能装备制造是具有感知、分析、推理、决策、控制功能的制造装备的统称，它是先进制造技术、信息技术和智能技术的集成和深度融合，体现了制造业的智能化、数字化和网络化的发展要求。

2. 贵州省智能制造装备产业发展重点

贵州省在发展智能制造装备产业时，重点支持全地形车、液压挖掘机、架桥铺路装备、破碎设备、装卸机械、采煤机、掘进机、矿井运输和提升设备、井下救生舱等矿山、工程重大智能成套专用装备产业化；积极培育起重机械、施工机械、混凝土机械等新品种；重点发展高精度和高效率大重型机床、专用数控装备、数控加工中心、高效数控刀具等中高端数控产品；大力发展新一代生物萃取专用装备、新型矿山及港口数控装卸装备、高速金属拉拔设备、高速造纸设备、自动化物流成套装备及智能测控装置与部件等特色产品；积极发展机器人装备。

3. 贵州省智能装备制造产业重点项目

中煤盘江重工有限公司煤矿机械装备成套研发制造建设项目，总投资 25 亿元建设适用于贵州煤矿开采特点的煤矿机械生产线，一期工程已经投产，形成液压支架 2 000 套的生产能力。中煤盘江重工项目将成为我国西南地区最大的煤矿机械装备研发生产成套基地，产品的核心技术和制造质量占据国内领先地位，达产后预计产值实现 10 亿元。

险峰机床、中联重科、成鑫生物医药等一系列装备制造重点项目也在建设或投产中，也要被纳入重点项目范围。

4. 贵州省智能制造装备产业布局

贵州省智能制造装备产业重点布局在贵阳小河–孟关装备制造业生态工业园、

遵义航天高新技术产业园,以及六盘水红桥新区、长顺威远工业园、丹寨金钟工业园等(表9-5)。

表 9-5　贵州智能制造装备产业布局

地区/工业园区	产业
贵阳	高速工程车、自动化物流成套设备、煤矿开采成套装备、高效金属成型装备、智能测控装备等
遵义	超临界萃取设备、大功率液力变速器等特色智能制造装备、通信卫星地面接收设备、海洋风切变激光雷达、小型海洋浮井平台等卫星、海洋装备

贵阳市以高速工程车、自动化物流成套设备、煤矿开采成套装备、高效金属成型装备、智能测控装备等为代表的智能制造装备,形成了特色鲜明的产业集群。遵义市主要以超临界萃取设备、大功率液力变速器等特色智能制造装备为主,近年来还成功开发出通信卫星地面接收设备、海洋风切变激光雷达、小型海洋浮井平台等卫星、海洋装备,填补了贵州省高端装备制造业的空白。

9.3.3　轨道交通装备制造产业的发展及区域布局

1. 产业界定

轨道交通装备制造业是一个非常专业化的特殊工业领域,是铁路和轨道交通运输所需各类装备制造的总称,是国家重点支持的产业领域,产业链条长、涵盖的专业和技术产品多,主要涵盖了机车车辆、工程及养路机械、通信信号、牵引供电、安全保障、运营管理等各种机电装备的制造。随着国家一系列扩大内需政策措施的出台,轨道交通装备产业将迎来前所未有的快速发展机遇期。

轨道交通装备制造产业链包括上游、中游和下游三类。上游产业包括研发设计、原材料供应和一般零部件制造等;中游产业包括核心零部件和整车装配等;下游包括维修、重造和物流等。

2. 贵州省轨道交通装备发展重点

贵州省轨道交通装备产业重点发展城市轨道 B 型车辆、轨道交通控制系统、自动售检票系统、中央空调系统节能成套技术与装备、交通装备配套用转向架、齿轮箱、轻量化车体内装饰材料与制动系统等关键零部件、高速重载铁路专用轴承钢、铸钢轮对、高速重载火车闸瓦、铁路专用雷达测速仪及磁电传感器部件等轨道交通装备及装置产业化;积极推进牵引系统、制动系统、转向系统、运控系统、自动防护系统等的开发和生产。

3. 贵州省轨道交通装备产业重点项目

贵州省轨道交通装备产业重点项目有中航特种装备贵州特种装备及专用车 7S〔整理（sift）、整顿（sort）、清扫（sweep）、清洁（sustain）、素养（self-discipline）、安全（safety）、节约（saving）〕广场项目。

4. 贵州省轨道交通装备产业布局

轨道交通装备重点布局在贵阳麦架-沙文高新技术产业园、安顺西秀工业园等。贵阳市以高速重载货车为代表的轨道交通装备，形成了特色鲜明的产业集群。

9.3.4　其他重点发展方向及区域布局

除航空装备制造、智能装备制造和轨道交通装备制造等产业外，贵州还可以重点发展以下几个方向。

一是关键基础零部件。重点开发高速、高精数控机床轴承，工程机械用高压液压元件标志性基础件；重点提升绿色铸造、锻压、精密可控热处理等标志性基础制造工艺；加大对传统制造工艺和设备的数字化控制技术和先进适用技术的改造，推进机械基础件向长寿命、高可靠性、轻量化、减免维护的方向，基础工艺向绿色、降耗、改善环境的方向发展，较大程度实现关键零部件自主化，全面提高基础配套水平。

二是卫星遥感及北斗卫星导航系统。重点支持航天器卫星通信系统、导航系统、定位系统等空间基础设施，以及卫星应用系统芯片产品、天线产品的开发应用；加快航天科工集团信息技术、控制技术等军用技术成果在贵州的落地转化；大力发展北斗导航多模连续运行参考站网。

三是 3D 打印技术应用及装备。依托贵阳中关村科技园，积极发展 3D 打印技术在航空航天、生物医疗高端产业的应用；积极发展 3D 打印在产品原型制造及快速模具制造的应用；发展基于云制造模式的 3D 打印创意应用产业。

四是海洋工程装备。积极发展多功能定位船舶、半潜式自航工程船、深水钻井船舶、大吨位铺管船；积极发展深水油气田生产装备，研发深水浮式平台；积极发展海上应急救援装备，探索载人潜水器、潜水服、智能作业机器人等。

五是绿色船舶。积极发展超级生态运载装备、减阻新船型、少无压载水船型、船用配套动力系统及关键零部件；重点发展船用新型动力推进系统、综合电力推进系统、液化天然气（liquefied natural gas，LNG）燃料清洁能源推进系统等。

第10章 以绿色生态为导向的节能环保产业发展

节能环保产业是国家加快培育和发展的七大战略性新兴产业之一，涉及节能环保技术装备、产品和服务等，产业链长，关联度大，吸纳就业能力强，对经济增长拉动作用明显。加快发展节能环保产业，是调整经济结构、转变经济发展方式的内在要求；是推动节能减排，发展绿色经济和循环经济，建设资源节约型环境友好型社会，积极应对气候变化，抢占未来竞争制高点的战略选择。

10.1 节能环保产业的发展现状及特点

目前，中国经济持续快速发展，城市化进程和工业化进程不断增加，但随之而来的却是人们生活环境污染的日益严重。进入21世纪，消费者的环保意识越来越强，国家对环保的重视程度也越来越高，全球环保产业开始进入快速发展阶段，逐渐成为支撑产业经济效益增长的重要力量，而且正在成为许多国家革新和调整产业结构的重要目标和关键。

10.1.1 节能环保产业的发展概述

节能环保产业是指为节约能源资源、发展循环经济、保护环境提供技术基础和装备保障的产业，主要包括节能产业、环保产业和资源循环利用产业等。

节能环保产业被列在七大战略性新兴产业首位，其发展所受到的重视程度可见一斑。十八届三中全会以来，政府提倡建设"美丽中国"，发展生态文明，这就预示着节能环保产业未来的发展道路一定是备受关注的，能给环境治理和保护带来积极改善，还能带来可观的经济效益，促进经济可持续发展，其在促进国民经济增长中的产业地位也是不可替代的。2013年，国务院印发的《国务院关于加快发展节能环保产业的意见》提出，节能环保产业到2015年的总产值目标要达到4.5万亿元，并发展成为国民经济新的支柱产业。所以说，节能环保产业的快速发展也为建设"美丽中国"及打造中国经济升级版增添了动力。增强节能环保工程技术能力和推广节能环保产品，能够有效满足消费者对健康产品的需求，拉动绿色消费和扩大节能环保社会投资，有力支撑传统产业改造升级和经济发展方式加快转变。此外，节能环保产业具有延伸性长、覆盖面广的特点，这有助于拉动上、中、下游产业发展，从而促进整个产业的绿色发展和节能环保产业的发展。

考虑到贵州的山地特色，以及现代农林业正向节能、环保、循环、高效的方向发展，尤其是林业在现代环境保护中发挥着越来越重要的碳吸收、水源涵养、气候调节、保育土壤和美化环境等作用，本书将山地特色高效农林业也纳入节能环保产业的范畴。

贵州省现代高效农业示范园区以推进农业结构调整和产业升级为目标，其作为促进现代农业发展的平台和载体，是全省农业主导产业发展的核心集聚区、先进科技转化的中心区、生态循环农业的样板区、现代农业技术的示范区、新型农民的培养区、体制机制创新的试验区，是快速做大产业规模和提升产业水平的强力"推进器""发动机"，是带动区域经济发展和促进农民增收的"火车头"；具备规划布局合理，生产要素集聚，科技和设施装备先进，经营机制完善，经济、生态、社会效益显著，示范带动作用明显，能招商引资的条件和功能。而且，高效农业以市场为导向，运用现代科学理念与技术，充分科学合理地利用当地资源环境，实现各种生产要素的最优组合，最终实现经济、社会、生态、综合效益的大融合。高效林业则强调整个生态系统的协调和平衡，强调森林生态功能充分发挥的高度有效性，与传统的林业发展不同，高效林业要求不以破坏林木、降低生态环境水平为代价，同时能带来高产、高质、高效的林业经济。

结合贵州的地理和地质环境，本书认为发展贵州的现代高效农林业应主要在品种、生产模式、销售模式等方面体现出山地特色，走出一条具有贵州特色的山地高效农林业发展之路。

10.1.2　国外节能环保产业的发展现状及特点

据美国环境商业国际公司（Environmental Business International，EBI）统计，2011 年全球环保产业市场规模达 8 660 亿美元。国际金融危机以来，全球环保产业市场规模增速一路攀升，由 2009 年的-1%提高至 2013 年的 10%（图 10-1），超过全球经济增长率，成为各个国家十分重视的"朝阳产业"。根据国际能源署的《世界能源展望 2009》报告，2010~2020 年，全球节能投资将达 1.999 万亿美元，2020~2030 年节能投资将达 5.586 万亿美元。目前，世界各国都在加大对节能产业的投入，发展低碳工业、汽车等节能产业。

在现代高效农业方面，全球范围内的发展趋势主要是：个别作业环节的机械化已发展为整个生产过程的机械化，形成机械化、自动化的综合系列；基因工程等生物技术在农业中的应用越来越广泛，进一步提高了人工控制生物遗传特性的能力；

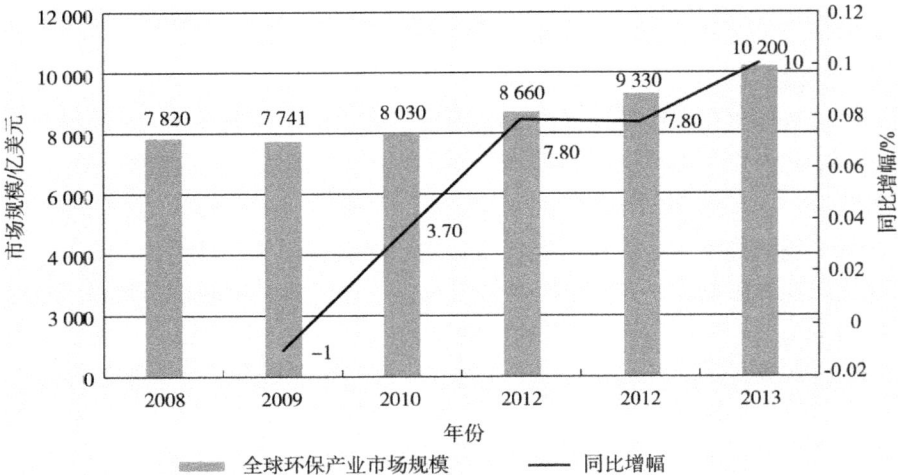

图 10-1　2008~2013 年全球环保产业市场规模

核技术及电子技术等的应用,已使发达国家农业产量水平和农业劳动生产率都获得了突破性的提高。

1. 美国

美国是当今环保市场最大国家,其环保产业总值占全球环保产业总值的三分之一。《美国能效市场容量:展示节能的完整前景》报告称,到 2030 年,美国节能产业市场将达到七万亿美元规模。

为了推动节能环保产业的发展,美国政府采取了"绿色税收""绿色收费"等政策。美国推行绿色税收的具体措施包括出台税收奖励制度鼓励环保技术的开发与运用、对排污企业征税、把税收与环保表现挂钩等。美国还采取开展环境保险业务(包括环境损害责任保险和环保咨询、环保服务保险)等市场化手段来推进节能环保产业的发展。目前,美国采取的促进节能环保产业发展的政策得到了大多数国家的好评,也成为节能环保产业标准的引领者和技术出口大国。

美国也拥有典型的资源丰富型现代农业,人均耕地占有量为世界平均水平的三倍。美国把科学技术与其自然资源密切结合,广泛地推广和应用现代高新农业科技,并建立了协调高效的农业科技教育、研究和推广体系,使科技进步在现代农业的发展建设中起到了巨大的推动作用。

美国林业不仅实现了集约化、高效的木材生产功能,还在改善生态、保护环境及应对气候变化方面发挥了重要作用,2013 年,世界林产品贸易总额为 5 616.33

亿美元，美国占 9.8%，位居第一。

2. 德国

德国节能环保产业发展的优势体现在节能环保技术和节能环保制造业。节能环保产业的发展不仅提供了大量的就业机会和就业岗位，也提升了国民的生活品质。目前德国环保产业渗透到经济社会发展的方方面面，涉及与改善民生密切相关的无公害食品行业、环保生产技术的专业性开发、大气污染和水污染治理、废弃物再循环等。德国政府与市场在推动节能环保产业发展方面的独特之处在于，不遗余力地强化企业和居民的节能环保意识、在最大可能情况下发展环保技术和对环境无害的产品和生产工艺。

德国以信息化为依托，用现代科技构造了现代农业生产体系。目前，德国农业用地约占其国土面积的 53%，农业人口约占总人口的 1.5%，国内生产的农产品可满足本国 90%的总需求。

德国是近代林业科学的发源地。德国的森林总量大，林地分布均匀，林场主多，林业从业人员占全国人口的 1.6%。德国森林的效益不仅体现在生态效益上，还体现在经济效益上，其林业总产值大，林产品年收入为 181 亿欧元，木材加工年收入为 809 亿欧元，林业的经济效益在世界上是很高的。据统计，德国的林业产值仅仅略逊于汽车工业，占国民生产总值（GNP）的 5%。

3. 日本

日本环保产业主要发展领域体现在洁净产品设计和生产、节能产品和生物技术方面，如绿色汽车和运输设备生产居世界前列，2013 年日本环保产业的产值为 480 亿美元，并且催生了东芝、三菱重工、川崎重工等具有世界竞争力的环保设备生产企业。

日本拥有典型的资源短缺型现代高效农业，人均耕地仅有 0.7 亩。在现代农业建设的过程中，日本从实际出发，从生物技术进步入手，提高土地利用率，加大土地的投入，采用以劳动密集、技术密集的小农经济为基础的模式发展现代农业。

日本是世界上林业发达国家之一，截至 2013 年，其森林面积为 2 508 万公顷，占国土面积的 66.4%，是世界上森林覆盖率最高的国家之一。据日本有关方面的测算，森林在涵养水源、防止水土流失、防止土石崩塌、保健休养、保护野生动物、供氧和净化大气这六个方面公益效能的货币总价值相当于 1990 年 GDP 的 9.1%。

国外节能环保产业的特点主要如下。

1）节能环保产业高新技术现象凸显

发达国家在节能环保产业一直处于领先地位，其科技的重大突破和创新又在不断推动节能环保产业的一次又一次的变革，尤其是电子及计算机技术、新材料技术、生物工程技术已广泛应用于环保产业的各个领域，高新技术的引进和创新是发展中国家发展赶超发达国家的关键，也是推动节能环保产业发展的重要引擎。

2）绿色产品和清洁生产成为时代的潮流

生存环境的恶化、产品质量问题纠纷让人们了解到积极追求经济发展是不能持久的，必须在注重经济的同时注重环境保护和生产的绿色化。目前，绿色产品、绿色标志、绿色消费、绿色营销悄然兴起并进入消费者生活范围，也成为企业提高自身形象、增加产品竞争力的重要因素

3）环保意识的加强和环保投入不断加大

随着人们环保意识的加强，国家也开始注重环保资金的投入，环保资金是环保产业发展的保障和催化剂，在节能装备、节能产品和节能服务等产业上增加资金投入，不仅能够促进这些产业自身的发展，而且也会为其他产业带来一定的利益。发达国家每年的环保投入要占到其 GNP 的 1.5% 以上，而中国仅占 0.7% 左右。

4）严格立法和政策扶持

发达国家坚持以法治环境，为环保产业的发展奠定良好的基础。例如，美国于1963 年就制定出第一部《清洁空气法》，并在 1970~1990 年做了三次修改，排放标准越来越严格，此外还有日本的《水质污浊防治法》、英国的《联邦水污染控制法》等。美国的《清洁水法》、德国有关包装废弃物的法规、日本的促进再生资源利用的法规，也都效果显著。这些国家在污染物排放上通过排污收费、使用者收费、产品收费、管理收费税收差异等手段来抑制企业对环境的破坏。

5）环保产业向尖端化、系列化和综合化方向发展

过去的环保产业，仅限于治理空气污染、废水、垃圾、噪声、土壤及海洋污染和环境监测的产品、设备、服务及技术项目。而现代社会的环保产业，其内涵已经延伸到发展具有防止和减少污染、节省能源和减少资源投入等效应的新领域，由此促进了多种新的产业和服务的开发和成熟，如促进新能源产业中太阳能、风能、氢能、生物能等的快速市场化，据估计，仅电池一项未来几年就可形成近百亿美元的大市场。

6）农林业向科技化、生态化和高效化方向发展

高新技术成为农林业发展的强大动力。现代农林业与传统农林业不同，它是建

立在全面应用现代科技基础上的高效农林业。目前，现代农林业科技正迅速地向宏观和微观两个领域全面发展，生物技术占主导地位的农林业科技革命正促进着农林业面貌发生根本性变化。同时，质量和品种成为农林产品竞争的首要因素，"无公害""无污染""反季节"水果蔬菜，以及工艺型、观光型、保健型农产品应运而生，林业生态效益日渐受到重视并逐步占据林业发展的主流，农林业开发和科技应用存在着诱人的广阔前景。

7）碳交易规模的快速扩大为林业经济打开了新的发展空间

2006 年，全球碳交易规模只有 246 亿美元，2007 年就升至 629 亿美元，2011 年已经达到 1 760 亿美元。据世界银行预测，2020 年全球碳交易成交额有望达到 5 799 亿美元。碳交易机制被广泛认可、碳交易规模快速扩大，为林业发展插上了金融的翅膀。

10.1.3 中国节能环保产业的发展现状及特点

当前，全球能源资源紧缺，我国在追求低碳与经济协同发展的同时，也在注重节能环保产业的发展。

2010 年 9 月 8 日，《国务院关于加快培育和发展战略性新兴产业的决定》第一次明确提出将"节能环保产业"作为七大战略性新兴产业之一，对其予以明确支持。"十二五"期间，我国节能环保产业发展迅速，产业规模不断扩大，每年以 20%左右的速度增长，节能环保产业总产值 2010 年为两万亿元，2011 年为 2.4 万亿元，2012 年为 2.8 万亿元，2013 年达到 3.3 万亿元。

在现代高效农林业方面，我国农业现代化进程不断加快，农业水利化、机械化与信息化水平不断提高，生产经营组织化与产业化水平不断提升。在林业方面，改革过去传统的单一产业结构，以市场需求为主导，大力发展木材加工、林产化工、林机制造快、森林旅游、森林食品、森林药材、经济林、竹产业等。

森林碳汇、碳排放权交易等在我国快速发展。2011 年 10 月，国家发改委办公厅下发了《关于开展碳排放权交易试点工作的通知》。2013 年以来，我国国内碳交易市场建设在试点与国家层面两个维度均取得了突破性进展，七个碳交易试点先后正式启动交易。我国进行的国际间碳交易类型只有清洁发展机制（clean development mechanism，CDM）项目一种，即发达国家以提供资金和技术的方式，与我国合作投资具有温室气体减排效果的项目，其中造林与再造林就可以申请加入该项目。

我国节能环保产业的发展具有如下特点。

1）节能环保产业部分领域技术水平有了较大提升

在节能环保产业，我国已拥有一批较为成熟的常规节能环保技术和装备，而且部分关键、共性技术已产业化，如节能领域的干法熄焦、纯低温余热发电、高炉煤气发电、炉顶压差发电、等离子点火、变频调速等一批重大节能技术装备。总体来看，产业技术装备在不断升级，已经初步形成了门类较为齐全的产业体系，大规模快速发展的条件已经具备。

2）建筑节能得到了进一步的重视

能源是发展国民经济、改善人民生活水平的重要物质基础，建筑节能是减轻大气污染和改善建筑热环境的需要。我国的建筑产业消耗不节能比例较大，有关调查显示，我国目前建筑能耗比例已占到全国总能耗的 27.6%左右，而新建建筑不节能的占比为 95%，甚至有的建筑中不节能的比例高达 99%。我国正处于工业化和城镇化快速发展阶段及全面建成小康社会的进程中，随着人民生活水平的提高，建筑能耗必然较快增长。近年来我国提高了建筑节能标准，2010 年到 2020 年，建筑节能的平均节能率要达到 65%。我国应该在借鉴国际经验基础上，进一步完善和健全我国建筑节能政策制度，全面推进我国建筑节能的发展。

3）各地对节能环保产业的支持力度逐步加大

为应对不断严重的环境污染，全国各地对节能环保产业的重视程度不断提高，推出了一系列支持政策和措施。湖北省武汉市加快新能源汽车推广应用，制定了节能产品推广、废旧产品回收利用财政补贴政策，加快节能环保服务模式创新，出台合同能源管理项目支持办法，并安排了 5 000 万元市级循环经济引导资金。

4）碳交易市场正从试点向面上展开

我国碳交易由国家发改委主导，碳交易七省市试点工作已正式开始，各地方发展和改革委员会借助各地科研机构及交易所，开始了区域性碳交易市场的搭建。未来我国还将在此基础上搭建全国性的碳市场。

10.2 贵州节能环保产业存在的问题及发展思路

随着经济发展和产业结构调整，贵州节能环保产业逐渐成为改善经济运行质量、促进经济增长、提高经济技术档次的产业。但该产业仍然存在着产业附加值低、技术水平整体不高等问题，必须坚持科学的发展思路，实现产业的跨越式发展。

10.2.1 贵州节能环保产业的发展现状

"十二五"期间，贵州重点建设了一批节能环保产业园区和基地，支持节能环保装备产业化建设，培育一批竞争能力强的节能环保企业，形成一批拥有自主知识产权和核心竞争力的节能环保装备及产品，部分关键技术尤其是抗污染复合反渗透膜及组件、海水淡化膜、抗污染膜及抗氧化膜等将达到国内先进水平。节能环保产业基本涵盖了国家对节能环保产业界定的所有领域，在低温余热发电技术，以及磷石膏、粉煤灰等固体废弃物资源综合利用等领域，具有较强的技术优势。"十二五"期间贵州节能环保产业保持了快速增长的态势，年均增速超过 15%。2013 年产业总产值达 450 亿元。

当前，钢铁、电解铝、水泥等行业节能减排压力逐渐加大，将进一步刺激低温余热发电、烟气脱硫脱硝等节能新技术的应用和重大项目建设，市场扩张动力强劲。资源综合利用方面，贵州省粉煤灰综合利用率约为 70%，磷石膏综合利用约为 30%，赤泥和酒糟等废弃物仍未得到规模化利用，然而城镇化战略的带动及生态文明建设的快速推进，为其提供了广阔的潜在市场，新项目和投资建设将会呈快速增长态势。

贵州农业产业不断升级，正向规模化经营、专业化生产转变。2013 年，省委、省政府做出重点建设 100 个现代高效农业示范园区的战略部署，已建成 103 个农业产业示范园区，有 1 253 家企业入驻园区，其中省级以上龙头企业 174 家，规模以上企业 549 家；培育农民专业合作社 1 288 家，园区从业农民 194.5 万人；建成种植基地 354 万亩，完成无公害农产品、绿色食品、有机食品和地理标识等"三品一标"产品认证 271 个，认证面积 240 万亩。2014 年全省农业农村经济发展成效显著，粮食总产 1 138.5 万吨，比 2013 年增长 10.5%，创五年新高。

在林业方面，贵州坚持"生态建设产业化、产业发展生态化"的发展理念，生态、经济结合，大力推进林业产业发展。面向央企招商以来，自 2011 年到 2015 年履约的林业招商引资项目为 473 个，实际到位资金 214.3 亿元，有力地助推了林业产业的发展。目前，贵州工业原料林基地、中药材基地、茶叶基地、干鲜果品基地，总面积达到 1 920 万亩。2011~2013 年，林业产业总产值分别为 340.69 亿元、401.02 亿元、503.46 亿元，分别增长 15.3%、17.7%、25.5%，林业产业呈现加速发展的良好态势。

贵州碳交易市场也逐步发展起来。2010 年，贵阳环境能源交易所成立。2012 年前十个月，贵州省 9 家企业通过在国际市场上出售"二氧化碳排放权"，创汇 1 041 万美元。贵州是生态产品最多的省份，具有发展森林碳汇的巨大潜力，其对促进贵州的发展具有很大的价值。

10.2.2　贵州节能环保产业存在的问题

从整体看，贵州节能环保产业还存在以下问题。

1. 产业附加值低

贵州省节能环保产业仍以一般产品和低加工度、低附加值产品为主，掌握核心技术的产品比例小，高加工度、高附加值产品少，重大成套产品少。

2. 承接产业转移能力弱

从产业转移看，贵州省在与周边的四川、重庆、湖南、广西等省（自治区、直辖市）的比较中，承接发达地区产业转移的优势不明显，在产业配套、土地成本、人力成本、交通条件等方面优势不突出，只能依靠国家布局或政策环境吸引外来企业落户。

3. 技术水平整体不高

与沿海发达省份相比，贵州节能环保产业总体规模小，龙头企业少，多数产业集中度较低，产业规模效应难以发挥，缺乏成套的节能环保设备，产品技术含量和附加值不高。

贵州节能环保产业区域发展不平衡，贵阳和遵义发展速度较快，其余地区发展较慢。贵州虽然在余热余气余压利用、工业窑炉等的技术上取得一定突破，但在节能环保技术装备的研发生产方面几乎处于空白，产业关联度小；磷石膏砖、粉煤灰砖、餐厨废弃物处理装备等虽然有一定产能，但亟须在商业模式创新方面取得突破，拓展市场。

4. 节能环保产业配套服务水平不高

贵州节能环保产业在环境监理、环境审计、环境法律咨询、环境贸易等配套服务业上发展滞后，节能环保服务产业的基础还比较薄弱。

5. 碳交易和碳金融意识不强

贵州省森林覆盖率居全国前列，但将林业项目用于碳交易、碳金融的意识不强，缺乏专业人才和市场机制。

10.2.3　贵州节能环保产业的发展思路及目标

贵州节能环保产业的发展思路不但要跟上国家大力发展战略性新兴产业的步伐，还要依据贵州的实际，制定出科学合理的发展目标。

1. 发展思路

贵州在发展节能环保产业上以邓小平理论和"三个代表"重要思想为指导，深入贯彻落实科学发展观，依托贵州优势资源，以节能环保市场需求为导向，突出引进消化、吸收、再创新和集成创新。

贵州节能环保产业的基本发展思路如下。

1）政策机制驱动，发挥政府引导作用

节能环保产业的发展需要健全节能环保法规和标准，完善价格、财税、金融、土地等政策以促进推动，引导和鼓励社会资本投向节能环保产业，拉动节能环保产业市场的有效需求。

2）技术创新引领，形成持续竞争力

节能环保产业作为战略性新兴产业之一，以技术创新为驱动力和不断向前发展的"引擎"，所以需要企业不断引进和吸收先进的技术，通过消化、吸收、再创新，形成以企业为主体的技术创新体系，提升装备制造能力和水平，促进产业升级，开发自主知识产权，形成节能环保产业发展新优势。

3）重点工程带动，构建增长极

目前贵州节能环保产业发展缺乏重点工程的引导和带动，需要以节能减排约束性指标为目标，以加快实施节能、循环经济和环境保护为重点工程，形成对节能环保产业最直接、最有效的需求拉动，并给其他产业以辐射影响效益。

4）市场秩序规范，完善发展环境

市场的秩序化和产业发展环境的完善为节能环保产业的发展摒除了一些障碍，市场是一只看不见的手，要打破地方保护、强化执法监督，建立统一开放、公平竞争、规范有序的市场环境，是促进节能环保产业健康发展的有效途径。

5）服务模式创新，构建产业系统

大力推行合同能源管理、特许经营等节能环保服务新机制，推动节能环保设施建设和运营社会化、市场化、专业化服务体系建设。

贵州在紧密围绕经济和社会发展的重大需求、与国家重大科技专项相结合的情况下，突破能源高效与梯次利用、环境污染防治、循环利用等关键共性技术，重点发展高效节能、先进环保和资源综合利用，壮大产业规模，加快形成新的经济增长点。以中心城市为依托，形成节能环保产业聚集区。同时，从贵州省农林业自然条件的实际出发，以增加综合效益为目标，以结构调整为主线，用开放视野、市场眼光、绿色理念、科技手段来发展以绿色有机生态为特征的山地现代高效农林业。

2. 主要目标

到 2020 年，节能环保产业总产值和增加值分别达到 300 亿元和 100 亿元；到 2025 年，实现工业总产值 600 亿元，工业增加值 250 亿元。产值年均增长 15%以上，建设 2~3 个省级节能环保产业园区和基地。节能环保产业成为贵州省国民经济中有重要影响的产业，把贵州建设成为国家重要的有区域特色的节能环保产业基地。

到 2020 年，以绿色有机生态为特征的山地现代高效农业总产值为 300 亿元，增加值 200 亿元，林业总产值 500 亿元，增加值 300 亿元；到 2025 年，山地现代高效农业总产值为 500 亿元，增加值 350 元，林业总产值 1 000 亿元，增加值 600 亿元。把贵州省建设成为国家重要的有区域特色的绿色环保农林产品生产基地和区域碳交易中心。

贵州节能环保产业发展的具体目标如下。

1）综合实力显著提升

到 2020 年，节能环保产业投资超过 100 亿元，发展一批节能环保重点产品，突破一批节能环保关键技术，培育一批具有较强竞争力的节能环保龙头企业，年产值超亿元的节能环保企业达到 20 家以上，其中超 10 亿元的企业 2~4 家；扶持和壮大一批中小企业；发展节能环保产业集群，建成布局合理、品牌效应明显的节能环保产业聚集区，以及在全国具有一定影响力和竞争优势的节能环保装备产业化基地。

2）技术装备水平大幅提升

到 2020 年，节能环保装备和产品质量、性能大幅度提高，形成一批拥有自主知识产权和自主品牌，具有核心竞争力的节能环保装备和产品，部分关键性技术尤其是抗污染复合反渗透膜及组件达到国内先进水平。

3）节能环保产品市场份额逐步扩大

到 2020 年，高效节能产品市场占有率显著提高，资源循环利用产品和环保产品市场占有率大幅提高。

4）节能环保服务得到快速发展

采用合同能源管理机制的节能服务业销售额保持年均增速 30%以上。城镇污水、垃圾，以及脱硫、脱硝处理设施运营基本实现专业化、市场化。

10.3　贵州节能环保产业的发展重点及区域布局

贵州节能环保产业包括高效节能产业、先进环保产业和资源综合利用产业三大类，要因地制宜地分别制定产业发展的重点，合理布局产业发展的区域。

10.3.1　高效节能产业的发展及区域布局

1. 产业界定

高效节能产业是指为节约能源资源、实现能源高效与梯次利用等提供技术基础和装备保障的产业，包括高效节能技术和装备、高效节能产品、节能服务产业等领域。

2. 贵州省高效节能产业发展重点

贵州省高效节能产业重点发展高效节能锅炉、电机变频调速、路灯节能控制、半导体照明等节能技术、工艺和产品，组织实施和推进余热余压利用、电机系统节能、能量系统优化、工业领域节约和替代石油等工程，大力发展节能技术装备，配套发展节能诊断、节能评估、合同能源管理、能源监测及管理等服务业。

3. 贵州省高效节能产业重点项目

贵州高效节能产业要注重重大节能技术与装备产业化工程，这主要在于重点支持燃煤工业锅炉（窑炉）改造、余热余压利用、电机系统节能、能量系统优化、区域热电联产、工业领域节约和替代石油等重点项目工程。

4. 贵州省高效节能产业区域布局

贵州省省环保厅、贵阳市高新区、白云区共同开发建设了白云区环保"城市矿产"示范基地产业园，园区内 12 家企业互为上下游，形成了一条完备的集科研、分拣、加工、销售于一体的产业链。

10.3.2　先进环保产业的发展及区域布局

1. 产业界定

先进环保产业是指在国民经济结构中，以防治环境污染、改善生态环境、保护自然资源为目的而进行的技术产品开发、商业流通、资源利用、信息服务、工程承包等活动的总称。

先进环保产业以围绕主要污染物减排、重点行业和重点流域环境污染防治为目标任务，大力发展环保技术装备、环保产品和环保服务业。重点加快污水处理、垃圾处理、污泥处置、重金属污染防治、土壤修复、大气复合污染防治等污染治理适用技术的研发，大力发展水污染和大气污染防治关键技术及成套设备、固体废弃物处理和循环利用设备，实施一批先进环保示范工程，推进环保材料、药剂、仪器设备及绿色产品的生产和应用。以城镇污水垃圾处理、火电厂烟气脱硫脱硝、危险废物及医疗废物处理为重点，加快发展环保服务业。

2. 贵州省先进环保产业发展重点

贵州省以引进和应用国内外先进的环保设备制造技术为基础，重点促进环保设备高新技术的自主创新研究和制造，重点加强对城镇污水、生活垃圾处理和污泥处理技术的研究，大力发展"三废"污染防治技术和装备，加大城镇污水、污泥处理设施建设力度，实施城镇生活垃圾无害化处理。

3. 贵州省先进环保产业重点项目

贵州大力推进重大环保技术装备及产品产业化示范工程，重点支持建立一批省级重大示范项目。积极培育实行系统设计、设备成套、工程施工、调试运行和维护管理一条龙服务的总承包公司，大力推进环保设施专业化、社会化运营，扶持环境咨询服务企业。

4. 贵州省先进环保产业区域布局

贵州先进环保产业主要布局在贵阳市和遵义市，主要是贵阳市以水污染治理和环保服务业为主的环保综合工业园区和遵义市以大气污染防治为主的环保工业园区。

10.3.3 资源综合利用产业的发展及区域布局

1. 产业界定

资源综合利用主要是指在矿产资源开采过程中对共生、伴生矿进行综合开发与合理利用；对生产过程中产生的废渣、废水（液）、废气、余热余压等进行回收和合理利用；对社会生产和消费过程中产生的各种废物进行回收和再生利用。

2. 贵州省资源综合利用产业发展重点

贵州省在资源综合利用产业方面一直以资源高效利用和循环利用为核心，重点发展煤炭资源、提高粉煤灰、磷石膏、大宗工业固体废弃物等的综合利用率；积极提升再生资源技术装备、资源循环利用技术装备水平；大力发展再生资源产品和资源综合利用服务业。积极实施废旧商品回收体系、"城市矿产"示范基地、餐厨废弃物资源化、产业园区循环化改造、绿色再制造、资源循环利用技术示范推广等工程。

3. 贵州省资源综合利用产业重点项目

贵州省资源综合利用产业重点项目主要集中在半导体照明产业化及应用工程、节能环保服务业培育工程等方面。重点建设贵阳市高新产业技术开发区 LED 蓝宝石衬底项目，使之形成产业链完善、创新能力强、特色鲜明的半导体照明新兴产业集聚区。

4. 贵州省资源综合利用产业区域布局

在贵阳市和遵义市，贵州建立了中心城区餐厨废弃物密闭化、专业化收集运输体系，推进了工业废水和生活污水资源化利用，并进一步推进了六盘水市、安顺市中心城区餐厨垃圾收集、处理、利用工作。在贵阳市建立了"城市矿产"示范基地，支持各市（州、地）中心城市回收体系、资源再生利用产业化、污染治理设施和服务平台建设。

第 11 章 以可再生能源为主导的新能源产业发展

传统经济的发展以消耗自然资源为代价，随着经济社会的快速发展，一次性能源资源开发面临枯竭，寻找新型能源替代一次性能源已经刻不容缓。发展以可再生能源为主导的新能源产业，也是优化贵州省能源结构、实现贵州省经济可持续发展的需要。

11.1 新能源产业的发展现状及特点

目前，能源使用还是以化石能源为主，自然资源的有限性要求我们必须向以可再生能源为主转变，世界各国都将发展新能源作为解决经济问题和抢占国际竞争的制高点，在能源战略、能源结构、能源布局及国际能源合作等一系列重大问题的研究上，中国也在积极参与。

11.1.1 新能源产业的发展概述

新能源是指以新技术和新材料为基础，刚开始开发利用或正在积极研究、有待推广的能源，如太阳能、地热能、风能、海洋能、生物质能和核聚变能等。新能源产业主要是源于新能源技术和产品的发现和应用，是一种非传统能源实现产业化的高新技术产业。

国务院颁布的《"十二五"国家战略性新兴产业发展规划》，明确指出新能源包括核能、风能、页岩气、沼气、生物质发电、生物质气化、太阳能光伏和热利用、地热和地温能、生物燃料和海洋能等。按不同的标准和来源，新能源可以有不同的分类，具体见表 11-1。

表11-1 新能源的分类

分类标准和来源	具体分类	举例
按形成和来源分类	来自太阳辐射的能量	太阳能、水能、风能、生物能
	来自地球内部的能量	核能、地热能
	天体引力能	潮汐能
分类标准和来源	具体分类	举例

续表

分类标准和来源	具体分类	举例
按开发利用状况分类	常规能源	水能、核能
	新能源	生物能、地热、海洋能、太阳能、风能
按属性分类	可再生能源	太阳能、地热、水能、风能、生物能、海洋能
	非可再生能源	核能
按转换传递过程分类	一次能源	水能、风能、核能、海洋能、生物能
	二次能源	沼气、蒸汽、火电、水电、核电、太阳能发电、潮汐发电、波浪发电等

相对于常规能源来说，新能源具有如下优点：一是在使用过程中产生较少的污染物，几乎不会对生态环境造成破坏，如核能发电不会排放巨量的污染物质到大气中，不会造成空气污染，也不会产生引发温室效应的二氧化碳。二是开采方便，储量丰富，可供人类永续利用，如太阳能到处都有，可直接开发和利用，且无须开采和运输。三是成本低，如内蒙古草原上的风力发电成本远远低于发电机。四是应用灵活，因地制宜，如潮汐能源有规律可循，开发规模大小均可。

新能源产业发展是新能源发展过程中各要素相互作用的结果，下面主要从技术要素、创新模式、产业规模和市场环境这四个方面来阐释在新能源产业形成期、成长期、成熟期产业发展过程中的阶段特征（表 11-2）。

表 11-2　新能源产业的阶段性特征

特征要素	技术要素	创新模式	产业规模	市场环境
形成期	新能源产品研发工程已经取得突破性进展	产品创新出现，新企业群体和新技术进入	新能源产业用户较少，产业规模小，配套产业尚不完善	生产和消费脱节，投融资体制不健全，商业模式未成型
成长期	具备技术集成应用条件	技术路线基本确定，品牌创新和工艺创新并重	新能源产业的产值和配套产业规模达到一定量级	市场结构和政策环境初步形成

续表

特征要素	技术要素	创新模式	产业规模	市场环境
成熟期	上、下游产业技术配套,新的产业技术体系出现	产品创新减少,产业趋于稳定	新能源产业已形成完整的产业链	竞争环境有序,产业政策完备

新能源产业是衡量一个国家和地区高新技术发展水平的重要依据,一方面,新能源产业通过吸收巨大投资来满足自身发展的需要,从而使新能源产业发展更加标准化、产业化,同时还能创造出大量的就业机会,带动国内经济的增长;另一方面,新能源产业的发展能够取代传统产业对一次性能源的依赖,提高资源的利用效率,减少对环境的破坏程度,降低成本,有助于可持续经济的快速增长。

11.1.2　国外新能源产业的发展现状及特点

化石能源在世界上分布不均,常常引发竞争甚至争端,而新能源种类多、开发方便、使用清洁,最近几年,全球使用新能源占比逐渐增大,从英国石油公司(British Petroleum,BP)的统计数据来看,从 2010 年,可再生能源开始在生产生活中应用,已经能够在一次能源中占有一定的份额,到 2013 年,可再生能源在一次能源机构中占据比例达到 2.19%,可见其发展还是很快的(图 11-1)。

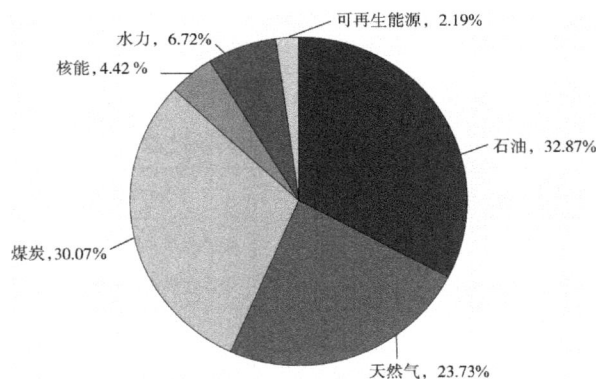

图 11-1　2013 年全球能源消费占比情况

美国是世界唯一的超级大国,其凭借着对新能源的较早利用开发及在新能源领域的投入,在全球新能源产业发展中一直处于领先地位。在政策方面,奥巴马上台后就任命朱棣文为能源部部长,成立了"能源气候变化理事会",自 20 世纪 70 年代以来,出台了多部关于能源的法律政策,其中《能源政策法 2005》确立了可再生能源标准（renewable fuel standard，RFS），《美国能源法 2010》更是从战略层面确保能源安全；在技术创新和资金投入方面，美国投入大量的资金来研究关键技术，2009 年签署了 7 870 亿美元的经济救援计划，其中 600 多亿美元投入新能源领域，除此之外，能源部还将提供总额为 290 万美元的核科学及核工程奖学金，对那些从事核能研究的优秀的在校学生进行奖励；在发展战略层面，奥巴马提出要侧重发展清洁能源，完善新能源产业的产业链，试图通过新能源产业的大力发展来重振美国的经济，建立新的经济增长点，避过经济危机，促使经济回升。

欧洲是全球新能源市场集中地之一，也是新能源技术开发中心。欧盟一直倡导环保和防止气候变化，在新能源方面注重新能源的基础设施建设和创新技术研发，2008 年，欧盟出台《气候行动和可再生能源一揽子计划》，提出要将可再生能源在总能源消耗中的比例提高到 20%，生物质燃料所占比例不得低于 10%。目前，欧盟中主要致力于绿色能源和可再生能源的企业达到了上百家，欧盟也一直在技术方面促进节能减排和可再生能源的融合，通过政策鼓励和经济补偿等方式将创新技术推广应用。欧盟一直重视新能源的研发和利用，希望使用新能源来帮助解决环境污染、全球气候变暖等问题。

日本一直是一个能源短缺的国家，传统能源蕴藏匮乏，需要在新能源领域寻找突破口，因此日本非常重视对新能源的开发。日本很早就制定了一系列的政策和计划来促进新能源产业的发展，并且还通过政府自上而下的政策督促，制定了法律来加以保护。发展至今，日本已成为世界上新能源利用最多的国家。日本为了减少本国能源的消耗和世界性经济危机，制定了"绿色新政构想"，大力调整产业结构，大力发展节能技术及产品的开发，减少对石油、钢铁等行业的投资和依赖。目前，日本的生物发电和风力发电发展比较成熟。

总体来看，世界新能源产业发展呈现如下特点。

（1）世界能源消费结构正呈现出积极的变化。英国石油公司提供的《世界能源统计回顾 2013》（*Statistical Review of World Energy 2013*）数据显示，2012 年世界一次能源消费总量达到 12 476.5 百万吨油当量（Mtoe），比 2011 年增长 1.8%。其中作为新能源组成部分的可再生能源（不含水电）达到 237.4 Mtoe，比 2011 年增长 15.47%。尽管新能源相对于传统能源具有很大优势而且发展很快，但不可忽视的是，传统能源的开采和利用已相对成熟，在相当长一段时间内，传统能源的主导地位还是一直存在的。

（2）在 2020 年之前，新能源在主要国家还将扮演能源供给的补充角色，而不是替代角色。从世界能源结构可以看出，尽管新能源发展速度较快，但其在全球能源结构中的比例仍然很低。以 2012 年为例，水能、核能、可再生能源合计占能源结构的比例也只有 14.2%。

（3）世界能源市场正发生剧烈动荡，将对新能源产业带来深远的影响。从2014 年中期开始至 2015 年年初，美国原油期货价格从每桶 100 美元左右跌至 50美元左右。原油期货价格深幅下跌主要原因有两个：一是技术进步和战略性新兴产业的兴起导致单位 GDP 耗油降低；二是新能源的商业化、规模化使用。当然原油期货价格的下跌也会对新能源下一步的大规模开发和使用带来新的挑战，但从全球能源发展趋势上来看，新能源是人类赖以生存的清洁能源，是能源产业发展的制高点，在能源结构中的比重会持续增加。

11.1.3　中国新能源产业的发展现状及特点

中国作为当今世界上最大的发展中国家，是仅次于美国的第二大石油进口国和消费国。2012 年，中国国务院发布的《中国的能源政策》指出中国政府在维持能源资源长期稳定增长上的战略性目标：中国能源必须走科技含量高、资源消耗低、环境污染少、经济效益好、安全有保障的发展道路。

统计年鉴显示，2013 年，煤炭在我国一次能源消费结构中的占比为 67%，创历史新低；石油占比为 17%，也是 1991 年以来的最低值。而清洁能源占比大幅度增长，天然气消费增量最为显著，较 2012 年增长速度为 10.46%，增幅居世界首位。在 2004~2013 年的 10 年中，天然气占我国一次能源消费结构的比重翻了一番，在2013 年达到 6%（图 11-2）。

2013 年，我国一次能源消费总量增长率为 9.5%，其中传统能源增长 9.2%，新能源增长 14.5%，由此可以看出我国新能源增长的趋势已经显现。至 2014 年，我国水电总装机约 3 亿千瓦，新增装机约 2 000 万千瓦，提前一年完成"十二五"规划目标；新投产核电机组 5 台，全国在运核电机组达 22 台；风电并网年发电量 1 500亿千瓦时；太阳能发电年发电量 250 亿千瓦时；生物质能、地热能发电年发电量350 亿千瓦时。根据国家中长期规划，到 2020 年非化石能源占比要达到 15%，煤炭消费比重控制在 62%以内；2030 年左右二氧化碳排放达到峰值，非化石能源占比达 20%。可见，"十二五"时期，我国新能源在能源结构中的比重还将显著上升，在推进战略性新兴产业的发展中起着重要作用。

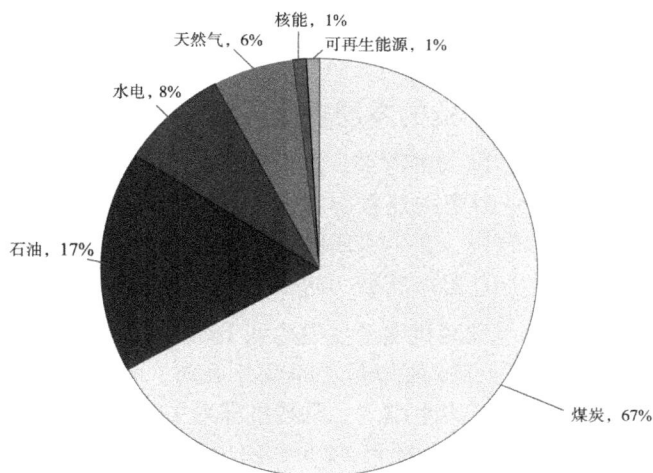

图 11-2　2013 年我国一次能源消费结构

从总体上来看，我国的能源消费正在朝着清洁、高效、多元化、市场化和可持续发展方向前进，新能源产业规模不断扩大，并成为重要的替代能源。我国新能源产业在发展中呈现如下特点。

（1）在能源结构中，水力能是最重要的新能源。水力能占一次能源消费的比重从 2010 年的 6.7%稳步增至 2012 年的 7.2%，其他可再生能源合计占比从 2010 年的 0.5%稳步增至 2012 年的 1.2%。但从总体上看，在我国能源结构中，原煤、石油、天然气占比仍远高于全球水平（其中原煤占比 68%，石油占比 18%，天然气占比 5%）。

（2）在新能源技术和设备制造方面取得了明显进步。2.5 兆瓦以上大型风电发电机组得到推广应用，太阳能热利用技术、太阳能光伏发电技术是太阳能技术的发展重点，生物质热化学转化技术、生物质化学技术是近期生物质技术的研发重点。核电主流设备为改进型的第二代核电机组，三代核电设备的相关技术已经突破，正面临规模化生产的任务。

（3）产业发展还面临较多新问题。除水力能之外，我国在新能源发展中还面临成本增幅较大、市场竞争力较弱、加工工艺和转化技术落后、次生污染问题比较严重、技术寿命短、投资及经营风险大等问题。

11.2　贵州新能源产业存在的问题及发展思路

目前，贵州省已经形成风电、农林生物质发电、垃圾发电、光伏发电、煤矿瓦斯发电等多种新能源产业发展格局。绿色能源示范县建设、新能源示范城市创建工作正在开展。全省的新能源产业呈现持续、快速、健康发展的态势。

11.2.1　贵州新能源产业的发展现状

贵州省位于我国西南地区的中南部，具备较好的发展水能、太阳能、风能和生物质能的资源基础，部分能源资源还较丰富，具备一定的开发潜力。虽然贵州新能源产业起步较晚，但发展较快，在生物质能、风能、核能、太阳能、煤层气（煤矿瓦斯）等方面的开发和利用已经取得较大进展。

2013 年年底，贵州新能源装机容量规模达到 163.51 万千瓦，同比增长 40.33%，其中新增装机容量 46.99 万千瓦，发电量 19.4 亿千瓦时，同比增长 70.90%。2014 年贵州全省重点建设新能源项目共计 61 个，总装机容量 274 万千瓦，总投资 251 亿元，计划完成投资 100 亿元，其中风能项目 54 个，占项目数总的 88.5%，农林生物质能源项目和垃圾发电项目各 3 个，各占项目总数的 4.9%，太阳能项目 1 个，占项目总数的 1.6%。

风电方面，2013 年新增装机容量 38.35 万千瓦，累计装机容量达到 134.81 万千瓦，年发电量 12.08 亿千瓦时。国家能源局于 2014 年 2 月下达了贵州省"十二五"第四批风电项目。至此，核准在建风能装机容量 168.5 万千瓦，开展前期工作的装机容量达到 541.05 万千瓦。全年无弃风、限电现象发生，利用小时数超过 2 000 小时。获得 2013 年国家风电年度核准计划装机 120.6 万千瓦，同比增长 13%。其中分散式接入风电开发方案率先获得国家批复，装机规模将达到 120 万千瓦。从贵州全省风能资源分布来看，风能资源相对丰富区主要集中在毕节市的威宁、赫章县和六盘水市的盘县。要大规模地开发这些地区的风资源，则会对当地电网的运行提出较严峻的考验，而上述地区又处在贵州电网的末端，以目前的电网现状，其较难完全吸纳该地区的全部风电。

农林生物质发电方面，贵州省对农林生物质资源的利用技术还不发达，使用范围不广泛，由于近年来沼气技术的推广和应用，少部分农业生物质资源被农户用于生产沼气后作为燃料。其他新技术的研究及推广应用还比较少，林业"三剩物"的深加工利用等技术水平比较低。贵州省首个项目松桃县农林生物质发电厂建成投产，装机容量为 3 万千瓦，核准在建装机容量 18 万千瓦。垃圾发电方面，核准在建项目两个，装机容量 6 万千瓦。

太阳能光伏发电方面，贵州省太阳能资源不丰富，按照有关标准，贵州省属于五类太阳能地区，是我国太阳能资源相对贫乏的地区之一。贵州省的年平均太阳总辐射总体分布特征是西部和西南部高，东北部和东部低。贵州省太阳能资源利用目前主要是光热利用，即太阳能热水器。太阳能发电主要考虑，在尚未通电的边远山区以独立太阳能光伏发电为主。首个项目威宁县平箐光伏电站可行性研究已经完成，装机容量 3 万千瓦。

核电方面，贵州省还拥有一批达到国内领先水平的重大技术装备和产品，其中反应堆压力容器主螺旋套件、百万千瓦级核电站核一级安全端等产品为国内首次研制成功的核电装备，智能变压器、动态无功补偿装置、绝缘栅晶体管等智能电网装备技术在国内处于领先水平。贵州铀矿资源丰富，开采潜力大。贵州省有色金属和核工业地质勘查局正在开展《贵州省铀矿资源地质勘查规划》的制定等相关工作，这将进一步探明贵州省铀矿资源，提高勘查程度，为铀矿资源开发提供地质依据。

11.2.2　贵州新能源产业存在的问题

目前，贵州省已经形成风电、农林生物质发电、垃圾发电、太阳能光伏发电、煤层气发电等多种新能源产业发展格局。全省的新能源产业呈现持续、快速、健康发展的态势。但总体来看，贵州新能源产业还存在以下问题。

1. 产业规模总体偏小，结构不合理

贵州省能源结构中，仍然以传统能源为主，新能源在能源结构中所占比例很小；同时新能源内部又以水力能、风能为主，产业发展不均衡。贵州省作为南方重要的煤炭基地和能源基地，长期依赖以煤为主的能源供应体系，除水能外的其他新能源很少开发利用。直到 2011 年 4 月贵州省毕节市韭菜坪风电场一期才建成发电（装机 4.95 万千瓦），太阳能热水器也只是少数居民使用而已，新能源发展步伐缓慢。

贵安新区成立时间短，原有产业基础也较薄弱，现有规模以上企业主要集中在传统产业，基本不符合贵安新区产业发展方向，未来一段时期，贵安新区还将面临传统产业优化升级、淘汰落后产能的问题。未来发展的四大产业目前还处在"打基础"阶段，已投产产业规模尚未显现。直管区规模以上企业仅有 22 家，2014 年直管区规模以上工业企业累计完成总产值 13.64 亿元，累计完成工业增加值 3.49 亿元；全社会固定资产投资累计完成 313 亿元，社会消费品零售总额 6.1 亿元，工业发展底子薄，尚处于发展期。

2. 总体技术水平不高

贵州省新能源产业发展中核心技术不成熟、创业创新能力较弱，新能源所用设备和技术多为比较成熟的传统设备、技术和工艺。太阳能资源利用目前主要是光热利用，即太阳能热水器。贵州省对农林生物质资源的利用技术还不发达，使用范围不广泛。其他新技术的研究及推广应用还比较少，林业"三剩物"的深加工利用等技术基础比较薄弱。

3. 缺乏龙头企业支撑、市场竞争力小

贵州省新能源产业发展缺乏具有较强行业影响力的龙头企业，资质较高的企业（机构）少，企业（机构）创新能力普遍不强，市场主体"小、散、弱"等状况没有根本改变。一方面，在新能源设备方面缺乏有规模、有技术的大型企业；另一方面，在新能源发电方面也缺乏较大规模的企业。

11.2.3　贵州新能源产业的发展思路及目标

贵州发展新能源产业，不但要制定科学的发展思路，而且要制定切实可行的发展目标。

1. 发展思路

贵州新能源产业的发展以邓小平理论、"三个代表"重要思想为指导，深入落实科学发展观，以建设资源节约型、环境友好型社会为目标，认真贯彻落实《中华人民共和国节约能源法》和《中华人民共和国可再生能源法》等法律法规，紧紧抓住国家加快新能源产业发展的重大机遇，合理有效地开发利用水能、风能、核能、太阳能和生物质能等新能源，坚持政府推动、政策激励与市场机制相结合，促进技术进步，增强市场竞争力，不断提高新能源在能源消费中的比重。

围绕贵州风能、太阳能、页岩气、生物质能等新能源资源优势，大力提高新能源在能源结构中的比例，重点发展风电配套、太阳能发电组件、页岩气开采装备、生物质能源、核电配套组件等；积极发展核电机组核电装备制造、探索碳基燃料固体氧化物燃料电池关键材料及工艺、分布式能源供电关键技术及装备等新能源产业，为改变长期以来贵州省以依赖煤炭为主的能源供应体系提供技术装备保障。

2. 主要目标

贵州省新能源发展的总体目标是：提高新能源在能源消费中的比重，推行有机废弃物的能源化利用，推进新能源技术的产业化发展，解决偏远地区电力、生活燃料等主要能源供应问题。充分利用风能、生物质能等技术成熟、经济性好的新能源，加快推进风电、核电、生物质发电、抽水蓄能产业化发展，逐步提高优质清洁新能源在能源结构中的比例，把新能源产业建设成为推动贵州省经济结构调整和转变经济发展方式的重要力量，并使之成为对国民经济有重要影响力的产业。

到 2020 年，新能源产业实现工业总产值 150 亿元，工业增加值 50 亿元，全省新能源和可再生能源装机 1 300 万千瓦，其中风电 900 万千瓦，农林生物质发电 50

万千瓦，煤层气发电 100 万千瓦，太阳能光伏发电 100 万千瓦，其他 150 万千瓦；到 2025 年，实现工业总产值 350 亿元，工业增加值 100 亿元，全省新能源和可再生能源装机 2 800 万千瓦，其中风电 2 000 万千瓦，农林生物质发电 100 万千瓦，煤层气发电 250 万千瓦，太阳能光伏发电 200 万千瓦，其他 300 万千瓦。

11.3　贵州新能源产业的发展重点及区域布局

贵州发展新能源产业，要基于贵州的自然环境优势和资源禀赋情况，重点发展智能电网及电力装备产业、风电及太阳能发电产业和生物质能源及燃料电池产业等四类产业，并在全省范围内实现科学布局、重点发展。

11.3.1　智能电网及电力装备产业的发展及区域布局

1. 产业界定

智能电网就是电网的智能化，也被称为"电网 2.0"，它是建立在集成的、高速双向通信网络的基础上，通过先进的传感和测量技术、先进的设备技术、先进的控制方法及先进的决策支持系统技术的应用，实现电网可靠、安全、经济、高效、环境友好和使用安全的目标。

2. 贵州省智能电网及电力装备产业发展重点

贵州省智能电网产业技术创新战略联盟于 2013 年 9 月 26 日由贵州省科技厅和经济和信息化委员会联合指导成立。联盟由贵州电网公司牵头发起，由贵州电力试验研究院、贵州广思信息网络有限公司、贵州省产业技术发展研究院、贵州大学等二十余家企业、高校和科研单位组成。联盟旨在有效集聚创新资源，携手开展产学研合作，推进贵州智能电网及电力装备制造业发展。联盟将紧紧围绕贵州省委、省政府"5 个 100 工程"建设中城市综合体、小城镇、产业园区等的建设需要，积极开展科技创新，开发智能输配电技术、自动配电系统、应急电力装备等智能、绿色能源技术，充分利用自身特色、区位优势和产业基础，推进产业集群发展。

贵州省智能电网在建设城乡电网和改造农村水电配套时，还需要建立适应新能源接入和能源布局需要的现代化电网。重点发展新能源接入与控制、大容量电力储能、高温超导等核心技术的研发和产业化；加快建设国家能源智能电网研发中心、国家智能电网用户端产品（系统）质量监督检验中心等国家级技术研发平台；推进钠硫电池、流体钒电池、磷酸铁锂电池等储能系统示范运行项目，推动高温超导带材和超导电力设备加快研发和产业化。

3. 贵州省智能电网及电力装备产业重点项目

重点建设 500 千伏输变电工程和 220 千伏及以下输变电工程，农村电网改造升级工程、煤矿双电源工程和城市配电网建设与改造工程。建设完善 500 千伏电网及新增项目配套的送出工程、建设改造 220 千伏电网、建设城市 110 千伏及以下配电网、新增 35 千伏变电容量 1 000 万千伏安，新建 35 千伏线路 5 700 千米、抓好电网技术改造、科技信息化、电动汽车充电设施建设等项目。

4. 贵州省智能电网及电力装备产业区域布局

贵州电网已形成鸭溪—息烽—贵阳—安顺—青岩—福泉—鸭溪和贵阳—福泉的 500 千伏"日"字形主干网架，并经福泉向东辐射至施秉—铜仁—松桃，通过施秉—黎平—桂林、天生桥—罗平线路、天生桥—金州—兴仁换流站—八河、天生桥—平果—来宾—梧州—罗洞、青岩—河池—柳州—贺州—罗洞 500 千伏线路，实现了粤、桂、滇、黔四省（区）联网。目前，正在加快省内 500 千伏及以下网格型电网建设和改造，形成"三横一中心"，即遵义东—湄潭—铜仁西—大兴组成的北通道，安顺—贵阳西—贵阳—醒狮—福泉—施秉—铜仁组成的中通道，兴仁换流站—罗甸—独山—榕江—黎平组成的南通道"三横"和黔中电网"一中心"。

11.3.2　风电及太阳能发电产业的发展及区域布局

1. 产业界定

风能作为一种清洁的可再生能源，越来越受到世界各国的重视。其蕴量巨大，全球的风能约为 2.74×10^9 兆瓦，其中可利用的风能为 2×10^7 兆瓦。

太阳能是太阳中的氢原子核在超高温时聚变释放的巨大能量，是来自地球外部天体的能源（主要是太阳能），利用太阳能发电主要是利用太阳光发电和利用太阳热发电。

2. 贵州省风电及太阳能发电产业发展重点

贵州风电及太阳能产业发展重点是建设特大风场，并且有序推进太阳能电站建设，大力推广分布式太阳能光伏发电，并且在新能源示范城市建设下，开展以智能电网技术为支撑的分布式光伏发电系统建设；在国家能源发展战略指导下，通过专业的技术机构和根据市场需求导向，发展太阳能全面发展的产业服务体系。

3. 贵州省风电及太阳能发电产业重点项目

为有效利用能源优势，贵州省以工业园区为载体，加大招商引资力度，大力引进新能源制造企业；引入华锐风电科技（贵州）有限公司、贵州保龙设备制造有限公司和中复连众(贵州)复合材料有限公司,总投资 5 亿元,可年产主机 200 台(套)、塔筒 180 台（套）、叶片 600 片（200 台/套），实现年产值 30 亿元，利税 1 亿元，解决就业人员 1 200 余人。

4. 贵州省风电及太阳能发电产业区域布局

位于贵州西北部的威宁县是贵州省面积最大、海拔最高、日照时间最长的县，风能、光能资源为贵州之最，适宜开发水能、风能、光能等新能源项目。贵州应在贵阳、遵义等地建设风能、太阳能、地热能等技术和产品的研发制造基地。

11.3.3　生物质能源及燃料电池产业的发展及区域布局

1. 产业界定

生物质能源产业是指利用可再生或循环的有机物质，包括农作物、树木和其他植物及其残体、畜禽粪便、有机废弃物，以及以土地种植的边缘性能源植物为原料，进行生物燃料和生物能源生产的产业。

生物质的主要作物来源于农业，生物质发电与"三农"和生态建设关联密切，它是工业反哺农业的一个重要举措，不仅可以促进当地农民增收，清洁乡村，带动当地农村经济发展，还能发展节能减排产业，促进新能源产业的发展。

2. 贵州省生物质能源及燃料电池产业发展重点

贵州优先发展沼气、非粮生物乙醇、生物柴油等生物质能，积极试行垃圾发电。

3. 贵州省生物质能源及燃料电池产业重点项目

贵州筹划建设甲醇、二甲醚新型替代燃料项目，促进二甲醚规模化利用；积极推动省内天然气和煤层气开采项目；启动百万千瓦级核电站建设的前期工作。

4. 贵州省生物质能源及燃料电池产业区域布局

在黔西南州、黔南州和贵阳市，贵州已经形成生物能源技术和产品研发制造基地。

第 12 章　以先进技术为引导的新能源汽车产业培育

汽车产业是国民经济的重要支柱产业,在国民经济和社会发展中发挥着重要作用。随着我国经济持续快速发展和城镇化进程加速推进,今后较长一段时期汽车需求量仍将保持增长势头。加快培育和发展节能汽车与新能源汽车,既是有效缓解能源和环境压力、推动汽车产业可持续发展的紧迫任务,也是加快汽车产业转型升级、培育新的经济增长点和国际竞争优势的战略举措。

12.1　新能源汽车产业的发展现状及特点

随着新车型的增多,空气污染的加剧和能源资源的短缺,市场对新能源汽车的需求也与日俱增,各国政府开始重视新能源汽车产业,对新能源汽车的扶助政策和激励措施也大力促进了新能源汽车的销售,促进了全球新能源汽车产业以更快的速度成长,新能源汽车的需求度再上一个台阶。发展新能源汽车产业因此成为各国实现汽车产业转型的一个重要方式。

12.1.1　新能源汽车产业的发展概述

能源是现代经济发展的重要支撑,世界经济的发展已经离不开对能源的开发和利用。在汽车日益普及的背景下,汽车产业发展对资源和能源需求的规模越来越大,对能源、资源供应造成的压力也越来越大,新能源汽车产业必将成为未来汽车产业发展的导向与目标。而新能源汽车是指除汽油、柴油发动机之外的所有其他能源汽车,其是用非常规车用燃料作为动力来源,综合车辆的动力控制和驱动方面的先进技术而形成的技术原理先进、具有新技术和新结构的汽车,被认为能减少空气污染和缓解能源短缺。新能源汽车包括燃气汽车(液化天然气、压缩天然气)、燃料电池电动汽车(fuel cell electric vehicle,FCEV)、纯电动汽车(blade electric vehicle,BEV)、液化石油气汽车、氢能源动力汽车、混合动力汽车(油气混合、油电混合)、太阳能汽车和其他新能源汽车等,废气排放量比较低。新能源汽车的分类体系如图 12-1 所示。

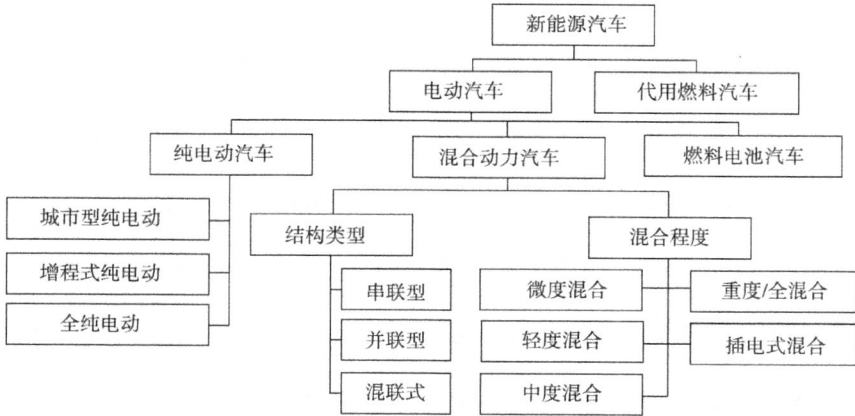

图 12-1　新能源汽车的分类体系

新能源汽车产业的特性，至少应该包括以下五个方面（图 12-2）。

图 12-2　新能源汽车产业的特性

（1）战略性。节能环保和安全是一百多年来汽车工业发展的永恒主题，也是在不同发展时期汽车工业面临的最严峻的挑战。作为战略性新兴产业之一的新能源汽车产业的出现，不仅仅是因为现在石油资源的缺乏或者是电力供大于求，汽车产业还必须考虑战略性发展，即未来汽车产业的发展方向和使用的能源，而这些取决于汽车技术的发展，并最终取决于市场需求。

（2）先进性。新能源汽车是传统汽车的升级换代，不只是现有汽车的简单升级，还是技术的创新和跨越。简单来讲，我们不能牺牲用户的使用习惯，更不能牺牲用户的感受。

（3）系统性。这意味着新能源汽车产业不能仅靠自身的发展，要系统考虑、协同发展，带动相关产品和产业形成新的产业链。

（4）市场性。在新能源汽车发展的初始阶段，需要政策推动，但是市场和消费者是最终的决定者。所以无论在产品研发、技术创新或者流程改造上，都要以企业为主体、以市场为导向，最终满足客户的需求。

（5）多元性。在未来相当长一段时间，新能源汽车的发展仍将呈现多元化格局发展，而不是一枝独秀或者追逐跟风的局面，每一个企业都应该根据自己在市场中的定位，通过自己的理解并结合自己的能力，在不同的发展阶段推出不同产品。

我国人口基数庞大，汽车市场规模和潜力均居世界前列，汽车时代的到来，使人们对能源的需求更为迫切，因此，发展新能源汽车产业对于我国具有更为重要的战略意义。

12.1.2　国外新能源汽车产业的发展现状及特点

随着大气污染越来越严重，石油资源的紧缺，各国纷纷出台限制汽车排放污染的种种法律、法规和政策，加大推出节能汽车或清洁能源汽车。在新能源汽车当中，燃气汽车现今最受欢迎，在 600 多万辆的新能源汽车中，80%～90%都是燃气汽车，而其他种类的新能源汽车，如氢气汽车、电动汽车等仍然处于研发阶段。

国外新能源汽车产业主要集中在几个发达国家，包括美国、德国和日本等。

1. 美国新能源汽车发展状况

2010 年，美国提出到 2015 年销售 100 万辆充电式混合动力车的发展目标。在政府采取项目资助、政府采购、高额税收抵免等配套政策的刺激下，2013 年销售量已经达到 80 万辆。近十年来，美国已成为世界第一大乙醇生产国，奥巴马政府已就支持乙醇的政策达成一致，乙醇作为一种燃料添加剂被广泛使用。

在技术变革方面，2010 年，美国引入了通用汽车雪佛兰 Volt 车型，这是美国市场首台插入式混合动力汽车（plug-in electric vehicle，PEV），其销量持续保持市场领先。2013 年，雪佛兰 Volt 市场份额占据了大约 75%。

在政府政策方面，美国政府相关部门和行业机构制定了新能源汽车发展政策，致力于推动汽车产业的变革，表 12-1 是美国各届政府对汽车产业的政策及其效果。

表 12-1　美国各届政府对汽车产业的政策及其效果

政府	政策	效果
Woodrow Wilson（1921 年）	改善公路	廉价、质量好的汽车
Ronald Reagan（1980 年）	提升美国汽车制造商的国际地位	更高质量、燃油经济性汽车
政府	政策	效果
Bill Clinton（1993 年）	清洁能源行动计划	效果一般
Barack Obama（2009 年）	清洁能源汽车，税收减免退税	混合动力和更加节能的汽车

在资金支持方面，美国政府拨给能源部 24 亿美元来资助一揽子联邦刺激政策，旨在建设电动车和电池制造设施。

2. 德国新能源汽车发展状况

德国是一个资源短缺、工业发展强大的国家。汽车对能源的消耗巨大，根据这一条件，电动汽车如果使用传统的电力来源，德国汽车的发展就会受到自身资源短缺的制约，使用可再生能源转化的电力成为时代的需求。所以德国的新能源汽车主要技术路线锁定为电动汽车，主要是插电式混合动力汽车（plug-in hybrid electric vehicle，PHEV）、纯电动汽车、氢燃料电池汽车（fuel cell vehicle，FCV）。2009年，德国发布《国家电动汽车发展计划》，目标是到 2020 年，德国所拥有已上路纯电动和插电式混合动力汽车达 100 万辆。

总的来说，德国拥有发展电动汽车的研发优势和很好的发展空间，尤其在近几年来，德国政府制定了详细的全面发展规划（表12-2），以期在电动汽车领域占据一定地位。

表 12-2　德国电动汽车发展规划阶段及特征

时间段	阶段特征	重点项目
2011~2014 年	市场准备阶段	研发和开展示范项目
2015~2017 年	市场推广阶段	电动汽车及其配套基础设施的市场推广
2018~2020 年	规模化市场形成阶段	形成可持续的商业模式

3. 日本新能源汽车发展状况

日本在锂电池和混合动力汽车领域，不论从技术还是量产方面，都是全球的领导者。将汽车和锂电池结合起来一直是日本企业的努力方向。日本锂电池企业的产能规划总的来说走在全世界的前头。当美国、中国、欧盟等国家或组织于 2009 年开始重视锂电产业并敦促企业加紧行动的时候，日本的锂电池企业在 2007 年和 2008 年就基本做好了动力锂电池领域的产能发展规划，而相关的技术准备工作则是更早就完成得差不多了。日本新能源汽车产业政策如表 12-3 所示。

表 12-3　日本新能源汽车产业政策

年份	日本新能源汽车产业政策
1970	《日本汽车工业的产业规划》：规划中，发展电动车的说明占了近1/3 的篇幅。从此，电动车的研发就成了"国家级"项目，日本并于 1971 年开始执行"大型设计计划"，投资 57 亿日元
1992	制定为期 10 年的锂电池研究计划，集中了全国 12 家企业的力量联合攻关，其中包括电装、日立、三菱电器等蓄电池生产主导厂家
2006	日本政府基本上已经认定电动汽车是汽车工业的发展方向，发表《对新一代汽车电池的建议》；2007 年 3 月初，日本新能源产业技术综合开发机构（The New Energy and Industrial Technology Development Organization，NEDO）公布将费时 5 年投入约 100 亿日元开发适用于插电式混合动力汽车和电动汽车的高性能充电电池的项目计划
2009	"举国研发体制"：NEDO 选定了以京都大学为核心的日本国内 7 所大学、3 家研究机构、12 家企业为"All Japan"执行机构的第一批成员，其几乎囊括了日本汽车和电池领域产业和研发方面全部的顶尖力量
2010	《新一代汽车战略 2010》：到 2020 年，在日本销售的新车中，实现电动汽车和混合动力汽车等"新一代汽车"总销量比例达到 50% 的目标，并计划于 2020 年前在全国建成 200 万个普通充电站、5 000 个快速充电站

资料来源：台湾中机院机电市场研究所

在政府强力产业政策的支持下，日本不仅成为全球新能源汽车的生产大国，同时也是销售大国。在全球经济危机的背景下，日本混合动力汽车于 2009 年已经形成了完整的产业化运作，电动汽车和燃料电池汽车的技术研发也日益完善。日产、三菱、本田、丰田等均是世界新能源汽车的重要生产企业。丰田 PRIUS 混合动力轿车是当之无愧的新能源汽车销量冠军，2011 年该车型销量为 41 万多辆，占全球新能源汽车销量的 68%。日本新能源汽车的销售规模大约为美国的一半，但新能源汽车的销售占比是全球最高的，2013 年日本新能源汽车的销售占比高达 20%。

总体分析，全球新能源汽车产业发展呈现如下特点。

1）发达国家新能源汽车产业政策不断完善

美国、日本及欧洲等发达国家和地区都站在战略的角度来重视新能源汽车的发展，它们根据自身资源产能状况、国内国际发展路线制定新能源汽车产业政策,以此来强力推进新能源汽车的产业化进程。以美国、日本、德国等为代表的发达经济体对新能源汽车的产业政策逐步完善,对新能源汽车产业的发展正发挥越来越明显的作用。

2)产业成熟度越来越高

世界主要汽车生产企业在新能源汽车技术方面的成熟度越来越高,制造成本不断降低,性能不断提升。

3)全球新能源汽车的市场规模正呈现高速增长趋势

近年来,发达国家汽车市场增长非常缓慢,有些地区甚至出现了负增长,但是新能源汽车市场保持了较高的增长速度,这预示了新能源汽车美好的发展前景。

12.1.3 中国新能源汽车产业的发展现状及特点

我国新能源汽车的发展起步于 21 世纪初,2001 年,"863 电动汽车重大专项计划"正式拉开发展新能源汽车产业的序幕。到 2012 年 6 月,我国政府颁布《节能与新能源汽车产业发展规划(2012—2020 年)》,才第一次明确了我国新能源汽车产业发展的技术路线。2012 年,国务院发布的《节能与新能源汽车产业发展规划》提出,到 2015 年,纯电动汽车和插电式混合动力汽车累计产销量力争达到50 万辆;到 2020 年,纯电动汽车和插电式混合动力汽车生产能力达到 200 万辆、累计产销量超过 500 万辆。2014 年的政府工作报告再次明确提出"推广新能源汽车"计划,提出"四个不变":坚持发展新能源汽车的国家战略不变,以纯电驱动为新能源汽车发展和汽车工业转型的战略取向不变,新能源汽车的发展目标不变,政府扶持的政策取向不变。2014 年,北京国际车展全球首发车高达 118 辆,其中新能源首发车多达 79 辆,占近七成,成为本届车展最大亮点之一。中外车企在车展上同台竞技,展出新能源汽车最新研发成果,既显现出中外车企对新能源汽车的重视,也表明了中国新能源汽车良好的市场发展前景。

根据汽车工业协会统计数据,2011 年、2012 年、2013 年我国新能源汽车销量分别为 8 159 辆、12 791 辆、17 642 辆,其中纯电动汽车分别为 5 579 辆、11 375辆、14 604 辆,插电式混合动力汽车分别为 2 580 辆、1 416 辆、3 038 辆。2014 年前 11 个月,我国新能源汽车销量达到 5.3 万辆,呈现爆发式增长。但整体来看,我国新能源汽车销售占全球新能源汽车销售的比例还非常小,占国内汽车市场规模的比例也非常小。

近年来,新能源汽车行业暖风频吹:特斯拉免费开放其专利技术;国内相关城市不断加大充电桩建设、加大补贴力度,不断完善新能源汽车放量所需的基础设施、技术及相关政策准备。从行业属性看，不同于新能源汽车供应链上的其他环节，新能源汽车薄膜电容器行业不存在产能过剩、过度竞争的问题。新能源汽车领域中每辆新能源汽车的薄膜电容器产值为 3 000 元，根据我国新能源汽车产量进行分析，2010 年，我国新能源汽车领域薄膜电容器产值超过 2 000 万元，为 2 160 万元；2013 年，我国新能源汽车领域薄膜电容器产值为 5 250 万元（图 12-3）。

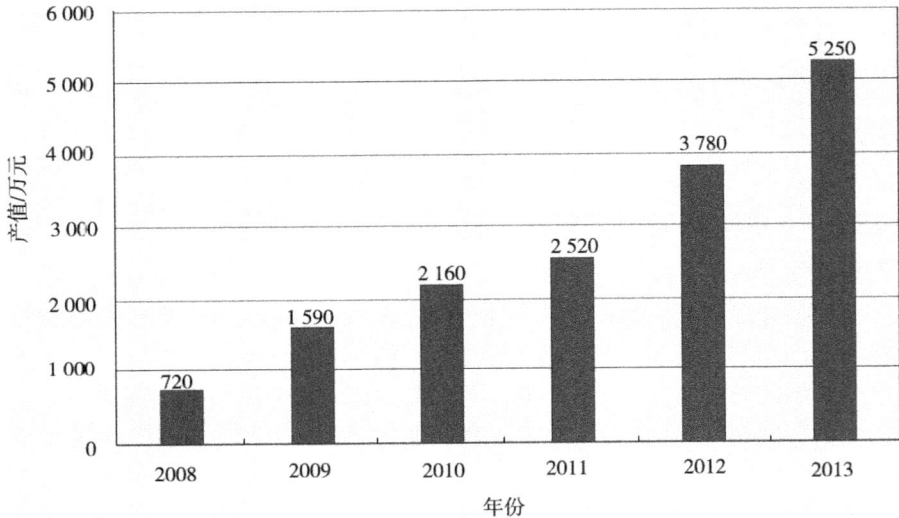

图 12-3　2008~2013 年中国新能源汽车领域薄膜电容器产值

从整体来分析，我国新能源汽车产业发展呈现以下特点。

第一，随着技术投入规模的扩大，技术创新步伐的加快，我国在技术方面与发达国家的差距正在缩小。

我国节能与新能源汽车自主化水平不断提高，基本建立了"三纵三横"三大平台矩阵式体系。在整车方面，混合动力公交车产品趋于成熟，部分车型节油率可达到 25% 左右。在动力电池方面，单体动力电池的能量密度从 2009 年的 100 瓦时/千克提升至 2013 年的 130 瓦时/千克，成本由每瓦时 5 元降低至 3 元，循环使用寿命超过 2 000 次。

第二，新能源汽车市场在国家相关配套政策的支持下呈现加速度增长。

2014 年前 11 个月，新能源汽车的销售开始出现爆发式增长，市场规模快速扩大。其中混合动力公交车是推广数量与成效最为明显的车型，纯电动乘用车数量明显增长。目前，已经初步形成以环渤海、长三角、珠三角、东北、长株潭、西南为代表的产业集群。

第三，生产企业竞争力快速增强。

随着国内汽车企业国际并购和扩张，汽车生产企业的整体实力快速增强，我国在新能源汽车领域的国际竞争力会显著提升。

第四，沿海发达地区新能源汽车产业基础配套设施建设速度加快。

环渤海、长三角、珠三角等发达地区，新能源汽车产业基础配套设施正日趋成型，这为新能源汽车的产业化、市场化提供了强力支撑。

12.2　贵州新能源汽车产业存在的问题及发展思路

贵州新能源汽车产业发展从制造基地建成到配套设施的完善，从新能源技术的研发到实际生产过程的应用，贵州这几年新能源汽车产业利好消息不断。虽然贵州发展新能源汽车产业有一定的基础，但是仍然存在诸多不足和劣势，必须制定科学的发展思路和发展目标。

12.2.1　贵州新能源汽车产业的发展现状

贵州新能源汽车起步虽晚，但发展较快。当前，贵州省汽车及零部件制造企业有 100 多家，规模较大的有奇瑞万达贵州客车股份有限公司、贵航汽车零部件股份有限公司、贵州贵航云马汽车工业有限责任公司等，汽车零件、汽车总成、汽车电子及系统等产品，已初步形成一定的技术基础和产业规模。2014 年 1~8 月，贵州新能源汽车受国家启动新一轮新能源汽车补贴政策的利好影响，整车、电池及相关零部件项目进展顺利，完成投资 24.54 亿元，新投产项目两个，新增产值 4.5 亿元。

新能源汽车及其配件的研发和生产，主要集中地在贵阳市和毕节市。小孟工业园奇瑞汽车项目已于 2013 年 4 月实现建成投产，目前已具备了年产 3 万辆新能源客车的生产能力。与之配套，投资 8 亿元、占地 300 亩、建筑面积 14 万平方米的奇瑞配套产业园初步建成。毕节市集聚了一批创新能力较强的骨干企业，涉及新能源汽车设计、研发、生产、销售等各个环节，初步形成了新能源汽车的产业集群，在新能源电动汽车核心技术、大容量动力锂电池技术、电机变流器及控制技术、电子管理系统等技术领域具有一定的技术基础。

在产学研方面，毕节新能源产业技术联盟就是由毕节添钰动力等公司联合中国汽车电子企业、高校和研究机构所成立的；毕节力帆骏马振兴车辆有限公司与贵州红华能源研发公司、瓮福集团、贵州大学等共同研发二甲醚-天然气混燃数控系统和柴油-天然气混燃数控系统。同时，毕节国家新能源汽车高新技术产业化基地 80%的规模以上工业企业分别与中国科学院、清华大学、北京理工大学、上海交通大学、英国曼彻斯特大学等 40 多所高校和科研机构围绕汽车工业的关键技术和共性技术建立了长期合作关系，共同开发、生产和经营，以抢占自主知识产权的汽车电子产业为制高点，摆脱跨国公司的技术和市场垄断。

在技术方面，贵州红华能源研发有限公司成功研发出二甲醚-天然气混燃数控系统、柴油-天然气混燃数控系统，填补了新能源汽车产业领域中的世界空白，将进一步增强全省新能源汽车的竞争力。

12.2.2 贵州新能源汽车产业存在的问题

虽然贵州在新能源汽车产业方面具有了一定的产业基础，并且具有一定的资源、能源、区位、政策优势，但是，存在的问题也十分突出，主要表现如下。

1. 发展起步较晚，产业规模较小

贵州省汽车产业以汽车零部件的研发生产为主，汽车整车生产企业较少，且整车生产以生产重型车和客车为主。贵州省新能源汽车发展起步较晚，多数企业还处于发展起步阶段，尚未形成规模化生产。

尽管针对新能源汽车的优惠政策不断出台，但新能源车尚未大规模走进寻常百姓家。公交系统成为新能源汽车的最大客户，一方面是建设生态文明，降低尾气排放，保护城市空气质量的需要；另一方面，相对于私家车来说，公交车的运行里程要多得多，更能发挥新能源汽车运行成本低的优势，从而能将其购买成本高的劣势降到最低。

2. 基础配套设施落后

贵州省新能源汽车研发起步较晚，因此配套的基础设施建设普遍匮乏，缺乏足够及时的燃料供给和分布广泛的汽车充电站售后维修服务等基础配套服务，这都严重制约着贵州省新能源汽车的产业化发展、推广和普及。近年来新能源汽车逐渐引起消费者的关注，但是，缺乏充电桩等相关配套设施，是影响客户购买的主要原因。然而，2013 年贵阳市建起了 44 个电动车充电桩，不过，根据贵阳市供电局的统计，目前还没有电动车前来使用。

新能源汽车关键的三个环节是电池、电机、电控，它们是未来新能源汽车的主流产品和核心零部件。贵州省在新能源汽车核心零部件的生产领域发展得也不是很好。

3. 产业发展面临严重的人才、技术、资金制约

目前，世界多个国家都在大力发展新能源汽车。贵州省也把新能源汽车作为支柱产业来培育，但目前贵州省新能源汽车产业的覆盖范围较小，关键的电池技术、动力总成系统、电控系统、整车及零部件研发的设计工程师、研发工程师等短缺现象十分严重，高级管理人才、研发人才和专业技术人才仍需大量引进。新能源汽车的规模化生产，仅仅依靠企业本身难以完成，需要政府给予财政扶持，但由于地方政府财力等多方面因素的影响，新能源汽车产业的财政支持力度受到一定的限制。2014 年政府的补贴政策中，主要补助的是增程式混合动力汽车、插电式混合动力汽车、燃料电池汽车三种能源汽车，而油电混合动力汽车（hybrid electric vehicle，HEV）目前不能享受补贴。

12.2.3　贵州新能源汽车产业的发展思路及目标

贵州新能源汽车产业发展的主要思路和目标如下。

1. 发展思路

总体而言，贵州新能源汽车产业的发展，要以持续提升锂离子动力电池技术、驱动电机技术、电控系统技术、替代能源汽车、加气设备及充气站的安全配套技术等关键技术水平为支撑，重点推进增程式、插电式汽车、二甲醚-天然气混燃重型卡车等新能源汽车的研发及生产，鼓励新能源汽车充电充气设备研发，大力发展电动汽车大功率快速充电设备、加快发展充电站，形成新能源汽车应用示范。

具体来说，贵州新能源汽车产业的发展思路如下。

首先，利用开放式创新开展对外合作。通过设立研发（工程）中心与国外研发机构合作等形式，提升创新水平，推动基地企业开展引智工作，利用国内顶尖科技人才提高企业技术研发能力。

其次，产学研对接，以技术创新为目的进行设计、研发和生产，联合我国汽车企业、高校和研究机构，成立新能源汽车产业技术联盟，共同推进汽车电子技术的自主创新，构建以企业为主体、以市场为导向、产学研结合的区域技术创新体系。

最后，优化产业环境。在创新创业载体方面，构建贵州新能源汽车高新技术产业化基地；在中介服务机构方面，构建服务功能较为完善的科技中介服务体系。同时，积极推进中小企业投融资体系建设，为产业高速发展的投融资需求提供强有力支撑。

2. 主要目标

到 2020 年，新能源汽车产业实现总产值 150 亿元，增加值 50 亿元；到 2025 年，实现工业总产值 300 亿元，工业增加值 100 亿元；把新能源汽车产业培育和发展成为有区域特色和较强竞争力的新兴产业。

12.3　贵州新能源汽车产业的培育重点及区域布局

基于贵州新能源汽车产业发展的机遇与基础，贵州新能源汽车产业重点发展混合动力汽车产业、纯电动汽车产业和燃料电池汽车产业，并在全省范围内实现科学布局、重点发展。

12.3.1　混合动力汽车产业的培育及区域布局

1. 产业界定

广义上说，混合动力汽车是指车辆驱动系统由两个或多个能同时运转的单个驱动系统联合组成的车辆，车辆的行驶功率依据实际车辆行驶状态，由单个驱动系统单独或共同提供。

通常所说的混合动力汽车，一般是指油电混合动力汽车，即采用传统的内燃机（柴油机或汽油机）和电动机作为动力源，也有发动机经过改造使用其他替代燃料，如压缩天然气、丙烷和乙醇燃料等。

2. 贵州省混合动力汽车产业发展重点

目前全球最先进 2 代油电混合动力的新能源出租车正式在贵阳上线，贵阳市政府计划在五年之内投放 3 000 辆新能源出租车。毕节生产的油电混合动力客车，也已进入公交系统"服役"。

3. 贵州省混合动力汽车产业重点项目

贵州混合动力汽车的重点项目包括贵阳市供电局的电动汽车应用示范，以及为已经投入使用的电动车提供供电桩。

4. 贵州省混合动力汽车产业区域布局

贵州混合动力汽车产业主要集中在毕节，已形成以"燃料电池汽车、混合动力汽车、纯电动汽车"三种整车技术为"三纵"和"多能源动力总成系统、驱动电机、动力电池"三种关键技术为"三横"的新能源汽车产业布局。

12.3.2　纯电动汽车产业的培育及区域布局

1. 产业界定

纯电动汽车是完全由可充电电池（如铅酸电池、镍镉电池、镍氢电池或锂离子电池）提供动力源的汽车。

2. 贵州省纯电动汽车产业发展重点

贵州纯电动汽车产业重点发展纯电动汽车整车设计、底盘、系统总成关键技术；电动汽车起动发电一体机（integrated starter and generator，ISG）启动电机；大功率、长寿命锂离子电池动力系统设计关键技术，功率密度大于等于 600 瓦/千克、循环使用寿命超过 2 000 次的能量型磷酸铁锂、锰系列锂离子动力电池，动力电池管理系统技术。实现电动汽车车身轻量化、电机及其控制技术、动力电池及其电池管理系统等具备较强技术创新能力。

3. 贵州省纯电动汽车产业重点项目

（1）关键技术研发。实施纯电动汽车重大创新工程，突破产业化过程中的关键共性技术；支持在电动汽车车身轻量化、电机及其控制技术、动力电池及其电池管理系统等领域，建立一批技术创新平台；建立纯电动汽车产业技术创新战略联盟。

（2）产业化能力建设。加快电动汽车整车及关键零部件关键共性技术的产业化应用，努力形成并逐步提高其生产能力，重点培育和扶持 3~5 家龙头企业。

（3）产业化示范推广。积极争取贵阳市进入国家"十城千辆"工程示范城市；推动在公共服务领域纯电动汽车的示范推广，开展私人购买纯电动汽车补贴试点；在贵阳市规划建设充电基础设施，建立能基本满足纯电动汽车运行的充电服务体系；试点与市场接轨的新能源汽车商业模式。

4. 贵州省纯电动汽车产业区域布局

贵州纯电动汽车产业主要集中在贵阳市，目前正在建设以贵阳市为重点的新能源汽车产业基地，并以锂离子动力电池、驱动电机、电控系统的研发生产为切入点，培育轻型电动车和电动汽车产业。

12.3.3　燃料电池汽车产业的培育及区域布局

1. 产业界定

燃料电池汽车是一种用车载燃料电池装置产生的电力作为动力的汽车，区别于电动汽车所用的电力来自由电网充电的蓄电池。和普通化学电池相比，燃料电池可以补充燃料，通常是补充氢气。一些燃料电池能使用甲烷和汽油作为燃料，但通常是限制在电厂和叉车等工业领域使用。

2. 贵州省燃料电池汽车产业发展重点

昂贵的质子交换膜及石墨双击板加工成本等，是影响燃料电池汽车发展最大的因素，质子交换膜燃料电池（proton exchange membrane fuel cell，PEMFC）要作为商品进入市场，必须大幅度降低成本。除此之外，还存在贮藏安全、燃料来源与辅助设施建设不足等问题。

3. 贵州省燃料电池汽车产业重点项目

遵义汽车产业园配套项目，项目规划用地 2 000 亩，建设"汽车产业园"，引进相关企业建成汽车零部件生产基地、研发中心。

毕节新能源汽车及其配套产业项目，项目建设新能源汽车整车生产线，配套产业产品生产和加工生产线，建设生产研发中心及企业生产管理配套基础设施。

4. 贵州省燃料电池汽车产业区域布局

毕节已形成以"燃料电池汽车、混合动力汽车、纯电动车"三种整车技术为"三纵"和"多能源动力总成系统、驱动电机、动力电池"三种关键技术为"三横"的新能源汽车产业布局。

第13章 加快培育贵州战略性新兴产业发展的主要对策

要加快培育贵州战略性新兴产业的发展，不但要充分发挥政府部门对战略性新兴产业的引导和推动作用，而且要鼓励和调动各种社会资本参与战略性新兴产业的发展，更要培育和营造有利于战略性新兴产业发展的良好环境。

13.1 充分发挥政府对战略性新兴产业的引导和推动作用

在每一个历史时期，国家在制定发展战略时，都是由政府在立足于本国国情，充分考虑本国经济发展水平、市场化程度、技术能力、财政活动状况等综合因素，再协调各主体利益关系的情况下进行的。所以说，政府对战略性新兴产业的引导和推动作用十分重要。

13.1.1 战略性新兴产业发展不同阶段政府的不同作用

一般来说，战略性新兴产业的发展会经历萌芽期、成长期、成熟期及衰退期（图13-1）。

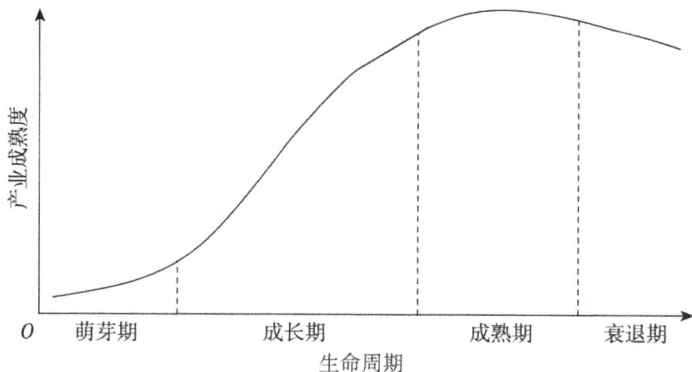

图 13-1 战略性新兴产业发展的生命周期

根据发达国家的成功经验，在战略性新兴产业发展的每一个重要阶段都需要政府作用的发挥，但在不同阶段，政府发挥作用的空间、领域、方式、手段、重点等具有不同的特点。

第一，萌芽期：制定规划，政策扶持，引领战略性新兴产业发展方向。

在这一阶段，战略性新兴产业的技术和市场发育均不成熟，产业投资风险较大。政府应通过制定综合性规划或专项规划，来引导产业的发展方向和空间布局；鼓励、组织开展产学研相结合，搭建技术创新平台，在关键领域、关键技术上进行联合攻关；通过实施积极的财政税收优惠政策，鼓励战略性新兴产业的开发、生产和消费，引领并创造市场需求，推动产业加快进入成长期。

第二，成长期：完善法规，规范市场，促进战略性新兴产业做大做强。

在这一阶段，战略性新兴产业的技术开始成形，但市场发育还不成熟。政府应通过建立和完善与战略性新兴产业发展相配套的法律法规体系，保证相关政策的联系性、稳定性和权威性；明确战略性新兴产业的范围、技术标准、发展方向，细化扶持政策；制定知识产权保护战略，规范市场秩序，为战略性新兴产业的发展营造公平、公正的市场环境；建立和完善基础设施配套体系、产业化配套体系、中介服务体系、金融支持体系，促进战略性新兴产业快速做大做强。

第三，成熟期：完善服务，积极引导，推动战略性新兴产业转型升级。

在这一阶段，技术和市场基本成熟，市场竞争比较充分。政府应组织前瞻性研究，预判战略性新兴产业的技术和市场的发展趋势；要完善要素市场，营造良好的投资环境、融资环境、市场环境和产业发展条件，拓宽战略性新兴产业的发展空间；要鼓励企业进行技术改造，采用新工艺、新材料，开发新产品，探索新的商业模式，推动战略性新兴产业转型升级，延长产业周期。

2008 年的经济危机促进了全球战略性新兴产业的发展和壮大。从国际上来看，以美国为代表的发达国家在信息技术、新能源、新材料、生物技术、高端制造等领域，已经从萌芽期进入高速成长期，在某些领域甚至已经过渡到成熟期。特别是美国的新一代信息技术、新能源等战略性新兴产业，对美国的经济复苏和经济增长发挥了巨大作用。当前，美国政府的作用也从经济危机时期的规划指导、政策扶持等转向了完善法规、规范市场。

从国内看，沿海发达地区，如上海、北京、天津、广东、浙江、江苏等地，部分产业的部分领域，如信息技术开发和应用、高端制造、新能源等已经从萌芽期过渡到成长期，但整体上还处于从萌芽期向成长期的过渡期。政府的作用是，既要做好规划指导、政策扶持，又要做好完善法规、规范市场。

从贵州战略性新兴产业发展的现状和特点分析战略性新兴产业的发展周期，我们判断贵州只是在部分战略性新兴产业的少数领域从萌芽期过渡到了成长期，从整体上看贵州省战略性新兴产业还处于萌芽期。

根据这一阶段的特征及战略性新兴产业国内外激烈竞争的态势，本书认为，贵州省委、省政府必须在战略性新兴产业的发展过程中继续实施并强化规划指导、政策扶持作用的发挥。为此，我们研究提出贵州发展战略性新兴产业的主要政策保障措施。

13.1.2　充分发挥政府对战略性新兴产业发展的引导作用

战略性新兴产业，是推动生产生活方式深刻变革的重要力量，对经济社会全局及其长远发展具有重大引领带动和支撑保障作用。加快培育和发展战略性新兴产业，有利于贵州抢抓国家深入实施新一轮西部大开发战略和世界新兴科技革命带来的发展机遇，提高自主创新能力，转变经济发展方式，构建现代产业体系，调整、优化产业结构，形成新的经济增长点和增长极，推动全省经济社会发展的历史性跨越。

（1）加强规划引导。在贵州政府的规划引导下，各地要结合各自的产业发展基础和比较优势，有针对性地找准新兴产业培育方向，明确定位，科学布局，避免分散投入，走园区化、基地化发展道路，促进新兴产业集中、集约、集聚发展。各新兴产业间实现配套协同发展，避免盲目无序发展，形成产业链上、中、下游协同发展，打造满足市场需求、竞争能力强的战略性新兴产业链。鼓励编制地市级新兴产业发展规划。

（2）加强组织协调。建立由省经济和信息化委员会牵头、省有关部门和单位组成的新兴产业发展联席会议制度，明确职责，加强协作，统筹推进全省新兴产业发展，制定战略性新兴产业发展方向，协调各产业部门之间的发展事宜，努力构建适宜新兴产业发展的空间。各地要按照规划确定的目标、任务和政策措施，结合当地实际，抓紧制订具体落实方案，扎实推进新兴产业发展。

（3）加快项目建设。围绕新兴产业重点发展领域，超前谋划、突出重点、内引外联，着力组织和实施一批能够提升技术能级和服务功能、具有发展前景和辐射带动作用的重大产业项目。在项目实施过程中，对纳入规划的重点产业项目，省有关部门和各地区要进一步依法简化审批程序，优化项目建设环境，建立和完善重大项目跟踪服务机制，强力推进支撑新兴产业发展的重点技术创新项目、成果转化与产业化项目的建设。

（4）加强督查考核。按照新兴产业发展规划目标任务要求，省各有关部门和各地区要研究制定具体政策措施，明确年度工作目标，分解落实具体工作任务，采取有力措施，建立规划实施督察考核机制，加强对规划落实情况的督查考核，按期完成规划确定的各项重点任务和发展目标。

13.1.3　充分发挥政府对战略性新兴产业发展的推动作用

从总体上看，贵州省仍存在产业规模和总量较小、自主创新能力不足、核心竞争力不强、有利于创新创业的政策环境不健全、市场环境不完善等突出问题，同时面临来自国内外同行业在资金、技术、人才和市场竞争等方面的严峻挑战。全省必须充分认识加快培育和发展战略性新兴产业的重大意义，进一步增强紧迫感、危机感、责任感，抢抓历史机遇，采取扎实措施，加大工作力度，加快培育和发展战略性新兴产业，实现科学发展、加速发展、创新发展，充分发挥政府对战略性新兴产业发展的推动作用。

（1）完善新兴产业发展的政策措施，加强技术项目储备和建设。贵州省政府要认真贯彻落实国家关于战略性新兴产业发展的各项政策，整合资源，鼓励创新、引导投资和消费的税收支持政策；支持企业兼并重组和资源整合，建成行业内研发、实验、检测、中间试验等公共服务平台。突破制约贵州省新兴产业发展的关键共性及瓶颈技术，谋划能够充分利用优势资源和技术、带动性强、产业关联度高、市场前景广阔、拥有自主知识产权的项目，形成"开发一批，转化一批，储备一批"的项目接续机制。

（2）加快以企业为主体的技术创新体系建设。构建以企业为主体、市场为导向、政产学研相结合的技术创新体系。加大对研究开发活动的投入，创建科技创新和服务平台，支持和鼓励企业技术中心、工程研究中心、重点实验室等研发机构建设；培育具有自主知识产权的核心技术，打造知名品牌，增强核心竞争力；大力推动产学研合作，强力推进"贵州省百名教授、博士进企业活动"，建设以大企业为龙头、高等院校和科研院所参与的技术创新联盟，进一步促进资金、人才、技术等创新资源向企业集聚，推动关键技术的研发及科技成果的转化。

（3）培养和汇集人才，加强人才队伍建设。人才是一切科学技术创新最大的缔造者，战略性新兴产业的创建、发展和壮大，都需要一支结构合理、创新能力强的高新技术产业科技人才队伍为其服务。贵州省通过贯彻落实国家引进海外高层次人才"千人计划"，制定战略性新兴产业各领域高层次人才引进计划；依托重点产业、重点企业、重大项目，培养发展优秀人才；通过进修、出国（境）培训、参与国际科研合作和学术交流等多种途径，培养一批与时俱进、创新能力强、综合素质高的人才队伍；结合"科技创新能力提升行动计划"的实施，将产学研作用发挥出来，将创新成果更好地运用到企业实践中去；建立专家咨询制度，解决实践过程中出现的问题，为新兴产业的发展提供智力支持和保障服务。

（4）完善投融资保障体系。建立和完善以政府投入为引导，企业投入为主体，银行贷款、社会融资为支撑的多元化投融资体系。加大省财政扶持资金投入，建立稳定的财政引导资金投入机制；整合现有资金渠道，拓宽融资渠道，建立完善风险投资机制，引导金融机构加大对新兴产业技术创新的信贷投入；进一步完善知识产权等无形资产评估、担保、质押贷款机制，建立完善企业上市奖励政策，支持企业上市融资。完善新兴产业技术发展专项引导资金使用机制，设立用于支持技术创新、科技成果转化和重点产品产业化的专项资金。

（5）建设产业园区公共技术服务平台，实施知识产权战略提升核心竞争力。依托园区重点企业或管理机构，建立公共技术服务平台，提高项目和技术进入门槛，创建科技含量高、技术创新能力强、带动性大的产业集群。完善知识产权战略和技术标准，提高知识产权的申请量和授权量，加强对重点产业的知识产权保护，鼓励创建著名商标和知名品牌。

13.2　鼓励和调动各类社会资本参与战略性新兴产业发展

社会资本的进入能够建立起以社会投资为主导的资本市场，这是政府引导资金的关键所在。政府要鼓励和调动各类社会资本参与战略性新兴产业的发展：加大创业投资引导工程实施力度；加快推进招商引资工程；鼓励民间资本融入。

13.2.1　加大创业投资引导工程实施力度

发挥政府对市场的引导职能，实施创业投资引导工程，从以下三个方面鼓励和调动社会资本参与战略性新兴产业的发展。

1. 增强政府引导资金和科学安排科技发展专项资金

为了促进战略性新兴产业更好更快发展，政府要引导社会资本的进入，而能够建立起以社会投资为主导的资本市场，是政府引导资金的关键所在。一方面，政府要统筹现有各类与产业发展、技术创新、人才相关的专项资金向战略性新兴产业倾斜，设立新兴产业发展引导资金，支持重大产业项目，引导基金按照"政府引导、市场运作、科学决策、防范风险"的原则进行投资运作。另一方面，要完善财政支持方式，提高资金的使用效率。除此之外，政府要根据各行业的具体情况，按照投资重点、有针对性地给予项目补贴、贷款贴息和奖励等方式，合理高效地使用专项资金。

科学安排科技发展专项资金是提升地方战略性新兴产业自主创新能力的有效途径。面向战略性新兴产业的科技发展专项资金，着重用于支持自主知识产权重大科技成果转化、吸引优秀人才、引进具有国际先进水平的高新技术、引进领军机构和支持重大社会公益性科技示范工程等，提升专项资金的辐射带动作用。

2. 税收优惠政策引导风险投资

制定专门的税收减免优惠政策；实行区域"弹性税制"；加大税收优惠力度；简化税务审批程序，降低纳税成本；调整欠发达地区税收分成比例，对战略性新兴产业减免的税收由中央和地方共同承担。例如，对于股权投资基金在战略性新兴产业中高风险行业领域股权投资的收益，可以减免所得税，或者对该领域的投资豁免国有股转持。

3. 积极鼓励企业上市融资

要积极支持符合条件的科技型中小企业在中小企业板、创业板、新三板上市融资，支持更多符合条件的创新创业企业发行债券。尤其是新三板将以其灵活的机制、宽广的涵盖面，为科技与创新的种子企业提供适宜的成长环境。从各国的经验看，战略性新兴产业的勃兴必然需要资本市场的大力支持。新三板面对的多是中小企业，这就意味着其基数比创业板大得多，条件比创业板宽松得多，因此战略性新兴企业应该利用新三板建设的机会，着力推行"价值投资"的理念，培育和发展战略性新兴产业，为高新技术产业和地方经济发展做出贡献。

13.2.2 加快推进招商引资工程

招商引资不仅是借力发展、激活资本市场、应对金融危机的助推器，而且是引进新鲜血液、壮大综合实力、实现传统产业调整转型、促进新兴产业结构优化升级的突破口和着力点。所以，政府把招商引资、招商引资作为重要措施。

2010 年到 2014 年年底，贵州省累计引进项目 8 035 个，累计投资总额 3.6 万亿元，近 1/5 的投资来自 500 强企业。这五年的到位资金如图 13-2 所示，其中 2014 年的到位资金为 6 000 亿元。

2014 年，贵州全省投资促进工作按照省委、省政府实施"开放型后发赶超"

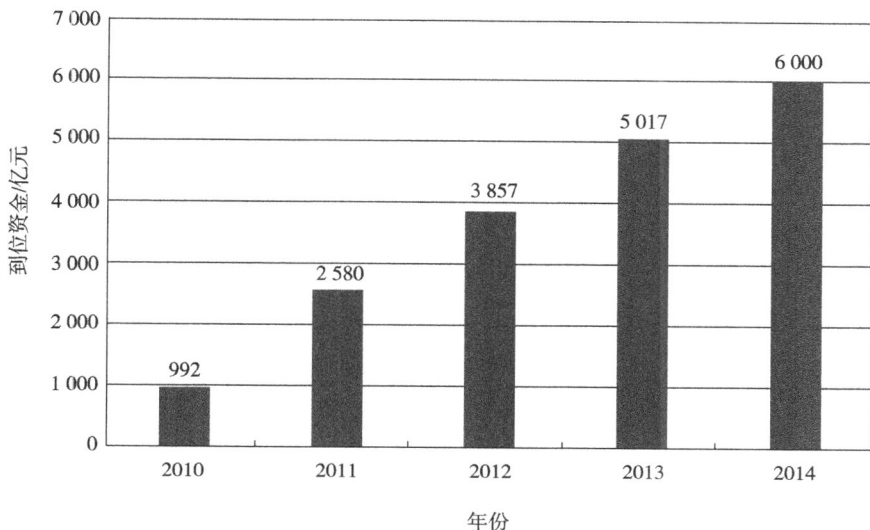

图 13-2　贵州省 2010~2014 年招商引资到位资金

战略的决策部署，积极开展"万亿项目千次对接"活动，强力推进对外经济交流与合作，强化项目落地建设常态化管理，投资促进工作呈现良好发展态势，有力促进了全省经济社会加快发展。2014 年新引进投资总额 3 000 万元以上的省外项目 2 341 个，投资总额 7 519.18 亿元。其中，省领导牵头分领域招商引资活动现场集中签约项目 581 个，投资总额 3 660 亿元。IBM、惠普、吉利、正威、传化、修正药业、西门子、伊利等 26 家 500 强企业首次入驻贵州。全省资金到位率、开工率、投产率、入园率分别较 2013 年提高 20.08 百分点、10.23 百分点、17.7 百分点、6 百分点。

在相当长一段时期，贵州经济仍是投资拉动型经济，发展靠投资，投资靠项目，项目靠招商。但近几年来，招商引资工作逐步构建起了全省"一盘棋"格局，实现了由综合性招商向专业性招商的华丽蜕变。2014 年全省各级各部门开展多形式、多层面、多领域、多区域的走出去、请进来活动，2014 年全省新引进投资额 3 000 万元以上的省外项目 2 373 个，投资总额 7 599.5 亿元。其中，省领导牵头组织开展分领域重大招商引资活动 32 次，签约项目 581 个，投资总额 3 660 亿元。2010 年以来，全省实施招商引资项目 8 305 个。2014 年到位资金超过 6 000 亿元。招商引资项目对全省全社会固定资产投资贡献度达 60%以上，有力助推了经济社会的发展，促使全省"三化同步"进程加快，逐步发展起一批新的经济增长极。

在《关于加快大数据产业发展应用若干政策的意见》和《贵州省大数据产业

发展应用规划纲要（2014—2020 年）》的激励和引领下，贵州省围绕大数据积极开展专题招商，引进大数据产业项目投资额超过 1 600 亿元。其中 2014 年 3 月，贵州–北京大数据产业发展推介会现场集中签约项目 35 个，投资总额 560 余亿元。2013 年 9 月，京东电商产业园入驻贵阳。在贵阳，京东打造了基于大数据的智能协同供应链，建立用户、京东、供应商、商家、供货的智能化链条。截至 2014 年 10 月，贵阳市大数据产业开工项目 43 个，到位资金 69.22 亿元，投产项目 11 个，大数据产业在贵阳正呈现出加速发展的良好势头。

2014 年，贵州省领导带队先后在上海、广东、江苏、吉林、云南等医药产业大省、强省举办主题招商推介会或拜访重点目标企业，新引进医药健康类产业项目 285 个，投资额 861 亿元。2014 年 10 月 30 日，贵州省新医药产业项目集中开工活动在贵阳市乌当区洛湾云锦医药食品新型工业园举行，66 个总投资额为 285 亿元的新医药产业项目在各地集中开工。在贵州省新医药产业项目集中开工活动上，贵阳市有 36 个新医药产业项目开工建设，开工项目总投资 146.28 亿元，开工项目数和开工项目投资额均占全省一半以上。截至 2014 年 10 月，贵阳市共新签约招商项目 291 个，投资总额 2 232 亿元，履约项目 290 个，履约率为 99.7%；合同项目 257 个，开工项目 226 个，开工率为 88%。遵义市新医药产业招商共签约项目 26 个，签约金额 127 亿元。与此同时，黔南州不断创新招商引资工作，小分队招商、行业部门招商、对口帮扶招商、依托商会招商、领导带头招商等，招招迭出，效果显著。2014 年，黔南州新医药产业达成签约和协议投资项目 27 个，投资金额达 97.6 亿元。黔南州新签约进入平台管理项目达 523 个，总投资 1 253.03 亿元。

在投资环境的优化和改善方面，贵州开展市州及县区投资环境测评，建立并运营了省政务服务中心，完善招商引资项目代办工作机制和流程，组织开展和实施了省领导挂帅的"服务企业、服务项目"大行动与工业"百千万"工程，建立了协调解决"企业问题"的长效机制和各级党政领导挂帮服务重点企业、重点项目工作制度。在全省组织开展招商引资项目"盘活存量"推进年活动，及时疏导和解决招商引资项目建设推进中存在的问题。2014 年，全省实施的招商引资项目，累计开工率、投产率较 2013 年同期分别提高 10.2、17.8 百分点；项目推进速度明显加快，全省经济增速连续排名全国前列，为创造"贵州速度""贵州注意力"注入了动力和活力，为贵州带来了蓬勃生机。

在政府展开招商引资的同时，企业开展精准招商，能够引进一大批优强企业来黔投资。2014 年新引进了微软、西门子、台湾鸿海精密集团等 20 家 500 强企业和阿里巴巴等优强企业来黔投资，在黔 500 强企业 2014 年新上投资项目 93 个，投资额 611.38 亿元。随着西南商品数据采集中心项目、吉利新能源汽车、中关村贵阳绿地创智园项目等一大批具有示范性、标志性、引领性的产业类项目落户贵州，如今开放的贵州"走出去、请进来"，正成为国内外 500 强和知名企业投资兴业的热土。

13.2.3　鼓励民间资本融入

在战略性新兴产业的发展路径中，技术创新是最大的关注点，许多企业通过积极地探索发展和技术创新，已经在一些领域获得了成熟先进的技术并且将这些技术运用到了实践生产中，但更多的领域正在下大力研究开发，这需要不断的资金涌入来作为支持后盾。而且，战略性新兴产业风险高、收益大的特点，比较符合民间资本的发展。为了将民间资本优势和新兴产业优势结合起来，让民间资本在战略性新兴产业领域获得充分的利用，关键要做好以下几方面的工作。

第一，破除体制机制约束，给予民间资本更大的活动空间。

"新 36 条"和《关于鼓励和引导民营企业发展战略性新兴产业的实施意见》，已经为完善和优化民营企业发展环境指明了方向。在实践中，市场战略性新兴产业在发展过程中发挥着发现、筛选和发展的积极作用，所以政府要以市场为导向，减少过度干预，鼓励民间资本投资用于公共服务、生态环保、基础设施、区域开放、战略性新兴产业、先进制造业等领域，营造民企、国企平等发展的环境，实现战略性新兴产业内源式可持续发展。

第二，将规范民间资本管理和金融体制改革相结合。

民间资本对于激发经济活力有着不可替代的作用，尤其能够为公共服务、生态环保、基础设施建设等项目提供长期稳定、低成本的资金支持，但其弊端也在参与金融业务过程中有所显现。为此，我们要在认可民间借贷的合法社会地位的基础上，鼓励和支持民间资本参与到社会建设项目中去，但同时也要对民间资本发起设立金融机构资格设立审核办法，充实监管力量，实现民间资本设立金融机构资格审批法制化。

第三，构建多层次信贷融资和担保体系。

开放、充满活力的信贷体系，可以为小而活的民间经济提供及时有效的融资服务，而绝对垄断的资本信贷体系则难以达到这一目标。由此，我们要积极引导金融机构开展金融产品和服务方式创新，鼓励贷款模式创新，建立面向中小企业的政策性银行和社区银行，鼓励大型商业银行创新信贷模式，增强对中小企业的信贷支持，积极推进小微企业贷款保证保险发展，合理引导和规范民间信贷及社会游资，让民间借贷资金阳光化、规范化和合法化。

第四，支持重点领域建设项目开展股权和债权融资。

大力发展债权投资计划、股权投资计划、资产支持计划等融资工具，延长投资期限，引导保险资金等用于收益稳定、回收期长的基础设施和基础产业项目。积极推动重点领域企业进行改革改制、股权重组、资产重组等，通过发行股票、新三板挂牌等方式在证券市场融资。支持重点领域建设项目采用企业债、项目收益债券、公司债券、中期票据等方式，通过债券市场筹措投资资金。推动铁路、公路、机场等交通项目建设企业应收账款证券化。鼓励具有承销资格的中介机构积极为企业提供债券承销服务。建立规范的地方政府举债融资机制，争取国家大力支持贵州省依法、依规发行地方政府债券，用于重点领域建设。

13.3　培育和营造有利于战略性新兴产业发展的良好环境

战略性新兴产业是引导未来经济社会发展的重要力量，成为世界主要国家抢占新一轮经济和科技发展制高点。贵州也正处在经济发展的关键时期，将着重营造有利于战略性新兴产业发展的市场环境，科学发展，抓住机遇，明确方向，突出重点，促进战略性新兴产业健康发展。

13.3.1　加强研究，科学规划，制定符合贵州实际的战略性新兴产业发展战略

由于战略性新兴产业发展的前瞻性、较强的社会性、生产要素的先进性、投资的高风险性等，战略性新兴产业发展不能完全依赖市场的自发行为。特别是对于贵州来说，绝大多数战略性新兴产业还处于发展的萌芽期、起步期，尤其需要政府的规划引导。

2010年以来，贵州省委、省政府出台了一系列促进战略性新兴产业发展的发展规划和政策，如《贵州省人民政府关于加快培育和发展战略性新兴产业的若干意见》（黔府发〔2011〕29）、《贵州省"十二五"战略性新兴产业发展专项规划》、《贵州省"十二五"新兴产业发展规划》和《贵州省大数据产业发展规划纲要》。这些是实施《贵州省中长期科学和技术发展规划纲要（2006—2020年）》的行动计划，是推动贵州省战略性新兴产业快速、健康发展的指导性文件。这些意见和规划体现了省委、省政府对贵州发展战略性新兴产业发展的战略思考，展现了省委、省政府发展战略性新兴产业的坚强决心和总体布局，也凝聚了省发展和改革委员会、省经济和信息化委员会及其他政府相关部门、研究机构的心血，是进行"十三

五"战略性新兴产业发展规划研究的指导和依据。

2013 年，贵州省知识产权局与省发展和改革委员会等 10 部门联合印发了《贯彻落实的实施意见》（简称《实施意见》）。《实施意见》旨在提高贵州省战略性新兴产业知识产权创造、运用、保护和管理能力，推进战略性新兴产业的培育和发展。《实施意见》系根据《国务院办公厅转发知识产权局等部门关于加强战略性新兴产业知识产权工作若干意见的通知》(国办发〔2012〕28 号)和《贵州省人民政府关于加快培育和发展战略性新兴产业的若干意见》(黔府发〔2011〕29 号)等文件精神，并结合贵州省实际而制定的。《实施意见》提出了到 2015 年和 2020 年贵州省战略性新兴产业知识产权工作的发展目标，并从促进知识产权创造、运用和保护，加强园区和企业知识产权工作，加强知识产权服务能力建设，加强组织领导协调等方面，提出了具体政策措施。

针对贵州战略性新兴产业发展所处"十三五"阶段的特点和发展需要，我们必须更加重视战略性新兴产业的整体研究和科学规划。建议由省发展和改革委员会牵头，成立由经济和信息化委员会、科技厅、财政厅、商务厅、金融办、统计局、省委研究室、发展研究中心、中国社会科学院及相关高校等组成联合研究攻关小组，在深入调研的基础上提出战略性新兴产业的整体规划和各个产业的专项规划，在充分酝酿、反复沟通、多方比较的基础上，拿出成熟的方案提交省委、省政府研究决策。

13.3.2　加快应用示范工程实施进度

积极推进电子政务云工程、智能交通云工程、智慧物流云工程、智慧旅游云工程、工业云工程、电子商务云工程、食品安全云工程等，加快应用示范工程实施进度，进一步推动战略性新兴产业的发展。

1. 电子政务云工程

传统电子政务模式下，政府部门各自为政，电子政务系统分散建设、分散管理、分散运维，暴露出很多问题。政府部门提出为了提高职能效率、实现跨部门信息资源共享和推进政府信息公开，有必要建立统一的贵州省电子政务云服务平台，发展电子政务云计算服务。采用基于云计算技术的电子政务模式，统一采购软硬件设备，对政府信息系统进行统一管理、统一运维，不但可以减少政府财政投入，推动精简、高效、廉洁、公平的政府运作模式建立，而且便于信息资源整合，向社会提供全方位、高质量的管理与服务，发挥电子政务的整体效益。随着云计算技术在电子政务领域的应用，传统分散的电子政务管理体制已经不适应新形势，必须向集中管理方向发展。

2. 智能交通云工程

贵州省计划投资打造为百姓出行、交通管理、企业运营及政府决策所用的智能交通云建设工程，整合公安、城管、交通、气象、铁路、民航等监控体系和信息系统，基本形成可视的标准云应用支撑平台和行业数据资源中心，通过数据资源共享，实时为智能出行、出租车和公交车管理、智能导航等服务，形成完整的具有贵州省交通运输行业特色的体系。

3. 智慧物流云工程

贵州根据物流作业与行业管理需求将推进以智慧物流云为重点的信息化网络体系建设，大力推进物流领域信息基础设施、物流信息交换平台及第四方物流信息平台建设，运用信息技术提升物流运行效率。通过智慧物流云与电子商务云的衔接，打造全省统一的物流信息公共服务系统平台，提供信息查询、业务运作管理咨询等服务，实现交通货运信息、物流供需信息、网上物流在线跟踪等信息互通共享。贵州还将大力支持以"智能公路港"为重点的公路运输网络体系发展，加快打造以贵阳为枢纽，以遵义、六盘水、都匀为一级基地，以毕节、铜仁、凯里、兴义等为二级基地的智能公路港网络体系，建成全国领先的示范型"智能公路港"物流平台网络，推动物流业转型升级和一体化物流体系构建。

4. 智慧旅游云工程

根据贵州特有的风景旅游资源，加上日益增长的旅游行业需求，建立智慧旅游云服务平台，以提升旅游景点的服务水平，满足游客自驾、自助游的需求。景点通过整合公共服务部门、旅游服务单位和交通运营部门的数据资源，提供一站式旅游服务，提升具有民族特色的个性化旅游体验。

5. 工业云工程

在"祥云工程"的引领下，北京市计算中心提出了工业云的构想，在"两化融合"政策下为中小企业提供了便捷云应用和服务平台。贵州省实施工业云工程主要内容如下：为国防工业、装备制造、轻工食品等行业提供云计算服务，以提升智能化和柔性敏捷生产；为工业企业生产经营提供工业设计、工艺设计、产品研发、企业管理等云服务，提升企业运营管理和研发创新能力；为在工业工程中实现信息化，建立了工业云生态环境，为工业企业提供软件即服务（software-as-a-service，SAAS）信息化产品服务模式，为独立软件供应商提供IT环境部署和IT基础设施建设服务。

6. 电子商务云工程

电子商务和云计算已成为热潮，依托电子商务云服务平台，贵州省提出要大力发展电子商务，建立电子商务云工程。贵州电子商务云是全国首家区域电商平台，2014 年 11 月 28 日，贵州电子商务云在线交易平台正式上线，目前平台已为全省 7 个市州、88 个县、73 个开发区、贵安新区搭建了平台，全省 1 200 余家企业入驻平台。贵州依托京东电商产业园、贵阳国际电商产业园等园区，整合生产企业、销售企业、运输企业、消费者、电商等方面的数据，提供信息发布、商务代理、网络支付、融资担保和技术支持等服务，实现电子商务运行"一站化"，加快电子商务支撑体系建设。

7. 食品安全云工程

贵州省通过食品安全云工程建设，通过数据链搭建起监管平台、大众门户、食品安全测试信息管理平台等互相联通、支持的平台系统，从而替代原先分散在政府部门、检测机构、企业、公众等各个环节的数据；为加强食品安全与提高消费者的营养知识度，建立基于大数据的食品安全与营养云平台，在食品生产、加工、流通环节建立数据库实现信息共享；为保障食品安全和提升品牌知名度，利用云计算、云存储等技术建成全国首个省级食品安全云建设，来进行检测监管，促进健康消费。

13.3.3　提升产业化推进工程的效率和效益

贵州为了提升战略性新兴产业工程的效率和效益，时刻关注产业发展主流和方向，从新材料、生物、高端装备制造、节能环保、新一代信息技术、新能源和新能源汽车七个产业中遴选了约二百个技术含量高、市场前景广、带动作用强、综合效益好的重大产业化项目，通过紧密跟踪项目进展情况并适时进行动态调整，及时研究解决产业规划、招商引资、项目推进中的重大问题，从而建立了相关产业项目库。对在新区范围内新投资企业和现有企业（增资增项）实施技术成果转化并对产业化的项目给予资金扶持，以壮大新区高新技术产业、促进战略性新兴产业发展。

"加快培育壮大战略性新兴产业，走高科技含量、高生产效率和高经济效益的发展道路，是产业升级的必经之路，也是贵州省产业做大做强的根本途径"。贵州省通过对战略性新兴产业建立集聚发展基地，通过产学研等一系列智力提供和实践场所，预期在贵州重点领域掌握一批关键核心技术并实现产业化，通过产业链上各环节建立一批创新能力强、发展潜力大的产业联盟，打造一批具有贵州特色的知名品牌，推进贵州战略性新兴产业工程的绿色增长。贵州省围绕战略性新兴产业组织实施的"马铃薯主食化加工关键共性技术研究及产业化开发"、"薏米精深加工产业化关键技术提升与应用"和"高频片式电子元件关键技术研究与产业化"等 24 个科技重大专项，均以企业为承担主体，产学研结合、多单位多部门协同攻关进行，进一步加快了重大战略项目的实施进度。在设立专项引导资金方面，贵州要每年安排专项资金，支持关键零部件及新工艺示范应用、重大新产品研发、项目建设和关键技术产业化等。

在推进战略性新兴产业产业化过程中，要提升产业效率和效益，对此，贵州以"四种模式"来进行组织实施：一是产业链模式，通过以整体产业链为焦点，重点解决产业上、下游衔接过程中的重大关键共性技术，促进产业链各部分的协同发展和整个产业链的形成；二是产业联盟模式，不同企业的不同产品都有其各自的优势，通过科技资源共享和优势互补，促进整个产业的发展；三是产业板块模式，重点解决产业板块发展中的重大关键技术，突破产业实施过程中的最大障碍，提升整个板块的创新能力和技术水平；四是产业聚集模式，重点解决终端产品研发和产业化过程的关键技术，带动产业配套发展，实现产业聚集。

13.3.4　重点产业、重点领域、重点项目突破工程

根据贵州的资源禀赋和比较优势，在七大战略性新兴产业中，把以大数据为核心的新一代信息技术产业和以大健康为主体的养老养生、生物技术产业作为重点突破产业。在每个战略性新兴产业内部选择三个左右的重点领域作为重点发展对象，同时要在每个重点领域选择若干重点项目进行重点扶持。

在信息技术产业方面，建议将与大数据关系密切的软件、集成电路、物联网、下一代互联网、云计算等作为发展的重点领域；将富士康贵州第四代绿色产业园、射电天文数据处理中心、三大电信运营商数据中心、阿里巴巴和京东贵州馆电子商务集群、大数据应用示范工程作为重点突破项目。

2015 年 6 月，贵州省经济和信息化委员会批复，批准将贵州日报报业团体"媒体云"项目列进云上贵州云利用树模工程。为抢抓机会，往年年末，贵州日报报业团体即与省经济和信息化委员会签订《年夜数据云上贵州"媒体云"战略互助框架协定》，进入云上贵州"7+N"云工程框架范围。2015 年年初，贵州日报报业团体对云上贵州"媒体云"项目总体设计进行了公然招标，北京拓尔思信息手艺株式会社中标，成为年夜数据云上贵州"媒体云"项目总体设计单元。北京拓尔思信息手艺株式会社是海内外领先的年夜数据手艺和办事提供商，在信息检索、云计较、年夜数据治理、互联网手艺、媒体和文本发掘等方面具有海内外领先的自立焦点手艺和尖端产物，先后完成新华社全球采编体系、人平易近日报社资本治理平台等浩繁

媒体融会项目。贵州日报报业团体是贵州省委直属传媒团体，多年来蕴蓄了强盛的影响力和公信力，旗下七报三刊七网站拥有众名读者和用户。这次互助可谓强强携手，资本互补，在新融媒时期开启全新深度互助。贵州日报报业团体"媒体云"项目设置装备摆设的总体思路是，在现有七报三刊七网站的基础上，整合全省其他媒体资本，经由过程硬件、软件、数据和平台办事的组合，应用云利用体系和媒体云年夜数据中央基本平台，重点打造新闻客户端，强化舆情监控办事、立异性告白投放、媒体电商办事等浩繁子项目设置装备摆设，终极实现传统媒体的转型进级。

"媒体云"项目推动时间表为，2015 年实现投进到位、职员到位、手艺到位，初步形成融会立异的手艺才能，使融会事情迈出本质性程序。2016 年实现运行到位、用户到位、影响到位，使媒体融会成长浮现成效。"十三五"期间，推进传统媒体和新兴媒体在内容、渠道、平台、经营、治理等方面的深度融会，使其成为形态多样、手段先进、具有较强传布力和竞争力的新型主流媒体。

在大健康产业方面，建议将养老养生、苗医苗药、高效山地农业作为发展的重点领域：中铁国际旅游度假区太阳谷、红湖老年公寓、泰邦生物科技产业园项目、泛特尔生物扩建人胎盘血白蛋白生产线项目、紫原科技紫云生物科技园项目、威门药业洛湾威门医药园项目、大华制药圣济堂医药食品工业园项目、益佰医药工业园建设项目、百灵替粉泰项目、高效山地现代农业产业园等为重点突破项目。具体发展思路，一是依托业已形成的龙头企业发展大健康产业，重视用生物基替代化工基的研究，促进生物产业的进步；二是发展中成药、中药饮片、中药种植养殖业、生物制药等的潜力的挖掘；三是借助特殊自然恩赐条件引进先进技术，大力发展功能性食品，形成规模和特色；四是利用植物药材优势、侗医苗药等少数民族医药特色，加快资源整合，塑造"贵药"品牌，去做资源、优势、销售的三个"最大化"；五是强化调理、养生、旅游，让多彩贵州涵盖"健康贵州"，实现健康产业的省际合作机制，建立贵州绿色健康旅游文化中心；六是依托贵州大力发展信息产业、互联网和大数据的良好机遇，发展大健康领域的电子商务。

第14章　推进贵州战略性新兴产业快速发展的具体措施

加快推进贵州战略性新兴产业的发展，要有的放矢、抓住关键重大工程项目，实施重大工程的推动战略；同时，根据贵州自然和社会环境的特点，通过构建循环型新兴产业集群来培育绿色增长极，实现"后发赶超"战略。还要采取强有力的保障措施，健全工作机制、完善创新服务体系、加强人才队伍建设、积极参与国内外合作，最终实现战略性新兴产业的快速发展。

14.1　实施重大工程推动战略

《贵州省"十二五"战略性新兴产业发展专项规划》，提出了关键技术创新工程、创业投资引导工程、应用示范工程、产业化推进工程、产业集聚工程五个重大工程。五个重大工程的实施在贵州省战略性新兴产业的发展中发挥了极大的作用。

根据近年来国内外、省内外战略性新兴产业的发展态势和贵州省战略性新兴产业的发展需要，建议在继续实施关键技术创新工程、加大创业投资引导工程实施力度、加快应用示范工程实施进度、提升产业化推进工程的效率和效益、强化产业集聚工程的基础上，在"十三五"期间新增五大工程，即产业链强链补链绿色增长工程，产业要素优化提升工程，招商引技工程，重点产业、重点领域、重点项目突破工程，基础设施配套和公共服务提升工程。

14.1.1　实施关键技术创新工程

在"十二五"期间关键技术创新工程的基础上，提升技术创新基础能力，加大在战略性新兴产业领域申报、建设国家级和省级技术创新平台和公共服务平台的力度，完善和强化以重点实验室、工程实验室、工程研究中心、工程技术研究中心、企业技术中心为支撑的重点产业创新链条，形成"布局合理、技术先进、开放高效"的自主创新物质支撑体系。推进技术创新联盟建设，鼓励本地企业之间按照优势互补原则建立技术联盟，开展重大基础性技术的联合攻关；推动企业与国内外高校、科研机构、行业领先企业建立联合研发中心、联合实验室等产学研合作的新形式。

近年来，贵州科技重大专项按照"围绕产业链部署创新链，围绕创新链完善资金链"，通过实施科技重大专项项目，提升自主创新能力，促使产业规模化、集群化，发展重大产业中的关键技术，并且通过延长产业链实现产业规模壮大，加快经济结构调整、发展方式转变及新兴产业发展。

贵州科技重大专项主要围绕以大数据为重点的电子信息产业、新医药大健康产业、现代山地高效农业、文化旅游产业、新型建筑建材产业五大战略性新兴产业展开，重点解决产业发展中重大关键、核心、共性技术问题。尤其在大数据领域，贵州通过大力引进云计算服务核心科技，培育龙头企业，集聚一批服务能力突出的提供商，推动云计算服务发展。在大数据工业化运用过程中，贵州推进工业大数据应用开发和专业化云计算服务提供两化深度融合，推动大企业利用云计算技术整合信息系统，提高运营管理水平和服务能力。到 2020 年，贵州在大数据、大健康、航空航天、新材料等战略性新兴产业领域，组建和改造提升国家和省级重点实验室 40 个，建设完善省级以上工程研究中心（工程实验室）60 个，新建省级以上工程技术研究中心、企业技术中心 200 个、战略性新兴产业（技术）联盟 25 个。围绕战略性新兴产业重点领域，研究制定产业技术路线图，明确发展路径。着力推进国家科技重大专项在黔实施，组织实施重大科技攻关专项，加快突破 200 项以上产业关键核心技术和共性技术。

14.1.2　实施强化产业集聚工程

战略性新兴产业集群是指以战略性新兴产业为核心，相关辅助机构为支撑，在同一产业的地域范围内高度集聚，相互之间存在密切的垂直和水平联系，区域综合竞争力不断提升的企业和相关机构所构成的地域产业综合体。

在经济全球化和区域经济一体化不断加深加快的趋势下，往大方面讲，集群发展是国家及区域之间展开竞争，在小方面就是产业和大型企业群之间的竞争，所以强化产业集聚尤为重要，战略性新兴产业作为新生代符合时代潮流的产业，集群发展更是重中之重。

产业集群在国内外产业区发展过程中发挥作用主要在于，产业集群可以提高分工率，促进专业化分工，降低企业的成本；产业集群可以产生外部经济、规模经济和范围经济，从而大大提高产业核心的附加值，提高竞争力和产业区的品牌价值；集群中的产业可以相互促进，追求创新，促进区域创新和文化创新；产业区内的所有企业都可以共同提高产品定价，提高在市场谈判中的地位，提高融资能力等。

　　所以说，合理的产业空间布局可以为战略性新兴产业的发展提供有效的载体，促进战略性新兴产业的快速发展，实现战略性新兴产业在地理、资金、人力资本等方面的空间集中，形成产业集群；可以充分发挥产业集群的涡轮模式和太阳模式，推动战略性新兴产业的发展壮大。

　　1. 涡轮模式——集聚效应

　　像具有超强吸纳能力的涡轮在旋转，产业集群一方面体现的是企业在合理空间布局内地理上集聚，同时带来了人才、技术、信息等资本的集聚，另一方面也涵盖了同一产业链环节的横向集聚和不同发展产业的纵向集聚。其可以充分利用和合理配置资源，吸引各类具有发展潜力的企业，促进集群地的经济发展和产业发展。

　　2. 太阳模式——辐射效应

　　像太阳发射出的光芒的辐射作用一样，战略性新兴产业的集群具有很强的辐射性，能带动相关产业和上、下游企业的发展，从而能使产业集群有更进一步的发展。

　　在贵州省的战略性新兴产业发展过程中，应以"产业发展集群化、集群发展园区化"为基本模式，贯彻落实国家和省促进产业集聚发展有关政策措施，依托省现有产业基地，大力培育一批龙头企业。目前已经建成了贵安新区电子信息产业园大数据基地、中关村贵阳科技园大数据基地、黔南州超算中心等多个产业基地。而且，还要依托资源优势、产业基础和技术条件，顺应区域内部专业化分工发展趋势，强化黔中经济区的增长极地位，鼓励产业向园区集中，突出中心城市的创新能力和市场信息效应。利用各地区中心城市的优势资源，依托基地和园区，发展相应的战略性新兴产业。依托现有基础，建立二十个左右各具特色的省级战略性新兴产业示范基地。在战略性新兴产业重点领域认定四十个左右省级产业集群。

　　综合以上分析，贵州要实施强化产业集聚工程，要做到以下几点。

　　（1）根据现有区域产业基础和产业规划调整招商引资方向与具体目标，引入关联企业，使其与现有企业形成配套合作关系，降低现有企业的生产经营成本，通过互补合作或强强联合提升区域产业竞争力。

　　（2）积极鼓励高校、科研院所与本地优势产业形成互动合作关系，优先支持高校、科研机构与本地企业开展产学研合作；为企业在本地高校或科研机构开展人才招聘与培训、技术咨询和交易等活动提供支持与服务。

　　（3）引导和资助集群公共服务机构建设。通过中介服务机构提供场所服务、培育服务、成果转化服务等促进集群主体的互动和内外部联系；加快集群内部科技创新平台建设，通过提供公用仪器设备、研发支撑服务和参与共性技术研发提升区域产业创新能力。

（4）支持和鼓励传统产业集群通过技术创新、产业融合等形式实现转型升级。推进传统产业集群转型升级，不仅能使区域经济重获新生，也能减少重复投入的浪费。

14.1.3　实施强链补链绿色增长工程

以循环经济理论、产业集群理论、产业生态理论、产业组织理论、系统工程理论为依据，鼓励和推动战略性新兴产业与相关传统产业之间、相关战略性新兴产业之间、战略性新兴产业内部链条以循环经济模式集群运行，以循环集群模式来整合战略性新兴产业之间及产业内部的价值链和生态链，并针对战略性新兴产业链条中的薄弱环节或缺口实施强链补链工程，使战略性新兴产业成为贵州省区域发展的绿色增长极。

对于如何使外资与产业结合，首先要紧紧盯住国（境）外企业投资意向，开展建链、延链、补链、强链群式招商。着力吸引国内外有实力的企业特别是世界 500 强和国际知名企业，在贵州设立总部、区域总部、研发中心、采购中心、结算中心等功能性机构。利用外资新增长点围绕大数据电子信息产业、大健康医药养生产业、现代山地高效农业、文化旅游业引进重大项目，重点推进融资在金融、教育、文化、医疗、公路、航空等领域的投资。积极承接国内外产业转移，着力引进优质资本和先进技术，加快国有企业兼并重组和引进战略投资者。发展壮大一批装备制造企业，大力推动加工贸易转型升级，发挥劳动力优势。吸引更多加工贸易企业向贵州省转移，推进新型工业化和城镇化建设步伐。

2015 年，贵州省投资促进工作围绕重点工作，完善指标体系，分解目标任务，优化工作措施，确保重点工作扎实推进。成功承办北京大健康医药产业推介会，签约项目 208 个，投资总额 1 771.1 亿元。全省各级各部门加大请进来走出去力度，组织开展各类招商活动 1 472 次。存量项落地投产步伐加快，一季度存量项目投产 209 个，全省投资促进部门为 667 个项目代办完成各类审批手续。贵阳市统筹贵阳高新区、综合保税区、白云区招商工作，开展三区融合招商，解决项目引进同质化问题。遵义市深化形象营销，按"五个一"要求完善招商形象，开通服务热线、建立"投资遵义"百度直达号和微信、微博公众号。六盘水市以解决问题为导向，市政府每季度在县（区）轮流召开推进会，将招商项目推进纳入市政府重点督查事项。安顺市围绕优势产业"补链、强链"要求，先后赴中国香港、中国台湾、韩国、法国等地开展境外招商。毕节市建立项目倒排工期、核查退出、调度督查等九项落地推进机制，对亿元以上项目开展排查。铜仁市积极实施雁归工程，绘制辖区内资源分布及其产业定位地图，搭建有效信息沟通桥梁。

下面以从江县为例，说明强链、补链工作及其绩效。近年来，贵州从江县紧紧抢抓"两高"过境发展契机，坚持统筹规划，合理布局，科学建设，以改善园区环境，完善园区功能。通过抓实七项工作，助推洛贯园区不断完善水路电讯等基础配套设施，提高服务水平和工作效率，优化了经济发展环境，为招商引资和项目建设搭建良好平台，有力推进了园区建设上水平、产业发展上层次。通过"建链、强链"，着力引进配套产业。按照"建链、补链、强链"思路，围绕开发区入驻企业的上、下游产业进行招商，并针对周边县市及开发区产业规划布局和已落户企业实际，实行补链式招商，建立配套产业链，并且加强协调，着力加速项目落地。一是抓好重点项目投产运营，加强跟踪协调服务，确保在建项目建设进度。二是对重点签约项目实行"一个项目、一名领导、一个牵头部门、一个服务小组、一抓到底"的"五个一"工作机制，为项目落地扫清障碍。三是进一步完善扶持政策，优化发展环境，解决企业在生产、生活中的困难和问题，抓好已投产企业的服务工作。四是抓好意向性项目签约投资。搞好跟踪洽谈，共同研究和解决存在的问题，打消客商顾虑，确保项目早签约、早开工、早建成、早投产。

截至 2014 年，该县总录入平台项目 79 个，总投资 193.47 亿元。其中省外境内项目到位资金 38.225 亿元，完成序时目标任务（30.4 亿）的 125.74%，完成全年任务数（38 亿元）的 100.59%，两项指标均超序时目标任务。在录入招商引资统计平台的项目中，已履约项目为 79 个，项目履约率为 100%；项目历史累计到位资金 116.975 亿元，资金到位率为 62.02%；开工项目 70 个，开工率为 88.61%；投产项目 33 个，项目投产率为 41.77%。

14.1.4　实施产业要素优化提升工程

加快战略性新兴产业要素配置改革，构筑由市场配置起决定性作用与政府引导作用相结合的要素配置体制与机制；优化战略性新兴产业发展的人才环境、资本环境、技术环境、资源环境、政策环境；提升战略性新兴产业要素发展水平和各要素之间的协调配套水平。

在人才方面，贵州渴望发展，渴求人才，对待人才比较真诚，投资环境和政策优势明显。贵州加大高端人才引进力度，不断优化人才环境，通过多渠道"引进"、全方位"培养"、优服务"留住"，实现人才总量较快增长、人才队伍素质整体提升。经济结构调整需要以人才结构调整为基础，产业转型升级必须以人才转型升级为前提。经过几年的"筑巢引凤"，贵州已实现了资源富集地区高端人才的初步聚集，正陆续把人才优势转化为经济社会发展的胜势。

在资本方面，贵州省按照"加大投入、做大总量、提高速度、优化结构"的 16 字思路，强化引进外来资本，快速扩张增量，加快企业技术改造以优化提升存量，稳步扩大工业投资。做好项目谋划，连续引进、挖掘、培育大项目和优质项目，滚动建立万亿级项目库，提高储备项目数量及其质量，推动重点项目尽快落实。增大财政资扶持力度，通过贷款贴息、股权投资、奖励、投资补助等方式，鼓励和引导社会资金对工业的投入，以拉动工业投资增长。增大技术改造力度，鼓励企业进行技术升级改造，优化工艺技术，提升装备水平，调整产品结构。

在科技方面，科技无疑是推动战略性新兴产业发展的强大动力，科技自主创新实现能力主要用科技著作和论文指标、发明专利指标和有关经济效益指标来衡量。鼓励产学研联合，提高研究创新成果的转化率。做到科技自主创新实现能力的提高需要：一是给战略性新兴产业提供完善的服务体系，二是建成完善的科技创新政策法规体系，三是建立一支保障战略性新兴产业活力的科技人才队伍。

在环境方面，贵州要把经济发展放入生态大环境中去思考，加强对能源资源安全的重视，降低资源利用总量及资源消耗度，通过发展绿色经济搞好基础设施建设、提升产业生产能力、善用环境，最终建立健全的绿色经济发展体系。"十二五"期间，贵阳国家高新区结合贵州省在铝、磷、稀土等方面的资源优势和较强的原材料工业基础，将新材料新能源、生物医药、高端装备制造业等战略性新兴产业作为发展重点，这就充分利用了贵州的资源，从而加快形成产业聚集和领先优势。

在政府方面，要坚持市场在配置资源中的决定性作用，同时政府要加以引导，保障战略性新兴产业的快速发展。

14.1.5　实施基础设施配套完善工程

要针对战略性新兴产业的发展需要，实施基础设施配套和公共服务提升工程：继续加大力度提升贵州交通、通信、电力、水利等的整体保障水平；树立美好生态也是重要基础设施和公共服务的理念，切实加强环境保护；提升全省通信骨干网络扩容和优化网络通信能力，加快数据中心等基础设施的建设，打造全国信息交换枢纽和信息存储中心；搭建集研发、中试、检测验证、专利、标准和科技文献信息等功能于一体的公共技术支撑平台，降低中小企业创新创业成本；在项目核准备案、工商登记、高新技术企业、创新型企业认定等方面，减少、简化审批程序以提高行政效能。

目前"5 个 100"工程、贵安新区的建设，招商引资和一批大项目的建成投产，为战略性新兴产业的发展做好了基础设施方面的工作,全省交通、水利、电力、通信等基础设施大幅改善。三年来,交通基础设施累计完成投资 2 404.16 亿元,高速公路新增通车里程 1 441 千米,县县通高速公路项目全部开工,铁路电气化改造全部完成,贵阳至广州、长沙、昆明客运专线和贵阳至重庆快速铁路、织毕铁路开工建设;一批新建、扩建机场陆续完工;水利基础设施完成投资 420 亿元,黔中水利枢纽和 52 个骨干水源工程开工建设;统调装机容量达到 3 300 万千瓦;全省通信光缆线路长度达到 29.68 万千米,移动电话基站数达到 5.11 万个。

在推进全省通信骨干网络扩容升级和网络通信能力优化、加快数据中心等基础设施建设方面主要措施有以下几项。

1. 加快全省骨干网络设施建设

为了加快全省骨干网络设施建设,贵州设立了国家级互联网骨干直联点,预计到 2017 年全省互联网出省带宽将达到 4 000Gbps,到 2020 年,力争全省城区实现光纤接入,城市宽带用户接入能力达 50Mbps。在提高低频段频谱资源使用效率方面,预计到 2017 年实现村村通宽带,到 2020 年,借助各种先进技术实现农村宽带用户接入能力达 12Mbps。

2. 加强重要产业基地网络建设

为了加强重要产业基地网络建设,贵州加快部署长期演进(long term evolution,LTE) 网络、网络带宽升级和区域性关键节点建设,力争在 2015 年将贵安新区建设成为区域性的核心节点,2020 年升级为国家级的核心节点。在贵阳国家高新技术开发区、贵安南部科技新城、贵阳经济技术开发区、花溪大学城综合采用光纤到户、无线保真(wireless fidelity,WIFI) 和 4G 技术,率先实现宽带全覆盖。

3. 统筹重要产业基地数据中心建设

贵州充分利用已建、在建数据中心资源,建设全省数据中心,通过推进中国电信、中国移动、中国联通三大运营商的大规模数据中心建设,吸引大型互联网信息服务企业、专业数据中心运行企业和金融机构等用户企业来贵州建设数据中心,统筹推动全省数据资源整合和云计算、大数据应用。

14.2　通过构建循环型新兴产业集群来培育绿色增长极

循环新兴产业集群本质上是一个产业生态系统,它除了遵循物质运动因果规律和经济规律以外，还需遵循生态和系统变化规律。为了培育战略性新兴产业绿色增长极，必须围绕产业链培育战略性新兴产业集群，使产业价值链与生态链融合，构建循环集群，以绿色增长极带动战略性新兴产业绿色、快速发展。

14.2.1　围绕产业链培育战略性新兴产业集群

贵州经济落后的集中表现是产业落后，而产业落后又主要体现在产业集中度不够、产业效率低下、经济效益较差、发展速度缓慢，以及技术工艺落后、创新能力不够、综合竞争力弱等方面。其根本原因就是产业组织模式的不科学。要使贵州尽快赶上全国发展步伐，走出经济洼地，实现跨越式快速发展，必须选择高效、有序、具有竞争优势的产业组织模式。产业集群模式具有集聚优势和产业效率，能使产业在特定区域内集中化、网络化和根植化，促进产业结构的调整和优化，提升区域产业的技术创新能力和区域产业的生产经营效率，形成产业竞争优势和区域竞争力，带动区域经济跨越式快速发展，是一种可实现跨越式快速发展的产业组织模式。

产业集群模式的特征优势和产业效率主要表现在以下几个方面。

1. 能够有效提高区域产业集中度和产业关联度

产业集群实际上是将产业发展与区域经济通过分工专业化与交易的便利性有效地结合起来，大量的相关企业及相关机构群集在特定的空间范围上，可以通过延长产业链条使产业完整度提升，通过产业聚集使产业集中度提升，通过功能配套使产业关联度提升，通过制造业与服务业互动使产业融合度提升。

2. 能够有效促进区域产业的优化和效率的提升

产业集群对外部交易条件和市场环境变化有较强的自我适应性和自我调节能力，其构成要素和组织结构可以根据复杂多变的市场竞争环境，不断灵活地进行重新组合和自适应调整，通过内部细密的专业化分工与协作，使集群企业成为高新技术设备的受益者或协同者，从而以较低成本实现产业的整体升级和产业的结构优化。而且随着专业化分工的细化及扩散效应的扩大，不断推动市场供应的增加与生产要素质量的提升，所形成的分工与协作网络、劳动力共享市场、边干边学机制等，大大提高了企业的生产率和整个产业的效率。

3. 能够有效提升产业创新能力和区域竞争优势

产业集群形成的资源共享、专业化分工协作及社会关系网络，扩大了集群企业利用资源的边界，加速了知识与技术的交流与转移，容易使集群企业产生专业知识、生产技能、市场信息等方面的累积效应。同时，企业也时刻面临同行竞争的压力，这使集群内的企业时刻保持创新的动力，形成自我强化和自我协调机制，不断协调和发展产业竞争力、基础竞争力和环境竞争力等，从而提高整个集群区域的竞争水平。

4. 能够有效带动区域经济的跨越式的快速发展

产业集群可以极大地优化社会资源配置，促进中小企业发展，更好发展区域特色经济，推动区域经济的整体发展。作为新型工业化实现的重要载体，产业集群模式独特的产业效率和竞争优势，对区域经济的发展具有强劲的带动作用，能够有效带动区域经济的跨越式快速发展，带动周边地区经济的增长，从而有效地带动整个区域经济体的快速发展。

大数据作为一个战略性新兴产业，是贵州实现后发赶超的一个新的突破口。目前按初步规划，到 2020 年的总体目标是：贵州省大数据产业稳步快速发展，业务收入年增长超过 25%。到 2020 年，大数据带动相关产业规模达到 4 500 亿元。大数据产业发展共分三个阶段，第一阶段是基础构建阶段（2014~2015 年）、第二阶段是集群聚集阶段（2016~2017 年）、第三阶段是创新突破的阶段（2018~2020 年），目前贵州大数据产业正处于基础构建阶段向集群聚集阶段发展的阶段，必须围绕产业链来培育战略性新兴产业集群，实现跨越式发展。

14.2.2　产业价值链与生态链融合构建循环集群

在经济全球化过程中，一个国家或地区的国际竞争力，关键取决于其产业集群的竞争力，产业集群已成为一国或地区竞争优势的源泉。对于贵州而言，产业集群能以其特有的集聚优势和产业效率，使产业在欠发达区域内集中化，促进产业结构调整和优化，提升区域创新力和竞争力。然而，由于传统产业集群仍然沿用的是物质资源利用的直线开放方式，随着这种产业集群规模的不断扩大和产量的持续增加，其必然会导致对自然资源的大量消耗，同时产生大量的废弃物质。自然资源的大量采掘和废弃物质的大量排放，必然会给自然生态系统带来严重的负面影响，使生态系统持续恶化。因此，产业集群模式的经济效益较高，但生态效益欠佳。

循环经济产业模式是根据不同企业投入产出物质能量的情况，按照自然生态的物质循环原理和产业生态的工业代谢规律，将各企业按"生产者""消费者""分解者"关系进行连接，形成产业体系物质流动的闭路循环，改变过去"资源投入→生产消耗→废物排放"的直线型产业生产组织模式，形成"资源投入→绿色生产→再生资源"的循环型产业生产组织模式，从而改变了过去产业生产过程中，大量资源的过度消耗和大量废物的对外排放所带来的资源环境问题，具有较好的生态效益，是实现可持续绿色发展的有效模式。

因此，必须对循环经济模式和产业集群模式进行有效整合，进而让其达到有机融合,通过两者的优势互补与劣势对冲,形成一种既具有绿色发展功能又具有快速增长功能的、能带动贵州地区实现绿色快速发展的最佳产业组织模式。对两者的整合可以从以下方面考虑。

(1)在产业系统的稳定性和有效性方面,以产业集群模式的组织灵活性来克服循环经济模式的结构僵化性,从而保证产业系统运行的稳定性和有效性,使新的产业组织模式具有快速的自我适应与调节能力、及时的信息传递与共享机制和良好的系统运行与稳定状态。

(2)在产业系统的高效率和竞争性方面,以产业集群模式的竞合高效性来克服循环经济模式的缺乏竞争性的缺陷,从而保证产业系统的高效率和竞争优势。其主要表现为通过竞争来创造活力,通过合作来强化竞争和通过创新来提高效率。

(3)在产业系统的节约性和持续性方面,以循环经济模式的资源循环高效利用来克服产业集群模式的资源利用率不高的缺陷,从而保证产业系统的低消耗和持续性。通过循环经济与产业集群的整合与融合来提高资源利用率、减少资源消耗量、提高资源的持续性。

(4)在产业系统的生态环境影响方面,以循环经济模式的环境友好的低排放来克服产业集群模式存在的环境污染的缺陷,从而保证产业系统的低排放和低污染。通过循环经济与产业集群的整合与融合来减少剩余物质的产生,降低废弃物、避免生态环境的污染。

传统的发展方式及其直线开放型的生产组织模式,依赖于粗放型、掠夺式的生产方式,规模分散和粗放低效的生产过程,只注重生产环节的价值增值,不重视生产过程的环境效益。线性的一次性原料使用模式和低效生产方式,必然导致资源的利用率不高和资源的浪费严重,造成自然资源的大量投入和大量消耗、废弃物质的大量产生和大量排放,给区域的自然资源和生态环境带来严重的负面影响。因此,直线开放型生产组织模式不具有可持续性。而循环经济模式属于循环闭合型的生产组织模式,能够有效地解决资源环境问题,具有良好的生态环境效益,是一种可持续的绿色生产组织模式。

循环产业集群不是循环经济和产业集群的简单叠加,而是两者的有机结合体,突出和提升这两种模式的优势,克服和互补两者的不足,是一种能同时担负起跨越式快速发展和可持续绿色发展双重重任的新型产业组织模式。在循环产业集群的产业共生循环网络中广泛存在着竞争协调、合作共生、循环生产机制,这种机制在提高集群产品生产效率和服务效率的同时,还实现了集群资源的高效利用和集群剩余物的最小化。由于循环集群不仅存在产业价值关联,还存在产业生态关联,所以其所产生的乘数效应更为显著，对区域绿色发展的带动作用更为突出。

14.2.3　以绿色增长极带动战略性新兴产业绿色快速发展

以绿色经济来带动绿色增长和实现绿色发展正成为全球化的发展趋势。绿色增长是经济发展与生态环境相协调的，经济效益与生态效益相统一的，经济社会与生态环境可持续发展的经济增长方式。绿色发展是中国现代化的本质要求、小康社会的必由之路、和谐社会的核心内容、新时期发展的必然选择。贵州要实现跨越式快速发展和可持续绿色发展，必须要有绿色增长极来带动。绿色增长极是将绿色经济理念融入增长极的构建与发展中，所形成的对区域经济具有强劲带动和绿色发展功能的新型增长极。绿色增长极以追求较高的经济与生态双重效益为目的，通过技术与组织创新来实现资源最大化利用和废弃物最小化排放，充分体现了人与自然和谐共处的可持续发展观。

在新的历史发展阶段，贵州不仅要注重增长的速度，更要注重发展的质量，既要实现快速增长，又要实现绿色发展。历史经验表明，以传统产业集群为载体的传统增长极，能够有效提高区域产业效率，迅速提升区域产业竞争力，带动区域经济的快速增长。但其并不能够完全很好地解决区域发展中存在的资源环境和生态脆弱问题，无法担负起带动生态脆弱区实现绿色发展的重任。而绿色增长极作为低碳绿色经济时代的新型增长极，具备绿色发展和快速增长的双重功能，不仅能大大缓解资源环境的压力、有效改善供给结构，而且能创造出新的市场需求，培育壮大新的增长点，形成新的经济支撑力量，对区域经济的快速绿色增长具有强劲的带动作用。因此，贵州要实现跨越式快速发展和可持续绿色发展，就必须有绿色增长极来强力带动。

循环产业集群将大量具有产业价值联系和产业生态联系的企业在一定的空间上聚集起来，通过有机整合，与相关支撑机构一道构成高效有序的产业生产、流通、创新、循环体系，形成了产业价值网络、产业创新网络、产业生态网络三者的高度融合。循环产业集群形成的多重循环复杂镶嵌型产业生态网络的有效运行，使资源利用率大大提高，废弃物排放大大减少，可以最大限度地解决生态脆弱区所面临的资源短缺与环境破坏两大问题，实现绿色生态效益的最大化。循环产业集群不仅能够通过自身在资源配置效率、生产经营效率、技术创新效率方面的优势实现产业经济效益的最大化，使自身得到快速增长；而且能够通过产生的极化集聚效应、扩散辐射效应和关联乘数效应带动整个区域实现快速绿色增长。因此，循环产业集群是绿色增长极的有效载体。构建战略性新兴产业的循环产业集群要做到以下几点。

1）坚持招大引强，集群发展

战略性新兴产业的绿色发展就要尊重企业、尊重市场、尊重规律，明确产业发展方向，以产业链为基础选商选资、招优招强，发展高端产业的高端环节。在高端产业的龙头企业的带领下，注重产业上、下游的配套发展，从而形成价值密集、协作高效的产业集群。

2）坚持解放思想，不断创新

开通"一站式"服务大厅，实行产业项目开工、投产、签约、跟踪相连通，不断实时跟踪的工作机制，变"绿通"为"普通"，变"串联审批"为"并联审批"，为入区企业提供优质高效的服务。

3）坚持科技强区，人才优先

"科技是第一生产力、人才是第一资源"，利用好政府政策，积极创建良好的科技平台来吸引高端人才，积极推进知识产权、科技金融和文化创新等方面的建设，实现成果转化和产业化。

4）坚持绿色循环，集约发展

在区域资源能源约束日益紧张的形势下，要深入推进节能减排、绿色低碳的经济发展模式。着力发展高端、高效、高辐射、低能耗、低排放的产业，通过腾退、置换、整合零星产业用地等方式不断提高土地利用水平。通过鼓励企业清洁生产、推进企业生态化改造、构建工业循环产业链、加快园区生态化改造，构建了低投入、低消耗、低排放和高效率的循环型工业体系，进一步夯实了开发区绿色、低碳、可持续的发展格局，走出了具有特色的绿色、循环、集约的发展道路。

14.3　推动贵州战略性新兴产业快速发展的保障措施

战略性新兴产业是引导未来经济社会发展的重要力量。加快培育和发展战略性新兴产业是，全面建设小康社会、实现可持续发展的必然选择；推进产业结构升级、加快经济发展方式转变的重大举措；构建区域竞争新优势、掌握发展主动权的迫切需要。尽管近几年来贵州省的战略性新兴产业得到了较快的发展，但是发展过程当中仍存在着不少问题，为了更好地发挥贵州的自身优势，促进战略性新兴产业的提升，提出以下一些对策措施。

14.3.1　建立健全工作机制，强化政府部门的组织领导

为了积极地适应经济发展新常态，围绕做大做强传统产业、巩固提升优势产业、

培育发展新兴产业，贵州坚持市场主导、政府引导，强化企业质量，激发质量创新活力；坚持创新驱动、以质取胜，推动质量技术进步，提升行业质量整体素质，增强质量发展潜在动力；坚持质量惠民、以人为本，始终把不断满足人民群众日益增长的质量需求作为质量发展的出发点和落脚点，充分发挥质量在经济社会发展中的基础性、战略性和支撑性作用，全面提升工程、产品、服务、环境等行业领域质量发展水平；坚持质量监管、社会共治，调动社会各方力量参与质量发展，构建质量社会共治体系，促进贵州经济社会发展提质增效。

所以，要在"十二五"期间转变政府职能、强化服务意识、提高服务效率的基础上，建立健全系统配套的工作机制。

（1）尽快建立省级层面工作协调机制。由分管省领导牵头，以相关部门领导为成员，研究促进新兴产业加快发展的重大政策，指导协调解决战略性新兴产业和重点企业发展中的重大问题，推动各部门资源（包括财政、土地、税收、人才、技术、金融等）集中支持龙头企业和重点项目。

（2）努力建立省部共建合作机制。充分利用国家部委的平台和资源，争取在引进项目和资金的同时，在政策上给予更多倾斜，并帮助协调新建、引进战略性新兴产业大型项目。

（3）建立省、市（州）、县（区）联动合作机制。强化省级层面与重点地区的联动合作，集中省、市（州）、县（区）在资金、技术、人才等方面的资源，集中力量办大事，特别是支持贵阳市、贵安新区、遵义市等重点地区的战略性新兴产业在全省率先发展。

（4）建立政府和市场配置资源的良性互动机制。整合资源、形成合力，创新高新技术及产业化发展的体制机制，促进市场资源和政府资源在产业布局和承接产业转移过程中优先考虑战略性新兴产业发展，既要完善政策和制度环境，更要优化市场运行环境。加强对高新技术产业和企业的跟踪服务，对产业、企业发展的重大需求实行特事特办，对高新技术产业发展的重大项目实行一事一议。

14.3.2　完善创新服务体系，提升产业发展的创新能力

发达国家和地区的经验证明，创新服务体系是产业创新能力的重要支撑，而产业创新能力则是战略性新兴产业发展的核心能力。"十二五"以来，围绕国发〔2012〕2号文提出的"将贵州建成全国重要的能源基地、资源深加工基地、特色轻工业基地、以航空航天为重点的装备制造业基地"目标要求，在《贵州省高新技术产业发展条例》、《中共贵州省委贵州省人民政府关于加强科技创新促进经济社

会更好更快发展的决定》（黔党发〔2011〕27 号）和《贵州省人民政府关于加快培育和发展战略性新兴产业的若干意见》等一系列政策文件的指引下，创新环境明显改善。但与战略性新兴产业发展的需要相比，贵州创新环境还存在法律法规体系不够完善，配套政策不具体、难落实，中小型科技创新企业融资难，科技创新支撑体系薄弱，创新文化氛围不浓厚等问题。

为此，我们必须围绕战略性新兴产业的科技创新创业，营造有利于科技型企业创新发展的政策环境、金融环境和服务环境，推动科技型企业创新发展，加快培育科技型企业群体，提升战略性新兴产业的整体创新能力和水平。

具体来说，要做好以下几个方面的工作。

（1）加快制定有关战略性新兴产业发展的法律法规，把扶持战略性新兴产业的政策纳入规范化、法制化轨道。

（2）要继续加大财政科技投入力度，将财政资金投入与企业 R&D 投入挂钩，继续加强对各地、各部门、企业建设的科研平台、园区（基地）的政策支持力度，并给予更大规模的资金扶持，同时积极开展高新技术企业认定工作，按规定落实高新技术企业减免企业所得税、企业研究开发费用加计扣除等税收优惠政策。

（3）加快推进企业技术中心、工程研究中心、工程技术研究中心、工程实验室等技术研发机构的建设，形成推进企业技术创新的新机制，尽快改变贵州省研发投入占 GDP 比重较低的局面，建设一批国家级高新技术企业和科技型上市企业。

（4）推动企业成为技术创新决策、研发投入、科研组织和成果转化应用的主体。采取针对性政策，鼓励领军型大企业加大核心技术和关键技术攻关力度，加快形成自主知识产权和核心竞争力。

（5）提升产学研合作服务平台的功能和效率，引导"学、研"围绕企业的技术需求、产品需求开展工作，建立需求明晰、知识共有、风险共担、利益共享的新型技术联合体，形成以产权为纽带，以项目为依托，各方优势互补、共同发展、利益共享、风险共担的协同创新机制。

（6）搭建科技成果孵化、转化和产业化的服务平台，完善园区基地的创新及服务平台搭建，不断提升高新技术产业的创新和成果转化能力。

（7）以开放促创新，积极引进国外、省外先进技术。可以通过引进人才、合作研发、引进项目、技术贸易等多种方式引进先进技术。

（8）完善高新技术产品目录，对高新技术产品的生产和销售给予相关优惠政策，并完善政府采购、技术入股、金融支持等各项政策，为战略性新兴产业发展赢得先机。

（9）重点开展在大数据、大健康、大服务、大制造等战略性新兴产业的技术布局。

14.3.3 把控自主知识产权，形成产业发展核心竞争力

从国际经验和国际环境看，知识产权制度是产业创新的助推器，也是战略性新兴产业的核心竞争力。在美国、英国、日本等发达国家的创新发展历史中，知识产权制度扮演着重要的角色。知识产权和技术标准已日益成为维护国家利益和经济安全的重要战略性资源，成为世界各国经济、科技、文化实力和国际竞争力的核心要素。贵州省战略性新兴产业的发展离不开完善的知识产权保护体系和技术标准体系。因此，我们要实施知识产权和技术标准战略。

要强化战略性新兴产业发展中的知识产权目标导向，加大科技成果登记和专利申请力度，提高科技投入的知识产权产出水平。加强重大科技专项和各类高新技术及产业化计划的知识产权管理，在重大关键技术领域推动形成一批自主知识产权，支持和引导重点产业构建专利保护网，形成产业核心竞争力。推进高新技术科技成果和知识产权运用工作，培育一批知识产权优势明显、市场竞争力较强的企业。加大高新技术领域专利执法力度，营造良好的知识产权法制环境。重点培育知识产权优势明显、自主创新能力和市场竞争力较强的企业或企业集团，壮大自主知识产权产品和产业，在大数据、大健康等重点突破的战略性新兴产业形成重大关键技术专利群，培育形成一批全国驰名商标和贵州省著名商标。

此外，还要全面实施贵州省技术标准战略。发挥技术标准在工业强省战略中的导向和保障作用，在重大科技专项和各类高新技术及产业化计划中加强技术标准制定开发。依靠科技创新，在本省具有优势和特色的高新技术领域培育和研制技术标准，支持企业参与国际、国内技术标准制定，加强技术性贸易措施体系建设。

此外，还要加强知识产权体系建设，加大对知识产权的保护力度，鼓励知识创新和技术创新。为了保护企业、个人的创新成果和经济利益，尊重他人知识成果和创造力，有必要加大对侵犯知识产权行为的惩罚力度；加强重大发明专利、商标等知识产权的申请、注册和保护，鼓励国内企业申请国外专利；建立公共专利信息查询和服务平台，为全社会提供知识产权信息服务。2014 年，贵州省产业创新科技文献平台建设专项，新增市场类、成果类、创新类信息资源，形成"三大资源"保障体系；并整合国家知识产权局全领域专利数据库和在线专利分析系统，通过与北京万方软件有限公司合作，围绕贵州省重点行业、特色产业，建成了包含节能环保、

高端装备制造等"战略性新兴产业"及大数据产业等共计 22 个产业专题子平台的分布式科技信息平台——贵州省产业创新科技文献服务平台。该平台整合了维普、万方、中国知网（China National Knowledge Internet，CNKI）、国研网等文献资源，涵盖论文、成果、标准、专利、政策法规等方面近 40 太字节（terabyte，TB）的海量文献数据库，实现平台数据库资源远程访问、跨库检索、文献动态跟踪，并提供科技查新、代查代检等服务。为企业的产品改进和创新决策提供信息保障，在企业专利申请、设计研究、产品生产和市场开拓等方面提供服务。

14.3.4　加强人才队伍建设，保证产业所需的人力资源

战略性新兴产业是知识密集型产业，它所需要的人才需要具有良好的教育背景和知识储备，人才特别是高端创新性人才是战略性新兴产业发展的核心要素。近年来，贵州省委、省政府出台了《贵州省中长期人才发展规划纲要（2010—2020年）》（黔党发〔2010〕16 号）、《中共贵州省委关于进一步实施科教兴黔战略大力加强人才队伍建设的决定》(黔党发〔2012〕31 号)和《中共贵州省委贵州省人民政府关于加强人才培养引进加快科技创新的指导意见》（黔党发〔2013〕12号）等一系列加强人才建设的文件，对贵州省培养和引进战略性新兴产业人才发展发挥了重要作用。当前，贵州战略性新兴产业人才建设中还存在战略性科技领军人才缺乏、复合管理型创业企业家人才不足、企业技术人才和管理人才不配套、人才激励配套措施落地难等问题。

为此，贵州加强创新人才队伍建设，可以从以下几个方面着手。

（1）加大落实国家引进海外高层次人才"千人计划"和省"百千万人才计划"的力度，从发展新兴产业对高端人才的实际需求出发，以各类创新平台、重大工程为载体，以项目合作、技术顾问与咨询等多种方式有针对性地引进和培育一批掌握关键核心技术的科研创新团队和领军人才、具有创新、创业激情和经验的企业家人才。效仿成都"人才全球吸引行动计划"等计划，积极吸引境外和省外高新技术开发人才来本市工作，并在工作和生活条件等方面给予其相应的保障；允许企业根据需要自由聘用国内外技术人才，完善人才创新的激励机制；对于符合有关规定的人才引进，可优先办理户口转调手续，并随迁其配偶和子女等，为相关人才子女的落户、就学、就医提供帮助。根据企业需要定义人才，如打破国内目前要求人才必须具有本科以上学历的要求，发达国家经验丰富的高级技工也可以作为人才进行引进。

（2）发挥高等院校、科研机构培养高层次人才的基础作用，优化教育结构、

人才培养体系和培养方向，鼓励有条件的高校设置新兴产业专业，为培育人才创造条件，探索联合培养新兴产业创新型人才的新途径；并且构建以企业为主体、市场为导向、产学研相结合的人才开发体系，依托重点项目、重点工程，加大人才配置力度。以以国家重点需求为主导的重点项目、重点工程为依托，建立健全高层次人才配置体系。加大市内领先发展的企业与国内甚至世界上相关一流院校的合作，在企业高管人员、金融人才的引进方面加大投资，给予国家补助和财政扶持；加大科技奖励力度，调动新兴产业人才的积极性和创造性。

（3）开展高技能人才培养和培训计划，依托高校和职业教育学校，围绕新兴产业大力培养和培训实用性高技能人才。大学生专业选择、就业方向的引导，对新兴产业需求的人才培养、区域战略性新兴产业的发展至关重要。围绕战略性新兴产业，通过落实国家、省、市各项人才优惠政策，制订出引进英才专项计划，造就一批能够带动新兴学科发展、发展高新产业、打破关键技术的领军人才团队，制定具有贵州区域特色和优势的战略性新兴产业人才发展规划。学习借鉴广州 8 000 万元引进"基因沉默技术"人才团队的大笔经验，引进高端人才团队。所以，贵州应优化区域人才环境、就业环境；加强公共服务基础管理，通过完善公共服务平台，提高人力资源的整合能力。加强人才素质提升，协调运用企业培养、职业培育、高等教育、出国交流等途径，逐步形成包含基础、骨干、战略梯队人才协同培养和锤炼的人才提升体系。

（4）健全科技创新人才评价和激励机制。建立以业绩和能力考核为重点的创新人才评价体系，认真落实《中华人民共和国促进科技成果转化法》《中华人民共和国科学技术进步法》等法律法规，通过技术创新成果参与分配、科技人员持股经营、对成果转化和应用进行奖励等激励措施的实施，激发、调动科技人员的创造性和积极性。

14.3.5　加大金融支持力度，建立完善多元投融资体系

战略性新兴产业在发展的萌芽期，因为投入较大、风险较大，单纯依靠市场的力量难以取得相应的资金投入。为此，就要发挥财政扶持资金的杠杆效应，形成财政资金、金融资金和市场各类资金的联动放大协调机制，建立和完善与战略性新兴产业发展相匹配的多元化投融资体制。

一是要发挥财政资金引导作用。设立新兴产业创业投资引导基金，重点支持起步阶段的创新型企业。加大对高新技术产品的政府采购力度，同等条件下优先采购本省高新技术产品和服务。通过政府购买服务的模式，将政府指导性、公益性、服

务性与市场化经营理念有机结合，实现服务的可持续发展。统筹省内与技术开发、市场拓展、产业培育相关的专项财政资金，集中用于扶持战略性新兴产业重点项目、重点企业、产业基地等，形成支持新兴产业发展的合力。

二是要引导金融机构加大对新兴产业的支持力度，创新金融产品和服务，探索金融资金与财政资金共同扶持战略性新兴产业的互动机制。引导社会各方面力量发展创业投资企业和股权投资基金，拓宽战略性新兴产业融资渠道，扩大融资规模。深入推进科技资源与金融结合，引导金融资源向高新技术产业、企业集聚，探索利用天使投资、创业投资、私募股权投资等创新金融，形成适应高新技术产业发展的社会融资体系。

三是丰富直接融资渠道，加快建设风险投资体系，通过整合资源，引导金融机构创业投资基金和社会投资投到战略性新兴产业。构建新兴产业企业界定、考核、定价体系，完善新兴产业上市融资环境。支持符合条件的企业上市融资，鼓励部分尚不具备上市条件的企业到场外市场转让交易，推动更多企业进入资本市场。鼓励和支持中小企业充分利用中小板、创业板市场上市融资。推动符合条件的大型企业到国内主板和海外上市，满足不同发展阶段创业企业的需求。支援符合条件的战略性新兴产业方向的企业在全国银行间市场发行债务融资工具，或直接发行企业债券、公司债券、可转换债券及其他金融创新产品筹措资金。引导企业参与银行间债券市场，扩大企业债券和公司债券发行规模，推动发行中小企业集合债券。利用境内外产权交易市场进行股权融资，设立股权融资，设立股权投资公司，对意向企业直接进行股权投资。

四是完善财政税收优惠制度。切实落实国家促进战略性新兴产业发展的税收政策和鼓励创新、引导投资和消费的税收支持政策。对企业符合战略性新兴产业项目在税收优惠方面有投资经营的，按规定享受企业所得税优惠政策；将使用财政性资金的战略性新兴产业建设项目纳入政府采购范围，根据项目建设的不同性质确定采购自主创新产品的比例要求。建立财政性资金采购自主创新产品的制度，将自主创新产品纳入政府采购优先目录，并对采用新产品的项目给予贴息或补助。对列入全省重大新产品、新技术推广应用工程的项目，在落实国家财政补贴政策的同时，省及各地方政府再对采购使用方给予适当支持。

五是完善金融配套保障与服务。建立和完善以政府投入为引导，企业投入为主体，银行贷款、社会融资为支撑的多元化投融资体系。促进引导各金融机构建立适应战略性新兴产业特点的信贷体系，完善保险担保联动机制、担保风险补偿机制。加大政府投入力度，逐步增加地方财政对战略性新兴产业发展的投入总量。整合现有资金渠道，设立省培育发展战略性新兴产业专项引导资金。

14.3.6　强化国际、国内合作，促进产业综合竞争力提升

贵州作为内陆欠发达地区，在战略性新兴产业的实力和发展水平方面与我国发达地区相比还有比较大的差距，与国外发达国家和地区相比差距更大。因此，建设内陆省份开放高地，以大开放促进大合作，以大合作促进大发展，是贵州发展战略性新兴产业的必由之路。

深化对外合作，可以尽快掌握一批关键核心技术，借此提升贵州省自主发展能力与核心竞争能力。推动国内外企业和科研机构在贵州省设立分公司和研发场所。鼓励省内有条件的企业走出去设立研发机构和进行跨国经营，提高国际化经营水平。

近年来，贵州省从高科技资源不足的现状出发，加深与国内外知名科研机构、企业和高校的合作，以此来提升科技创新能力。为了突破技术瓶颈、加快转型升级的步伐、促进战略性新兴产业的快速发展，全省上下已同美、俄、英、日等二十余个国家进行科技合作，合作层次不断提高，国际科学技术合作计划资金保持增长趋势。

2012 年，贵州省科技厅以贯彻落实国发 2 号文件为契机，以工业强省发展战略为指导，围绕战略性新兴产业的分布重点，着力组织和实施了一批直接为经济社会发展服务的高水平科技合作与交流项目。当年，全省共有七个项目将获得国际科技合作计划项目立项，国际科技合作工作再上新台阶。七个项目均属于贵州省重点发展的新兴产业领域，涵盖生物医药、新材料、节能减排技术等领域。省科技厅将以此为契机，抓紧、抓实对外科技合作与交流工作，为贵州省的科技创新能力建设和产业转型升级提供强有力保障，促进贵州省科技支撑水平在重点领域的跨越式发展。

2015 年，贵州立足贵安新区大数据产业发展优势，与印度工业联合会共同探讨 IT 产业发展、跨域合作、产业生态打造等合作方式，积极研究建立长期、可持续的合作机制，进一步拓展、深化合作内容，打造合作亮点，在更高层次、更多领域加强全面务实合作，实现双方互利双赢、共同发展。

参考文献

安海林，安亚军. 2015. 贵州省战略性新兴产业发展研究[J]. 经营与管理，（3）：104-106.

白巍. 2014. 国外新能源产业发展经验对我国的启示[J]. 河南科技，（2）：164-165.

蔡绍洪.2010. 循环产业集群：西部地区生态化发展的新型产业组织模式[M].北京：人民出版社.

陈飞凌. 2015. 经济新常态下安防集成商的发展机遇与挑战[J]. 中国安防，（6）：7-9.

陈海平. 2012. 战略性新兴产业发展对人才需求的研究[J]. 社科纵横（新理论版），（3）：58-59.

陈柳钦.2012-03-02. 关于我国发展战略性新兴产业的几点思考 [EB/OL]. http://wenku.baidu.
com/view/98174f81b9 d528ea 81c77964.html.

陈松林. 2013. 武汉战略性新兴产业发展对策研究[D]. 武汉工业学院硕士学位论文.

陈喜乐，曾海燕，任婧杰. 2011. 我国战略性新兴产业理论研究综述[J]. 未来与发展，（11）：
12-15.

狄乾斌，周乐萍. 2011. 中国战略性新兴产业培育与发展路径探讨[J]. 经济与管理，（7）：92-96.

董树功. 2014. 战略性新兴产业的形成与培育研究[D]. 南开大学博士学位论文.

冯瑞华，姜山，黄健，等. 2013.2012年先进制造和新材料发展回顾[J]. 新材料产业，（5）：31-33.

付海洋. 2014. 浅议新能源汽车的产业特色与发展展望[J]. 无线互联科技，（2）：214.

付松. 2014. 抢占产业发展制高点——贵州加快推进新医药大健康产业观察[J]. 当代贵州，
（35）：18-19.

傅培瑜. 2012. 我国战略性新兴产业发展的研究[D]. 东北财经大学硕士学位论文.

干江东. 2015-02-02. 贵州"一干十三支"机场布局建设取得重大成果[EB/OL].http：//news.
gog.com.cn/system /2015/02/ 02/014085717. shtml.

贵州省发展和改革委员会. 2012-02-08. 贵州省"十二五"节能环保产业发展规划修改稿
[EB/OL].http：//wenku. baidu. com/view/74de6094 daef5ef7ba0d3c31.html.

贵州省人民政府.2011a-01-30. 贵州省十二五新兴产业发展规划[EB/OL]. http：//wenku.baidu.com/
view/86195187 e53a580216fcfe0e. html.

贵州省人民政府. 2011b-06-24. 贵州十二五规划纲要[EB/OL].http：//wenku. baidu.com/view/
b684a3fc04a1b0717fd5dd6e. html.

贵州省人民政府. 2011c-09-27. 贵州省"十二五"新兴产业发展规划[EB/OL].http：//wenku. baidu.
com/view/c57cf 38202d276a200292e57. html.

贵州省人民政府. 2011d-10-25. 贵州省工业十大产业振兴规划[EB/OL]. http：//wenku.baidu.
com/view/851 459124431b90d6c85c717. html.

贵州省人民政府. 2012-03-08. 贵州省人民政府关于加快培育和发展战略性新兴产业的若干意见 [EB/OL]. http：//wenku. baidu. com/view/7c61b6d6240c844769eaee0f. html.

贵州省人民政府. 2014-02-25.贵州省人民政府印发《关于加快大数据产业发展应用若干政策的意见》、《贵州省大数据产业发展应用规划纲要（2014—2020年）》的通知[EB/OL]. http：//www. 360doc. com/content/14 /0930/15/14977073_413486050. shtml.

国家工业与信息化部. 2012-02-22.新材料产业"十二五"发展规划（全文）[EB/OL]. http：//wenku. baidu. com/view/ 0ec55f0 4de80d4d8 d15a4f99. html.

国家能源局.2011-09-14. 太阳能发电发展十二五规划[EB/OL].http：//wenku. baidu. com/view/ef844ddfce 2f0066f5332288. Html .

国家能源局.2012-08-19. 可再生能源发展"十二五"规划[EB/OL]. http：//wenku. baidu. com/view/b88d5 ad2360cba1aa911da06. html.

国务院. 2010. 国务院关于加快培育和发展战略性新兴产业的决定[J]. 中国科技产业，（10）：14-19.

国务院. 2012a-02-20. 国务院关于进一步促进贵州经济社会又好又快发展的若干意见[EB/OL]. http：//blog. sina. com. cn/s/blog_5d1118b401013k2w.html.

国务院. 2012b-04-16. 国务院关于加快培育和发展战略性新兴产业的决定[EB/OL]. http：//blog. jrj. com. cn/300611 2016，6745561a.html.

国务院. 2012c-06-28. 节能与新能源汽车产业发展规划（2012-2020）[EB/OL]. http：//wenku.baidu. com/view/52b44581 bceb19e8b8f6ba6f. html.

国务院.2012d-06-29 "十二五"节能环保产业发展规划印发[EB/OL]. http：//wenku. baidu. com/view/ab7 f3f242f60ddccda38a030. html.

何中华. 2004. 家具涂饰环保技术的研究[D]. 中南林学院硕士学位论文.

贺明梅. 2013. 中国新能源产业发展问题研究[D]. 吉林大学硕士学位论文.

侯延刚. 2011. 河北省推动战略性新兴产业发展的财政政策研究[D]. 河北大学硕士学位论文.

胡伟，李承明. 2014. 中国新常态[J]. 西部大开发，（12）：12-17.

黄思源. 2015. 广西战略性新兴产业与传统优势产业协同发展研究[D]. 广西大学硕士学位论文.

黄聿. 2014. 从用电角度谈节能减排——以电动汽车为例[J]. 企业技术开发，（26）：58-59.

江西省发展和改革委员会江西省价格理论研究所课题组,姚木根. 2011. 关于发展战略性新兴产业的思考[J]. 价格月刊，（8）：1-11.

姜大鹏，顾新. 2011-04-11. 我国战略性新兴产业的现状分析 [EB/OL]. http：//wenku. baidu. com/view/a47779 e0524de518964b7daa. html.

姜江. 2010. 世界战略性新兴产业发展的动态与趋势[J]. 中国科技产业，（7）：54-59.

姜江，韩祺. 2011. 新能源汽车产业的技术创新与市场培育[J]. 改革，（7）：57-63.

姜江，牛少锋. 2011. 全球战略性新兴产业发展的动态与趋势[J]. 中国经贸导刊，（13）：27-28.

金玉英，胡元贵，宋群，等.2014. 贵州省新能源汽车产业发展的SWOT分析及对策[J]. 中国管理信息化，（15）：96-99.

黎春秋.2013.县域战略性新兴产业选择与培育研究[D]. 中南大学博士学位论文.

李红梅.2014. 黑龙江省战略性新兴产业发展研究[D]. 哈尔滨商业大学硕士学位论文.

李萌，邓曦东.2014. 中国新能源产业化发展的影响因素分析[J]. 创新，（2）：17-20.

李维臻，鲜晓花.2014. 发达国家新能源汽车产业政策对我国的启示[J]. 兰州交通大学学报，（2）：62-65.

李晓岩.2008. 辽宁省环保产业发展现状及对策研究[J]. 环境保护与循环经济，（8）：40-43.

李新根，徐敏，周清平.2013. 贵州省抽水蓄能电站合理规模分析[J]. 水利水电技术，（8）：69-72.

李媛.2014. 中国战略性新兴产业的成长机制与实证研究[D]. 南开大学博士学位论文.

刘爱雄.2011. 我国战略性新兴产业的发展研究[J].黑龙江对外经贸，（10）：51-53

刘力维.2015-01-19. 贵州省2015年重点工作和关键环节"五抓一创建"[EB/OL]. http：//www. gywb. cn/content/ 2015-01/19/content_2281876. htm.

刘玲玲.2014. 关于健康产业发展的思考[J]. 中国市场，（51）：67-68

刘玉茹，周建国，费学宁.2014. 国外战略性新兴产业的成功经验及其对天津发展的启示[J]. 中国轻工教育，（1）：22-24.

芦忠.2012. 战略性新兴产业发展模式和途径探索——以四川省为例[J]. 经济体制改革，（4）：57-61.

路京京.2012. 论吉林省发展战略性新兴产业的金融支持[J]. 吉林工程技术师范学院学报，（5）：21-23.

马琳.2013. 我国新材料产业集群发展现状及特点研究[J]. 新材料产业，（6）：8-11.

裴长洪，李程骅.2015.习近平经济思想的理论创新与实践指导意义[J]. 南京社会科学，（2）：1-8.

彭真真.2014. 浅议我国高端装备制造业发展现状[J]. 现代经济信息，（4）：328.

濮晓逸.2009-10-06.发达国家环保产业发展现状及特点[EB/OL].http://www. eptec. cn/hyxx/ qzzp/2009-10-06/ 903. html.

曲永军.2014. 后发地区战略性新兴产业成长动力机制研究[D]. 吉林大学博士学位论文.

任瑞.2014. 对贵州发展节能环保产业的思考与建议[J]. 黄河科技大学学报，（1）：37-43.

赛迪顾问股份有限公司.2010-11-11. 投融资研究——战略性新兴产业融资渠道与选择策略[EB/OL].http：//wenku. baidu. com/view/dc43f 6160b4e767f5acfce0a.html.

申俊喜.2012. 创新产学研合作视角下我国战略性新兴产业发展对策研究[J]. 科学学与科学技术管理，（2）：37-43.

史开国.2013. 充分发挥资源优势实现贵州山区后发赶超——以毕节试验区为例[J]. 贵州师范大学学报（社会科学版），（5）：95-100.

宋河发，万劲波，任中保. 2010. 我国战略性新兴产业内涵特征、产业选择与发展政策研究[J].科技促进发展，（9）：7-14.

宋丽思. 2013. 战略性新兴产业发展的国际趋势分析[J]. 科技创新与生产力，（1）：19-21.

唐艳. 2013. 贵州高新技术产业发展问题及对策[J]. 当代经济，（14）：72-73.

唐艳. 2013. 贵州省战略性新兴产业发展对策研究[J]. 贵州民族大学学报（哲学社会科学版），（3）：184-186.

田茂霞. 2011. 贵州的比较优势与产业发展[D]. 中南民族大学硕士学位论文.

田珍. 2014. 我国战略性新兴产业发展的国际经验借鉴[J]. 现代管理科学，（4）：87-89

屠玉麟. 2000. 西部大开发中贵州的生态问题和生态对策[J]. 贵州环保科技，（4）：5-8.

王斌斌. 2013. 地方政府行为对新能源产业发展的影响机制研究[D]. 东北财经大学博士学位论文.

王昌林. 2011. "十二五"时期培育发展战略性新兴产业的主要任务[J]. 中国经贸导刊，（13）：21-23.

王昌林，姜江. 2010. 国际金融危机背景下世界产业发展的新动向和趋势[J]. 中国产业，（2）：6-8

王大明. 2011. 战略性新兴产业的理论基础与培育模式研究[J]. 西华师范大学学报（哲学社会科学版），（4）：89-92.

王斐斐. 2015. 吉林省新能源产业发展路径与对策研究[D]. 长春工业大学硕士学位论文.

王剑. 2014a. 我国战略性新兴产业的融资模式研究[D]. 苏州大学博士学位论文.

王锦斌. 2015b. 泉州市战略性新兴产业发展政策完善研究[D]. 华侨大学硕士学位论文.

王宇. 2001.国外环保产业的发展[J]. 节能与环保，（3）：43-45.

王征. 2014a. 当前国际战略性新兴产业的发展走势与我国的对策选择[J]. 理论建设，（2）：5-8.

王征. 2014b. 全球视野下的战略性新兴产业发展态势与我国的对策选择[J]. 决策咨询，（2）：35-38.

温志宏，刘梦羽，何晶，等. 2008.改革开放三十年（三）小词大事[J]. 中国报道，（12）：52-68.

文芳. 2009. 贵州省产业结构发展现状及对策研究[J]. 企业导报，（2）：126-128.

吴德进. 2011a. 加快福建新兴产业发展的五点建议[J]. 金融经济，（10）：26-29.

吴德进. 2011b. 加快福建战略性新兴产业培育与发展探究[J]. 福建论坛（人文社会科学版），（3）：128-133.

吴德进. 2011c. "十二五"推动福建高技术产业发展思考[J]. 中国物价，（6）：59-62.

吴会敏. 2015. 我国新能源汽车的现状及前景分析[D]. 吉林大学硕士学位论文.

夏云龙. 2012. 我国战略性新兴产业发展模式研究[D]. 上海交通大学硕士学位论文.

熊彼特 J A.1991. 经济发展理论[M]. 何畏，易家祥，张军扩，等译.北京：商务印书馆.

徐端. 2014. 驾驭大数据（上）[J]. 企业研究，（11）：40-47.

徐芳. 2009. 基于技术创新的中小企业核心竞争力构建[D]. 贵州大学硕士学位论文.

徐芳芳. 2010. 新农村建设视角下贵州农业旅游热点的研究[J]. 现代经济信息, （22）：288.

徐岩. 2015. 吉林省生物医药产业技术创新路径研究[D]. 吉林大学博士学位论文.

闫勋才. 2015. 加快推进延边经济持续健康发展[J]. 新长征, （4）：20-21.

杨合湘. 2011-02-14. 我国新材料产业发展状况及前景分析[EB/OL].http：//wenku.baidu. com/view/
4e54b1eb81c758f5f61f6786. html.

杨宏呈. 2014. 基于突破性创新视角的战略性新兴产业发展研究[D]. 华中科技大学博士学位论文.

于俊凤, 朱世伟, 王蕾, 等. 2012.新一代信息技术发展国际经验与思考[J]. 科技信息, （22）：1.

于新东, 牛少凤. 2011.全球战略性新兴产业发展的主要异同点与未来趋势[J]. 国际经贸探索,
（10）：4-11.

臧诗成. 2010. 对贵州大开发战略和实施的思考[J]. 理论与当代, （8）：16-21.

曾坤生.1994. 佩鲁增长极理论及其发展研究[J].广西社会科学, （2）：16-20.

张伯旭. 2012. 紧抓重大历史机遇加快发展方式转变　打造首都南部高技术制造业和战略性新兴
产业聚集区[J]. 投资北京, （12）：80-83.

张成华. 2013. 我国电子信息制造业企业社会责任研究[D]. 苏州大学硕士学位论文.

张海涛, 王宏, 李宏新. 2001. 抓住新的机遇　振兴贵州经济——访贵州省发展计划委员会主任
赵家兴[J]. 中国人力资源开发, （5）：58-59.

张洁. 2014. 河北省战略性新兴产业的科技政策研究[D]. 河北工业大学硕士学位论文.

张蕾蕾. 2014. 贸易保护主义对我国战略性新兴产业影响研究[D]. 河北工业大学硕士学位论文.

张宪昌. 2014. 中国新能源产业发展政策研究[D]. 中共中央党校博士学位论文.

章继刚. 2010. 西部放歌——写在实施西部大开发战略十周年之际[J]. 中国外资, （4）：28-38.

赵刚. 2011a. 新一代信息技术产业发展的国际经验分享[J]. 中国科技财富, （9）：18-19.

赵刚. 2011b. "战略新兴产业赵刚大讲堂"系列我国节能环保产业的发展现状及政策建议[J]. 中
国科技财富, （7）：14-17.

赵红, 王玲. 2013. 高端装备制造业产业链升级的路径选择[J]. 沈阳工业大学学报（社会科学版），
（2）：131-134.

赵延年. 2011. 关于培育和发展战略性新兴产业若干问题的思考[C]. 第八届沈阳科学学术年会论
文集.

浙江省发改委课题组. 2013. 国内外健康产业发展之经验借鉴[J]. 浙江经济, （16）：28-31.

郑雄伟. 2010-11-16. 2010世界新兴产业发展报告[EB/OL]. http：//wenku.baidu.com/view/7ee658alf
524ccbff0218400.html.

中投顾问产业监测中心.2011-04-12.战略性新兴产业系列之七：新材料产业增速快　步入黄金发展
期[EB/OL]. http：// wenku.baidu.com/view/46729d4c852458fb770b56ad.html.

中投信德产业研究中心. 2009-12-24.电动汽车行业调查报告[EB/OL]. http://www.docin.com/ p-3 7898408.html.

钟雁明. 2006. 贵州外贸：外面的世界更精彩[J]. 中国经贸，（12）：58-59.

周娴.2015-06-11. 贵州迎来铁路建设"丰年"年内5条铁路建成通车[EB/OL].http：//www. chinanews.com/df/2015/06-11/7337327.shtml.

朱晓楠.2014. 区位观视角下的贵州区位优劣势与区域发展定位[J]. 商，（23）：211

IUD中国政务舆情监测中心.2014. 大数据产业掀动"云"上贵州新发展[J]. 领导决策信息，（9）： 18-19.

Porter M E. 1990. The Competitive Advantage of Nations [M]. New York：The Free Press.

后　　记

　　本书是在贵州省"十三五"规划重点研究课题"贵州培育和发展战略性新兴产业研究"及贵州省软科学基金项目"低碳经济背景下的贵州产业结构优化研究"等研究项目成果的基础上，经过多次反复增修才最终形成的。鉴于战略性新兴产业对贵州"守住发展和生态两条底线"的重要意义，本课题的研究得到了贵州省政府相关部门的大力支持。

　　贵州省发展和改革委员会、贵州省经济和信息化委员会、贵州省科技厅等部门，对本课题的研究提供了经费、资料和智力支持。贵州省发展和改革委员会总规划师张美钧同志非常关心研究进展，亲自参与课题研究报告的审核，并对战略性新兴产业的定位提出了指导意见，其民主包容、平易近人、高屋建瓴、睿智通达的工作作风给我们留下了深刻印象。贵州省发展和改革委员会发展规划处处长张志宏同志多次听取课题组的汇报，及时对研究方向、研究框架、研究重点给予指导，使我们少走了很多弯路。贵州省发展和改革委员会发展规划处副处长黄道斌同志等及时提供了大量研究资料，帮助我们解决在研究工作中遇到的问题，对研究工作提出了大量中肯建议。贵州省经济和信息化委员会的徐荣巡视员是省内经济研究方面的专家，不仅具有丰富的实践经验，还具有很高的理论水平。他也亲自参加研究报告的审核，并对研究工作给予了认真指导和充分肯定。贵州经济和信息化委员会易可处长、徐进处长长期关注贵州新兴产业的研究，对研究报告的初稿、终稿和评审稿都提出了许多建设性意见。

　　贵州财经大学原副校长张晓阳是省内产业经济研究的知名专家，也是课题的总指导。他不仅常常与课题组一起讨论研究的总体思路和整体框架，还及时帮助我们解决研究工作中遇到的困难和问题。此外，在课题的研究过程中，我们还得到了省内外多位专家学者的支持和帮助，没有上述领导和专家的指导、关心和帮助，我们的研究工作就不可能顺利完成，更不可能有本书的出版。

　　本书由贵州财经大学校长蔡绍洪教授负责统稿和总体设计，并由其拟定全书提纲。他提出，循环产业集群理论和绿色增长极理论，对贵州战略性新兴产业的发展具有指导意义。王作功教授负责第 1 章、第 4 章、第 5 章、第 12 章、第 13

章、第 14 章的初稿撰写工作，李守伟教授负责第 6 章、第 8 章、第 9 章、第 11 章的初稿撰写工作，沈田华博士负责第 2 章、第 3 章、第 7 章、第 10 章的初稿撰写工作。另外，游宗君博士、孙竟赛同学、郭裕荣同学、蔡强吕同学在资料收集、数据分析、初稿审核等方面也付出了大量劳动。特别是李守伟教授又对全书初稿进行了大量补充和审核工作，付出了艰苦的努力。

在此，对上述单位和朋友们、同事们、同学们付出的辛勤劳动表示衷心感谢！

需要说明的是，在本书的写作过程中，我们查阅了大量文献资料和档案材料，在书中及后面的参考文献中尽可能地进行了标注，如有缺漏深表歉意，并一并致谢。由于我们水平及篇幅所限，书中难免有种种不足之处，敬请同行专家和读者批评指正。

作者

2015 年 9 月